स्टॉक मार्केट के
50 Superheroes

स्टॉक मार्केट के
50 Superheroes

महेश दत्त शर्मा

प्रतिभा प्रतिष्ठान, नई दिल्ली

प्रकाशक : प्रतिभा प्रतिष्ठान,
694–बी (निकट अजय मार्केट), चावड़ी बाजार, दिल्ली–110006
 / संस्करण : प्रथम, 2024 / मूल्य : तीन सौ रुपए
मुद्रक : आर–टेक ऑफसेट प्रिंटर्स, दिल्ली ISBN 978-81-19032-97-6

STOCK MARKET KE 50 SUPERHEROES
by Shri Mahesh Dutt Sharma ₹ 300.00 (PP)
Published by **PRATIBHA PRATISHTHAN**
694-B (Near Ajay Market), Chawri Bazar, Delhi-110006

प्रस्तावना

शेयर बाजार के जादूगरों की आकर्षक दुनिया में आपका स्वागत है! इस पुस्तक में हम वित्त एवं निवेश की दुनिया के कुछ सबसे प्रभावशाली तथा सफल व्यक्तियों के जीवन, कॅरियर और उल्लेखनीय उपलब्धियों का पता लगाने के लिए एक यात्रा शुरू करते हैं। इन दूरदर्शी निवेशकों, ट्रेडर्स और बाजार के जादूगरों ने वैश्विक वित्तीय परिदृश्य पर एक अमिट छाप छोड़ी है, जिससे उन्हें शेयर बाजार के विशिष्ट शीर्ष समूह में जगह मिली है।

शेयर बाजार एक गतिशील और निरंतर विकसित होने वाला क्षेत्र है, जो आर्थिक रुझानों, राजनीतिक घटनाओं, तकनीकी प्रगति और मानव मनोविज्ञान सहित असंख्य कारकों से प्रभावित होता है। इस जटिल व अस्थिर परिदृश्य के भीतर इन असाधारण व्यक्तित्वों ने अनिश्चितता से निपटने, छिपे हुए अवसरों की पहचान करने और असाधारण सफलता हासिल करने की दुर्लभ क्षमता का प्रदर्शन किया है।

आगे के पृष्ठों में हम इन दिग्गजों की जीवनियों और कॅरियर-उपलब्धियों पर प्रकाश डालेंगे। हम उनके निवेश दर्शन, अद्वितीय दृष्टिकोण और उन सिद्धांतों का अध्ययन करेंगे, जिन्होंने उनकी निर्णय लेने की प्रक्रियाओं को निर्देशित किया है। प्रत्येक अध्याय एक वैश्विक शीर्ष शेयर बाजार व्यक्ति की गहन रणनीतियों में मूल्यवान् अंतर्दृष्टि और उनके अनुभवों से हम जो सबक सीख सकते हैं, वह प्रदान करता है।

इन असाधारण व्यक्तियों की कहानियों में एक बात सामान्य है—ज्ञान की निरंतर खोज, सीखने का जुनून और एक अतृप्त जिज्ञासा। उनमें से कई ने साधारण शुरुआत की—केवल एक सपने और सफल होने के दृढ़ संकल्प के साथ। कड़ी

मेहनत, समर्पण और अपनी क्षमताओं में अटूट विश्वास के माध्यम से वे वित्त की दुनिया में एक प्रतीक बन गए।

इस पुस्तक में शामिल कुछ दिग्गज अपनी असाधारण स्टॉक-चयन क्षमताओं के लिए प्रसिद्ध हैं, जो मल्टीबैगर स्टॉक की पहचान करते हैं, जिन्होंने समय के साथ अविश्वसनीय रिटर्न उत्पन्न किया है। अन्य लोग अपनी नवोन्मेषी निवेश रणनीतियों, जैसे मूल्य निवेश, दीर्घकालिक क्षितिज और विरोधाभासी सोच के लिए दिग्गज बन गए हैं। हम उनकी यात्राओं का पता लगाएँगे और उन सिद्धांतों का अध्ययन करेंगे, जिन्होंने उनकी सफलता का मार्गदर्शन किया है तथा उनकी उपलब्धियों के रहस्यों को उजागर करेंगे।

अपनी निवेश क्षमता के अलावा, शेयर बाजार के इन वैश्विक शीर्ष व्यक्तियों में से कई ने सामाजिक जिम्मेदारी की गहरी भावना का प्रदर्शन किया है। उन्होंने शिक्षा, स्वास्थ्य, गरीबी-उन्मूलन और पर्यावरण संरक्षण का समर्थन करते हुए परोपकारी कार्यों में उदारतापूर्वक योगदान दिया है। समाज को वापस लौटाने की उनकी प्रतिबद्धता सफलता के वास्तविक माप का एक प्रमाण है—न केवल वित्तीय दृष्टि से, बल्कि दुनिया पर उनके द्वारा किए गए सकारात्मक प्रभाव में भी।

इस पुस्तक में हमारा लक्ष्य अगली पीढ़ी के निवेशकों और वित्तीय पेशेवरों को प्रेरित करना भी है। इन दिग्गजों की कहानियों के माध्यम से हम दृढ़ संकल्प, अनुशासन और ज्ञान की प्यास की भावना पैदा करने की उम्मीद करते हैं। उनकी यात्राएँ केवल वित्तीय सफलता की कहानियाँ ही नहीं हैं, बल्कि दृढ़ता, जुनून और वैश्विक वित्तीय बाजारों की गहरी समझ की शक्ति का भी प्रमाण हैं।

यह ध्यान रखना आवश्यक है कि शेयर बाजार में सफलता चुनौतियों और असफलताओं के बिना संभव नहीं है। इन व्यक्तियों ने अनिश्चितता के क्षणों का भी सामना किया है, बाजार में गिरावट को सहन किया है और रास्ते में गलतियाँ की हैं। हालाँकि, जो चीज उन्हें अलग करती है, वह है उनके अनुभवों से सीखने, बदलती परिस्थितियों के अनुकूल ढलने और अपने निवेश सिद्धांतों के प्रति अपनी प्रतिबद्धता बनाए रखने की क्षमता।

वित्त की दुनिया लगातार विकसित हो रही है और इन वैश्विक शीर्ष शेयर बाजार दिग्गजों द्वारा साझा की गई अंतर्दृष्टि आज भी उतनी ही प्रासंगिक है, जितनी वह अपने सुनहरे दिनों के दौरान थी। उनका निवेश दर्शन बाजार के उतार-चढ़ाव और आर्थिक अनिश्चितताओं की स्थिति में मजबूत व लचीला पोर्टफोलियो बनाने के लिए आधार प्रदान करता है।

हमें उम्मीद है कि यह पुस्तक जीवन के सभी क्षेत्रों के पाठकों के लिए प्रेरणा, ज्ञान और बुद्धिमत्ता के स्रोत के रूप में काम करेगी। चाहे आप एक महत्त्वाकांक्षी निवेशक हों, एक अनुभवी वित्तीय पेशेवर हों या बस, इन असाधारण व्यक्तियों के जीवन के बारे में जानने को उत्सुक हों, उनकी कहानियों में बहुत कुछ है।

जैसे ही आप वैश्विक शीर्ष शेयर बाजार दिग्गजों के जीवन एवं उपलब्धियों के माध्यम से इस मनोरम यात्रा पर निकलते हैं, हम आपको अपना दिमाग खोलने और उनके द्वारा हमारे लिए छोड़े गए कालातीत ज्ञान को अपनाने के लिए आमंत्रित करते हैं। उनके अनुभव आपके भीतर जिज्ञासा, रचनात्मकता एवं दृढ़ संकल्प की चिनगारी को प्रज्वलित करें और आपको वैश्विक वित्त तथा निवेश की गतिशील व रोमांचक दुनिया में अपनी सफलता की ओर प्रेरित करें।

—महेश दत्त शर्मा

अनुक्रम

अजीम प्रेमजी

अजीम प्रेमजी वैश्विक शेयर बाजार के दिग्गज, एक प्रसिद्ध बिजनेस लीडर, परोपकारी और भारत के सबसे सफल समूहों में से एक के पीछे प्रेरक शक्ति हैं। 24 जुलाई, 1945 को बंबई (अब मुंबई) में जनमे प्रेमजी को कम उम्र में ही अपने परिवार के व्यवसाय की कमान विरासत में मिली, जिसने उन्हें उद्यमिता की दुनिया में आगे बढ़ाया।

प्रेमजी की यात्रा वेस्टर्न इंडिया वेजिटेबल प्रोडक्ट्स लिमिटेड (विप्रो) के संस्थापक एम.एच. हाशम प्रेमजी के बेटे के रूप में शुरू हुई, जो बाद में 'विप्रो समूह' में विकसित हुई। छोटी सी उम्र से ही बिजनेस की गतिशीलता से उनके संपर्क ने एक दूरदर्शी नेता और वैश्विक शेयर बाजार में एक प्रतिष्ठित व्यक्ति के रूप में उनके परिवर्तन की नींव रखी।

नेतृत्व के प्रारंभिक वर्ष

21 साल की उम्र में अजीम प्रेमजी के जीवन में एक अप्रत्याशित मोड़ आया, जब उनके पिता के असामयिक निधन ने उन्हें पारिवारिक व्यवसाय के नेता की भूमिका में डाल दिया। संयुक्त राज्य अमेरिका में स्टैनफोर्ड यूनिवर्सिटी में उनकी शिक्षा, जहाँ वे इलेक्ट्रिकल इंजीनियरिंग में डिग्री हासिल कर रहे थे, में कटौती करनी पड़ी; क्योंकि वे विप्रो की जिम्मेदारियाँ उठाने के लिए भारत लौट आए।

युवा प्रेमजी को कई चुनौतियों का सामना करना पड़ा, जिसमें अपने परिवार का समर्थन करने और आर्थिक अनिश्चितता के समय में कंपनी का मार्गदर्शन करने की जिम्मेदारी भी शामिल थी। अटूट दृढ़ संकल्प के साथ उन्होंने विप्रो की बागडोर सँभाली और कंपनी के पथ को फिर से परिभाषित करने के लिए निकल पड़े।

विप्रो का परिवर्तन

अजीम प्रेमजी के दूरदर्शी नेतृत्व और चतुराईपूर्ण निर्णय लेने की क्षमता ने विप्रो को एक मामूली वनस्पति तेल निर्माता से एक वैश्विक प्रौद्योगिकी एवं परामर्श पावरहाउस में बदल दिया। आई.टी. उद्योग की क्षमता को पहचानते हुए उन्होंने 1980 के दशक में कंपनी का ध्यान सॉफ्टवेयर विकास और आई.टी. सेवाओं पर केंद्रित कर दिया।

उनके नेतृत्व में विप्रो ने अग्रणी वैश्विक निगमों के साथ रणनीतिक साझेदारी बनाते हुए अंतरराष्ट्रीय स्तर पर अपने परिचालन का विस्तार किया। कंपनी की स्थिर वृद्धि और लाभप्रदता ने जल्द ही इसे वैश्विक शेयर बाजार में सबसे आगे बना दिया, जिससे दुनिया भर के निवेशकों से मान्यता व सम्मान प्राप्त हुआ।

शीर्ष तक की यात्रा

जैसे-जैसे विप्रो की सफलता की कहानी सामने आती रही, अजीम प्रेमजी के दूरदर्शी दृष्टिकोण और नवाचार पर जोर ने उन्हें व्यापार जगत् के सबसे प्रभावशाली नेताओं में से एक के रूप में प्रशंसा दिलाई। उन्होंने बॉम्बे स्टॉक एक्सचेंज और भारत में नेशनल स्टॉक एक्सचेंज में कंपनी की लिस्टिंग सहित विभिन्न मील के पत्थर के माध्यम से विप्रो का नेतृत्व किया।

प्रेमजी के मार्गदर्शन में विप्रो आई.टी. सेवाओं, उपभोक्ता देखभाल, प्रकाश व्यवस्था और बुनियादी ढाँचा इंजीनियरिंग सहित अपने व्यावसायिक हितों में विविधता लाई। कंपनी की उल्लेखनीय वृद्धि एवं विस्तार ने भारत के सबसे बड़े और सबसे प्रशंसित निगमों में से एक के रूप में अपनी स्थिति मजबूत की तथा इसके शेयरों की वैश्विक शेयर बाजार में माँग बढ़ गई।

नैतिक नेतृत्व और कॉरपोरेट प्रशासन

अजीम प्रेमजी की नेतृत्व शैली की विशेषता नैतिक आचरण, पारदर्शिता और कॉरपोरेट प्रशासन पर जोर देना था। उन्होंने सन् 2001 में 'अजीम प्रेमजी फाउंडेशन' की स्थापना करके कॉरपोरेट सामाजिक जिम्मेदारी और परोपकार पर बहुत महत्त्व दिया।

फाउंडेशन शिक्षा के क्षेत्र में पहल पर ध्यान केंद्रित करता है और भारत की सार्वजनिक शिक्षा-प्रणाली को बदलने के उद्देश्य से परियोजनाओं का समर्थन करता है। समाज को वापस लौटाने की प्रेमजी की प्रतिबद्धता के कारण उन्हें

व्यापक प्रशंसा मिली और वह भारत में कॉरपोरेट परोपकार के एक अग्रणी पैरोकार बन गए।

आर्थिक तूफानों का सामना

विप्रो में अपने पूरे कार्यकाल के दौरान अजीम प्रेमजी को कई आर्थिक मंदी और चुनौतियों का सामना करना पड़ा। हालाँकि उनके नेतृत्व, लचीलेपन और बदलते बाजार की गतिशीलता के अनुकूल होने की क्षमता ने कंपनी को इन अशांत समय से निपटने में मदद की।

आर्थिक अनिश्चितताओं के दौरान कंपनी और उसके संसाधनों के प्रबंधन में प्रेमजी के दृष्टिकोण ने न केवल विप्रो के हितों की रक्षा की, बल्कि वैश्विक शेयर बाजार में एक नेता के रूप में अपनी स्थिति भी मजबूत की।

सेवानिवृत्ति और विरासत

वर्ष 2019 में अजीम प्रेमजी ने अपने बेटे रिशद प्रेमजी को कमान सौंपते हुए विप्रो के कार्यकारी अध्यक्ष के रूप में पद छोड़ दिया। हालाँकि, सेवानिवृत्ति के बाद भी कंपनी और वैश्विक शेयर बाजार पर उनका प्रभाव बरकरार रहा।

प्रेमजी की विरासत उनके व्यावसायिक कौशल से परे फैली हुई है, जिसमें परोपकार के प्रति उनका समर्पण और अधिक न्यायसंगत व शिक्षित भारत के लिए उनका दृष्टिकोण शामिल है। व्यवसाय एवं शिक्षा के क्षेत्र में उनके अपार योगदान ने उन्हें भारत और विश्व स्तर पर कई प्रशंसाएँ व मान्यताएँ दिलाईं।

वैश्विक शेयर बाजार पर प्रभाव

अजीम प्रेमजी की यात्रा और उपलब्धियों ने वैश्विक शेयर बाजार पर अमिट छाप छोड़ी। उनके नैतिक नेतृत्व, उत्कृष्टता के प्रति प्रतिबद्धता और कॉरपोरेट प्रशासन पर जोर ने दुनिया भर में अन्य कंपनियों और नेताओं के लिए एक मॉडल के रूप में कार्य किया।

विप्रो और प्रेमजी के परोपकारी प्रयासों की सफलता ने प्रदर्शित किया कि कंपनी की वृद्धि व समृद्धि जिम्मेदार सामाजिक और पर्यावरणीय प्रथाओं के साथ-साथ चल सकती है। निवेशकों एवं हितधारकों ने उनके दृष्टिकोण को पहचाना और उनके प्रयासों की सराहना की, जिससे विप्रो के शेयर वैश्विक शेयर बाजार में एक पसंदीदा निवेश विकल्प बन गए।

यद्यपि विप्रो के दैनिक कार्यों से सेवानिवृत्त होने के बाद भी अजीम प्रेमजी का परोपकार और शिक्षा के प्रति जुनून निरंतर जारी रहा। 'अजीम प्रेमजी फाउंडेशन' के माध्यम से वह भारत के शिक्षा परिदृश्य को बदलने और हाशिए पर रहने वाले समुदायों को सशक्त बनाने में सक्रिय रूप से लगे रहे।

पारिवारिक व्यवसाय विरासत में मिलने से लेकर वैश्विक बिजनेस आइकन और सामाजिक परिवर्तन के चैंपियन बनने तक प्रेमजी की यात्रा लचीलेपन, समर्पण तथा दूरदर्शी नेतृत्व की एक उल्लेखनीय कहानी के रूप में कार्य करती है। उनके जीवन का कार्य दुनिया भर में व्यक्तियों, निवेशकों और व्यापारिक नेताओं को प्रेरित करता रहा है, जिससे वह वैश्विक शेयर बाजार के इतिहास में एक स्थायी व्यक्ति बन गए हैं।

□

आनंद राठी

वित्त और निवेश के क्षेत्र में कुछ व्यक्ति अपनी दूरदर्शिता, समर्पण और उपलब्धियों के जरिए उद्योग पर एक अमिट छाप छोड़ते हुए बाकियों से ऊपर उठ जाते हैं। 'आनंद राठी समूह' के संस्थापक और अध्यक्ष आनंद राठी एक ऐसे दिग्गज हैं, जिनकी साधारण शुरुआत से लेकर वित्तीय दुनिया में अग्रणी बनने तक की यात्रा उत्कृष्टता के प्रति उनके अथक प्रयास और उनके आदर्शों के प्रति अटूट प्रतिबद्धता का प्रमाण है।

प्रारंभिक जीवन और शिक्षा

27 नवंबर, 1957 को बंबई (अब मुंबई) में जनमे आनंद राठी की यात्रा एक हलचल भरे महानगर के बीच से शुरू हुई, जो बाद में उनकी उल्लेखनीय उपलब्धियों की कर्मभूमि बन गई। उनका पालन-पोषण कड़ी मेहनत, ईमानदारी और जिम्मेदारी की गहरी भावना के मूल्यों पर आधारित रहा। आनंद राठी की शैक्षणिक यात्रा उन्हें सेंट जेवियर्स कॉलेज, मुंबई ले गई, जहाँ उन्होंने वाणिज्य में डिग्री हासिल की। इस मूलभूत शिक्षा ने उन्हें ज्ञान और कौशल प्रदान किया, जो बाद में उनके सफल कॅरियर का आधार बन गया।

आनंद राठी समूह की स्थापना

वर्ष 1994 में आनंद राठी ने 'आनंद राठी फाइनेंशियल सर्विसेज लिमिटेड' की स्थापना की, जिसे अब 'आनंद राठी ग्रुप' के नाम से जाना जाता है। उनका दृष्टिकोण एक वित्तीय संस्थान बनाना था, जो न केवल शीर्ष स्तर की वित्तीय सेवाएँ प्रदान करेगा, बल्कि विश्वास, पारदर्शिता और ग्राहक-केंद्रित संस्कृति को

बढ़ावा देने के लिए एक मंच के रूप में भी काम करेगा। उनके नेतृत्व में समूह ने तेजी से अपने परिचालन का विस्तार किया, सेवाओं की एक विस्तृत शृंखला की पेशकश की, जिसमें धन प्रबंधन, निवेश बैंकिंग, कॉरपोरेट सलाहकार और बहुत कुछ शामिल हैं।

आनंद राठी की उद्यमशीलता की भावना और बाजार के रुझानों का अनुमान लगाने की क्षमता ने समूह को जटिल वित्तीय स्थितियों से निपटने और उद्योग में एक विश्वसनीय नाम के रूप में उभरने में मदद की। उन्होंने शुरुआती दौर में ही तकनीकी प्रगति को अपनाया तथा ग्राहकों के अनुभवों को बढ़ाने और उनकी आवश्यकताओं के अनुरूप नवीन समाधान प्रदान करने के लिए उनका लाभ उठाया।

वित्तीय सेवाओं में उत्कृष्टता

आनंद राठी का नेतृत्व दर्शन ज्ञान और निरंतर सीखने की शक्ति में गहरे विश्वास पर केंद्रित है। उन्होंने समझा कि वित्त की तेज-तर्रार एवं गतिशील दुनिया में आगे रहने के लिए सचेत रहने और बदलती परिस्थितियों के अनुसार खुद को ढालने की प्रतिबद्धता की आवश्यकता होती है। यह लोकाचार आनंद राठी समूह की संस्कृति में व्याप्त है, जहाँ कर्मचारियों को अपने कौशल और ज्ञान को लगातार बढ़ाने के लिए प्रोत्साहित किया जाता है।

उनके मार्गदर्शन में समूह ने पोर्टफोलियो प्रबंधन, वित्तीय योजना और सलाहकार सेवाओं में अपनी विशेषज्ञता के लिए प्रतिष्ठा अर्जित की। उत्कृष्टता के प्रति आनंद राठी के समर्पण को ग्राहकों एवं उद्योग साथियों—दोनों से मान्यता और प्रशंसा मिली, जिससे वित्तीय सेवाओं में अग्रणी के रूप में राठी समूह की स्थिति मजबूत हुई।

नैतिकता और सत्यनिष्ठा के प्रति प्रतिबद्धता

आनंद राठी की सफलता न केवल वित्तीय दृष्टि से मापी जाती है, बल्कि उनके द्वारा अपने और अपने संगठन के लिए निर्धारित उच्च नैतिक मानकों में भी मापी जाती है। उनका दृढ़ विश्वास है कि ईमानदारी एवं पारदर्शिता स्थायी संबंध बनाने और विश्वास को बढ़ावा देने की आधारशिला हैं। नैतिक प्रथाओं के प्रति इस प्रतिबद्धता ने न केवल ग्राहकों का विश्वास अर्जित किया, बल्कि समूह की स्थायी सफलता और प्रतिष्ठा में भी योगदान दिया।

नेतृत्व की विरासत का निर्माण

आनंद राठी की उपलब्धियाँ उनकी अपनी कंपनी तक ही सीमित नहीं हैं। वह वित्तीय क्षेत्र में एक प्रभावशाली व्यक्ति हैं, जो विभिन्न उद्योग संघों और नियामक निकायों में अपनी विशेषज्ञता का योगदान देते हैं। उनकी अंतर्दृष्टि और दृष्टिकोण ने भारत में वित्तीय परिदृश्य को नियंत्रित करने वाली नीतियों एवं रूपरेखाओं को आकार देने में मदद की है।

इसके अलावा, आनंद राठी का शिक्षा और ज्ञान-साझाकरण के प्रति समर्पण शैक्षणिक संस्थानों में उनकी भागीदारी और महत्त्वाकांक्षी वित्त पेशेवरों के लिए एक सलाहकार के रूप में उनकी भूमिका से स्पष्ट है। उनके मार्गदर्शन ने कई व्यक्तियों को वित्त में कॅरियर बनाने और उद्योग में सार्थक योगदान देने के लिए प्रेरित किया है।

आगे का रास्ता

जैसा कि वे 'आनंद राठी समूह' का नेतृत्व कर रहे हैं, नवाचार, ग्राहक-संतुष्टि और नैतिक व्यावसायिक प्रथाओं के प्रति उनकी अटूट प्रतिबद्धता संगठन के प्रयासों के पीछे मार्गदर्शक शक्ति बनी हुई है। उनकी विरासत अनुभवी पेशेवरों एवं युवा उम्मीदवारों—दोनों के लिए प्रेरणा का काम करती है, जो दूरदर्शिता, दृढ़ता और व्यापक भलाई के प्रति समर्पण की क्षमता को प्रदर्शित करती है।

आनंद राठी की कहानी एक व्यक्ति की दृष्टि और दृढ़ संकल्प की परिवर्तनकारी शक्ति का प्रमाण है। वित्त के प्रति जुनून रखने वाले एक युवा स्वप्नद्रष्टा से लेकर वैश्विक वित्तीय परिदृश्य में एक सम्मानित नेता तक, उनकी यात्रा उस क्षमता को दरशाती है, जो दुनिया पर स्थायी प्रभाव डालने के लिए हम सभी के भीतर निहित है।

पुरस्कार एवं सम्मान

आनंद राठी के योगदान और उपलब्धियों को विभिन्न पुरस्कारों व सम्मानों के माध्यम से मान्यता दी गई है। इनमें से कुछ प्रशंसाओं में शामिल हैं—

ईवाई (Ey) एंटरप्रेन्योर ऑफ द ईयर अवार्ड (वित्तीय सेवा श्रेणी)।

सेंट जेवियर्स कॉलेज, मुंबई से प्रतिष्ठित पूर्व छात्र पुरस्कार।

इंदिरा ग्रुप ऑफ इंस्टीट्यूट्स की ओर से 'स्टार एंटरप्रेन्योर ऑफ द ईयर' अवार्ड।

निष्कर्ष के तौर पर, हम कह सकते हैं कि आनंद राठी की जीवन-गाथा एक मजबूत दृष्टि, अटूट समर्पण और नैतिक प्रथाओं के प्रति प्रतिबद्धता की परिवर्तनकारी शक्ति का एक प्रमाण है। एक युवा उद्यमी से वित्तीय उद्योग में एक सम्मानित नेता तक की उनकी यात्रा महत्त्वाकांक्षी पेशेवरों के लिए एक प्रेरणा है और यह याद दिलाती है कि जुनून, दृढ़ता एवं उत्कृष्टता के प्रति प्रतिबद्धता के साथ कोई भी उल्लेखनीय सफलता प्राप्त कर सकता है और अपने चुने हुए क्षेत्र में एक स्थायी विरासत छोड़ सकता है।

□

आशीष कचोलिया

आशीष कचोलिया, भारतीय शेयर बाजार में एक प्रमुख व्यक्ति, अपनी असाधारण स्टॉक-चयन क्षमताओं और आशाजनक निवेश अवसरों की पहचान करने के लिए अपनी अद्‌भुत प्रतिभा के लिए प्रसिद्ध हैं। 15 नवंबर, 1968 को बंबई (अब मुंबई) में जनमे कचोलिया ने वित्त और व्यवसाय की दुनिया के प्रति प्रारंभिक आकर्षण प्रदर्शित किया।

शेयर बाजार में उनकी यात्रा आर्थिक रुझानों और बाजार की गतिशीलता को समझने में गहरी रुचि के साथ शुरू हुई। छोटी उम्र से ही वे वित्त संबंधी पुस्तकों में डूब गए और शेयर बाजार के बारे में अपना ज्ञान बढ़ाने के लिए अनुभवी निवेशकों से मार्गदर्शन माँगा।

प्रारंभिक कॅरियर और शिक्षा

आशीष कचोलिया की शैक्षिक यात्रा मुंबई के सिडेनहैम कॉलेज से वाणिज्य में स्नातक की डिग्री के साथ शुरू हुई। वित्तीय अवधारणाओं में उनकी मजबूत नींव ने निवेश की दुनिया में सफल होने की उनकी महत्त्वाकांक्षा को और बढ़ावा दिया। अपनी स्नातक की पढ़ाई पूरी करने के बाद कचोलिया ने बंबई विश्वविद्यालय से वित्त एवं नियंत्रण में स्नातकोत्तर की उपाधि प्राप्त की।

शैक्षणिक ज्ञान और सीखने की अतृप्त प्यास से युक्त कचोलिया ने कॉरपोरेट जगत् में अपना पहला कदम रखा। उन्होंने विभिन्न संगठनों के वित्त एवं लेखा विभागों में काम किया और विभिन्न व्यवसायों के वित्तीय कामकाज में व्यावहारिक अनुभव तथा अंतर्दृष्टि प्राप्त की।

शेयर बाजार में छलाँग

कचोलिया की ज्ञान की निरंतर खोज और शेयर बाजार के प्रति उनका आकर्षण पूर्णकालिक निवेश के अवसरों का पता लगाने के निर्णय में परिणत हुआ। स्पष्ट दृष्टि और दृढ़ संकल्प के साथ उन्होंने रणनीतिक निवेश करने के लिए अपने वित्तीय कौशल और विश्लेषणात्मक कौशल का लाभ उठाते हुए शेयर बाजार में छलाँग लगाई।

सन् 2000 के दशक की शुरुआत में कचोलिया ने उच्च विकास क्षमता वाली स्मॉल एवं मिड-कैप कंपनियों पर ध्यान केंद्रित करते हुए अपना निवेश पोर्टफोलियो बनाना शुरू किया। उन्होंने विकासोन्मुख दृष्टिकोण अपनाया और मजबूत बुनियादी सिद्धांतों एवं समय के साथ महत्त्वपूर्ण मूल्य प्रशंसा की संभावना वाली कंपनियों की तलाश की।

प्रारंभिक सफलताएँ

कचोलिया के सूक्ष्म शोध और चतुराईपूर्ण निवेश निर्णयों का फल मिलना शुरू हो गया और उन्होंने शेयर बाजार में शुरुआती सफलताएँ हासिल कीं। छिपे हुए रत्नों को पहचानने और परिवर्तनकारी विकास क्षमता वाली कंपनियों में निवेश करने की उनकी क्षमता ने निवेशकों एवं बाजार सहभागियों का ध्यान आकर्षित किया।

इस अवधि के दौरान कचोलिया ने कई कंपनियों में रणनीतिक निवेश किया, विशेष रूप से प्रौद्योगिकी, फार्मास्यूटिकल्स और वित्त जैसे क्षेत्रों में। इनमें से कुछ निवेश मल्टी बैगर्स साबित हुए, जिससे कचोलिया एक मनमौजी निवेशक के रूप में सुर्खियों में आ गए।

मल्टीबैगर्स की पहचान

आशीष कचोलिया की निवेश रणनीति के प्रमुख पहलुओं में से एक मल्टीबैगर्स की पहचान करने की उनकी प्रवृत्ति थी—ऐसे स्टॉक्स, जो अपने मूल मूल्य से कई गुना अधिक रिटर्न देते हैं। उनके पास कंपनियों को उनके विकास-चक्र के शुरुआती चरण में पहचानने की अद्‍भुत क्षमता थी और विघटनकारी क्षमता वाले व्यवसायों पर उनकी गहरी नजर थी।

कम प्रसिद्ध कंपनियों में कचोलिया के निवेश ने अकसर उन्हें बाजार के नेताओं में बदल दिया, जिससे उनके पोर्टफोलियो के लिए पर्याप्त रिटर्न प्राप्त हुआ।

मल्टीबैगर्स के साथ उनकी सफलता ने उन्हें निवेशकों और वित्तीय समुदाय की प्रशंसा व सम्मान दिलाया।

बाजार चक्रों से निपटने की क्षमता

जैसा कि शेयर बाजार में अस्थिरता और चक्रों का उचित हिस्सा देखा गया, बाजार के उतार-चढ़ाव से निपटने की कचोलिया की क्षमता ने उन्हें एक अनुभवी निवेशक के रूप में अलग कर दिया। वह दीर्घकालिक विकास पर केंद्रित रहे और अल्पकालिक बाजार उतार-चढ़ावों से प्रभावित नहीं हुए।

चुनौतीपूर्ण बाजार चरणों के दौरान कचोलिया अपने निवेश दर्शन पर कायम रहे, अराजकता के बीच अवसरों की पहचान की और अपने पोर्टफोलियो के प्रबंधन में अत्यधिक धैर्य तथा अनुशासन का प्रदर्शन किया।

निवेश क्षितिज का विस्तार

जैसे-जैसे एक सफल निवेशक के रूप में आशीष कचोलिया की प्रतिष्ठा बढ़ती गई, वैसे-वैसे उनके निवेश का दायरा भी बढ़ता गया। उन्होंने भारतीय शेयर बाजार के अलावा वैश्विक बाजारों में भी अवसर तलाशने वाली कंपनियों को शामिल करने के लिए अपने निवेश फोकस का विस्तार किया।

कचोलिया के वैश्विक निवेश ने विविध अवसरों को अपनाने की उनकी इच्छा को प्रदर्शित किया और अपने निवेश निर्णयों को मजबूत करने के लिए अंतरराष्ट्रीय बाजारों से अंतर्दृष्टि का लाभ उठाने की उनकी क्षमता को प्रदर्शित किया।

प्रभावशाली निवेशक

अपनी व्यक्तिगत सफलताओं के अलावा शेयर बाजार में आशीष कचोलिया की उपस्थिति का अन्य निवेशकों और कंपनियों पर गहरा प्रभाव पड़ा। उनके निवेश अकसर उन कंपनियों के लिए समर्थन के रूप में काम करते थे, जिन पर वे विश्वास करते थे, संस्थागत निवेशकों का ध्यान आकर्षित करते थे और बाजार में सकारात्मक भावना पैदा करते थे।

इसके अलावा, कचोलिया की सफलता की कहानी ने कई महत्त्वाकांक्षी निवेशकों को उनकी रणनीतियों से सीखने और उनके सिद्धांतों को अपने निवेश दृष्टिकोण में शामिल करने के लिए प्रेरित किया।

यात्रा जारी

जैसे-जैसे साल बीतते गए, एक साहसी निवेशक के रूप में आशीष कचोलिया की यात्रा विकसित होती रही। गहन अनुसंधान, दीर्घकालिक दृष्टिकोण और विकासोन्मुख कंपनियों की क्षमता में अटूट विश्वास के प्रति उनकी प्रतिबद्धता दृढ़ रही।

कचोलिया का पोर्टफोलियो लगातार विकसित हो रहा है, जो बाजार की बदलती गतिशीलता के प्रति उनकी अनुकूलनशीलता और नए निवेश के रास्ते तलाशने की उनकी इच्छा को दरशाता है।

आशीष कचोलिया की विरासत

वित्त के क्षेत्र में एक युवा उत्साही से लेकर वैश्विक शेयर बाजार में एक साहसी निवेशक तक आशीष कचोलिया की यात्रा ज्ञान, समर्पण और लचीलेपन की शक्ति के लिए एक प्रेरक प्रेरणा के रूप में कार्य करती है। मल्टीबैगर्स को पहचानने की उनकी क्षमता और विकास-पथ की शुरुआत में ही आशाजनक कंपनियों की पहचान करने की उनकी क्षमता ने उन्हें निवेश की दुनिया में एक ताकत के रूप में स्थापित किया।

कचोलिया की यात्रा जुनून, ज्ञान की प्यास और निवेश के लिए रणनीतिक दृष्टिकोण से प्रेरित होने पर शेयर बाजार में सफलता की संभावना का प्रतीक है। उनकी विरासत निस्संदेह वित्त की गतिशील और लगातार विकसित हो रही दुनिया में निवेशकों की भावी पीढ़ियों को प्रेरित व प्रभावित करती रहेगी।

□

आशीष धवन

दूरदर्शी नेता और कुशल निवेशक आशीष धवन का जन्म 20 अक्तूबर, 1969 को दिल्ली में हुआ। छोटी उम्र से ही धवन ने वित्त के लिए एक उल्लेखनीय कौशल और शेयर बाजार की गतिशीलता को समझने का जुनून प्रदर्शित किया। आर्थिक मामलों में उनकी प्रारंभिक जिज्ञासा और रुचि ने वित्त एवं निवेश की दुनिया में एक शानदार कॅरियर की नींव रखी।

यात्रा की शुरुआत

आशीष धवन की शैक्षिक यात्रा उन्हें भारत और संयुक्त राज्य अमेरिका के कुछ सबसे प्रतिष्ठित संस्थानों में ले गई। उन्होंने दिल्ली विश्वविद्यालय के सेंट स्टीफंस कॉलेज से सम्मान के साथ स्नातक की उपाधि प्राप्त की, जहाँ उन्होंने अर्थशास्त्र का अध्ययन किया। धवन ने हार्वर्ड बिजनेस स्कूल से बिजनेस एडमिनिस्ट्रेशन (एम.बी.ए.) में मास्टर डिग्री हासिल करके अपने कौशल एवं वैश्विक वित्तीय बाजारों की समझ को और निखारा।

अपनी शिक्षा पूरी करने के बाद धवन की पेशेवर यात्रा भारत के प्रमुख वित्तीय संस्थानों में से एक कोटक महिंद्रा ग्रुप में शुरू हुई। वह संगठन के निवेश बैंकिंग प्रभाग में शामिल हो गए और उन्होंने बाजार के रुझानों का विश्लेषण करने, निवेश के अवसरों का मूल्यांकन करने तथा पोर्टफोलियो प्रबंधित करने में अमूल्य अनुभव प्राप्त किया।

'क्रिसकैपिटल' के सह-संस्थापक

सन् 1999 में आशीष धवन ने विकास पूँजी निवेश में विशेषज्ञता वाली एक

निजी इक्विटी फर्म 'क्रिसकैपिटल' की सह-स्थापना की। यह उनके कॅरियर में एक निर्णायक क्षण था, क्योंकि वह भारतीय निजी इक्विटी परिदृश्य में एक अग्रणी शक्ति बन गए। धवन का दृष्टिकोण उच्च विकास क्षमता वाली आशाजनक कंपनियों की पहचान करना और उनका पोषण करना था। उन्होंने अपनी वित्तीय विशेषज्ञता और औद्योगिक ज्ञान का लाभ उठाकर इसे हासिल करने की ठानी।

धवन के नेतृत्व में 'क्रिसकैपिटल' ने निजी इक्विटी क्षेत्र में महत्त्वपूर्ण प्रगति की और प्रौद्योगिकी एवं स्वास्थ्य-सेवा से लेकर उपभोक्ता वस्तुओं तथा विनिर्माण तक के क्षेत्रों में निवेश किया। उनके रणनीतिक दृष्टिकोण और भारतीय बाजार की गहरी समझ ने 'क्रिसकैपिटल' को देश की सबसे सफल निजी इक्विटी फर्मों में से एक के रूप में उभरने में मदद की।

अशांत समय में धैर्य

सन् 2000 के दशक की शुरुआत में वैश्विक शेयर बाजार के समक्ष चुनौतियाँ आईं, जिनमें डॉट-कॉम बुलबुले और उसके बाद बाजार में गिरावट ने निवेशकों के विश्वास को प्रभावित किया। आशीष धवन की अशांत समय से निपटने की क्षमता उन्हें एक लचीले और विवेकपूर्ण निवेशक के रूप में अलग करती है।

मंदी से घबराने के बजाय धवन ने दीर्घकालिक दृष्टिकोण बनाए रखा और उच्च गुणवत्ता वाले निवेश अवसरों की पहचान करना जारी रखा। उनके धैर्यपूर्ण दृष्टिकोण और कठोर परिश्रम ने 'क्रिसकैपिटल' को तूफान का सामना करने तथा और भी मजबूत होकर उभरने की ताकत दी।

अग्रणी संस्थागत सुधार

आशीष धवन का योगदान एक सफल निवेशक के रूप में उनकी भूमिका से कहीं आगे तक बढ़ा। उन्होंने भारतीय शिक्षा क्षेत्र में संस्थागत सुधारों की आवश्यकता को पहचाना और सन् 2005 में सेंट्रल स्क्वायर फाउंडेशन (सी. एस.एफ.) की सह-स्थापना की। फाउंडेशन का उद्देश्य सीखने के परिणामों में सुधार और गुणवत्तापूर्ण शिक्षा तक पहुँच बढ़ाने वाली पहलों का समर्थन करके शिक्षा-प्रणाली में परिवर्तनकारी बदलाव लाना है।

सी.एस.एफ. सकारात्मक बदलाव लाने के लिए सरकार, गैर-सरकारी संगठनों और शिक्षकों सहित विभिन्न हितधारकों के साथ सहयोग करके शिक्षा-सुधार के क्षेत्र में अग्रणी बन गया है। सामाजिक प्रभाव के प्रति आशीष धवन के

समर्पण और एक अधिक न्यायसंगत शिक्षा-प्रणाली बनाने की उनकी प्रतिबद्धता ने उन्हें व्यापक मान्यता व सम्मान दिलाया है।

वापस देने की प्रतिबद्धता

जैसे-जैसे वित्तीय और परोपकारी क्षेत्रों में आशीष धवन की सफलता बढ़ती गई, वैसे-वैसे समाज को वापस देने की उनकी प्रतिबद्धता भी बढ़ती गई। सन् 2014 में उन्होंने वरिष्ठ प्रबंध निदेशक के रूप में सक्रिय रूप से जुड़े रहने के दौरान परोपकार पर अधिक ध्यान केंद्रित करने के लिए 'क्रिसकैपिटल' में अपनी पूर्णकालिक भूमिका से इस्तीफा दे दिया। उन्होंने एक ऐसी दुनिया की कल्पना की, जहाँ हर बच्चे को गुणवत्तापूर्ण शिक्षा उपलब्ध हो और उन्होंने उस दृष्टि को वास्तविकता बनाने के लिए खुद को समर्पित कर दिया।

'आशीष धवन फाउंडेशन' के माध्यम से उन्होंने हाशिए पर रहने वाले समुदायों के लिए शिक्षा, स्वास्थ्य और आजीविका सहित विभिन्न कारणों का समर्थन किया। उनके परोपकारी प्रयासों का उद्देश्य व्यक्तियों को सशक्त बनाना और स्थायी सामाजिक प्रभाव पैदा करना है।

सामाजिक उद्यम पूँजी को अपनाना

'सेंट्रल स्क्वायर फाउंडेशन' के साथ अपने अनुभवों के आधार पर और निवेश के माध्यम से सामाजिक प्रभाव की क्षमता को पहचानते हुए आशीष धवन ने सोशल वेंचर कैपिटल (एस.वी.सी.) के क्षेत्र में कदम रखा। उन्होंने 'सेंट्रल स्क्वायर फाउंडेशन एडवाइजर्स' (सी.एस.एफ.ए.) की स्थापना की, जो एक एस.वी.सी. फर्म है, जो शिक्षा के क्षेत्र में नवीन और स्केलेबल समाधानों का समर्थन करने पर केंद्रित है।

अपने वित्तीय कौशल को सामाजिक परिवर्तन के प्रति गहरी प्रतिबद्धता के साथ जोड़कर आशीष धवन ने निवेश के लिए एक नया दृष्टिकोण पेश किया, जो वित्तीय रिटर्न और सकारात्मक सामाजिक परिणाम—दोनों उत्पन्न करना चाहता है।

विरासत और वैश्विक मान्यता

इन वर्षों में आशीष धवन की उल्लेखनीय यात्रा और परिवर्तनकारी योगदान ने उन्हें वैश्विक पहचान दिलाई। उन्हें निजी इक्विटी, शिक्षा सुधार और सामाजिक उद्यम पूँजी में उनके अग्रणी कार्य के लिए स्वीकार किया गया था। निवेश के प्रति

उनका दृष्टिकोण, जिसने वित्तीय सफलता को सामाजिक प्रभाव के साथ जोड़ा, दुनिया भर के निवेशकों के लिए प्रेरणा बन गया।

सकारात्मक बदलाव लाने की उनकी प्रतिबद्धता और शिक्षा तथा टिकाऊ निवेश के माध्यम से बेहतर भविष्य के लिए उनकी दृष्टि ने वैश्विक शेयर बाजार में एक दूरदर्शी ताकत के रूप में उनकी स्थिति को मजबूत किया।

जैसे-जैसे साल बीतते गए, आशीष धवन का चालक प्रभाव का जुनून और मजबूत होता गया। उन्होंने अगली पीढ़ी के निवेशकों और सामाजिक परिवर्तनकर्ताओं को मार्गदर्शन एवं समर्थन देना जारी रखा, जिससे उन्हें वैश्विक स्तर पर सकारात्मक प्रभाव पैदा करने के लिए सशक्त बनाया गया।

एक दूरदर्शी निवेशक और वैश्विक शेयर बाजार एवं सामाजिक क्षेत्र में परिवर्तनकारी परिवर्तन के उत्प्रेरक के रूप में आशीष धवन की विरासत निवेशकों और परोपकारियों की पीढ़ियों को प्रेरित करती रहती है। उनकी यात्रा जुनून, प्रतिबद्धता और उद्देश्य-संचालित निवेश की शक्ति के प्रमाण के रूप में कार्य करती है, जो वित्त और उससे परे की दुनिया पर एक अमिट छाप छोड़ती है।

□

एंथोनी बोल्टन

एंथोनी बोल्टन, जिनका जन्म 6 दिसंबर, 1950 को लंदन के चिसविक में हुआ। वित्त एवं निवेश की दुनिया में वे एक प्रमुख और सम्मानित व्यक्ति हैं। छोटी उम्र से ही बोल्टन ने गणित और व्यवसाय की दुनिया में गहरी रुचि प्रदर्शित की। इस शुरुआती आकर्षण ने वैश्विक शेयर बाजार में सबसे सफल और सम्मानित फंड मैनेजरों में से एक के रूप में उनके असाधारण कॅरियर की नींव रखी।

बोल्टन की शैक्षिक यात्रा हैरो काउंटी ग्रामर स्कूल से शुरू हुई, जहाँ उन्होंने शैक्षणिक और पाठ्येतर गतिविधियों—दोनों में उत्कृष्ट प्रदर्शन किया। संख्याओं के प्रति उनके जुनून ने उन्हें कैंब्रिज विश्वविद्यालय के पेमब्रोक कॉलेज में इंजीनियरिंग विज्ञान में डिग्री हासिल करने के लिए प्रेरित किया। अपनी स्नातक की डिग्री पूरी करने के बाद बोल्टन को अपनी असली पहचान का पता चला और उन्होंने वित्तीय उद्योग में प्रवेश करने का फैसला किया।

एक वित्तीय टाइटन का उदय

सन् 1979 में एंथोनी बोल्टन प्रतिष्ठित वित्तीय संस्थान फिडेलिटी इंटरनेशनल में शामिल हो गए। उस समय किसी को भी नहीं पता था कि यह एक शानदार और अग्रणी कॅरियर की शुरुआत होगी, जो तीन दशकों तक चलेगा। फिडेलिटी में उनके शुरुआती वर्षों में छोटे फंडों का प्रबंधन करना और शेयर बाजार की जटिलताओं में मूल्यवान् अनुभव प्राप्त करना शामिल था।

बाजार के रुझानों का विश्लेषण करने और समझने की बोल्टन की जन्मजात क्षमता के साथ-साथ अनुशासन की मजबूत भावना ने जल्द ही उन्हें अपने साथियों के बीच पहचान दिला दी। सन् 1985 में उन्हें फिडेलिटी स्पेशल सिचुएशंस फंड

का प्रबंधक नियुक्त किया गया। यह एक महत्त्वपूर्ण क्षण था, जिसने वित्त की दुनिया में उनकी विरासत को आकार दिया। उनके नेतृत्व में फंड ने तेजी से वृद्धि देखी और साल-दर-साल उत्कृष्ट रिटर्न दिया।

बोल्टन फॉर्मूला

बोल्टन की निवेश रणनीति की विशेषता एक अनुशासित दृष्टिकोण, सूक्ष्म शोध और दीर्घकालिक परिप्रेक्ष्य थी। वह मजबूत विकास क्षमता और कम मूल्य वाली कंपनियों की पहचान करने में विश्वास करते थे, जो अकसर छोटे व मध्यम आकार के उद्यमों पर ध्यान केंद्रित करती थीं। बाजार के शोर के आगे झुकने के बजाय उन्होंने अपने दृढ़ विश्वास पर कायम रहना और आवश्यकता पड़ने पर विरोधाभासी रुख बनाए रखना पसंद किया।

'बोल्टन फॉर्मूला' में मौलिक विश्लेषण, व्यापक कंपनी अनुसंधान और व्यापक आर्थिक कारकों की समझ का संयोजन शामिल था। उन्होंने व्यक्तिगत रूप से कंपनियों का दौरा करने, प्रबंधन टीमों से बात करने और उनकी संभावनाओं के बारे में गहरी जानकारी हासिल करने के लिए उद्योग में खुद को शामिल करने के महत्त्व पर जोर दिया।

प्रतिकूल परिस्थितियों के सामने दृढ़

एंथोनी बोल्टन का कॅरियर चुनौतियों से रहित नहीं था। किसी भी निवेशक की तरह उन्हें बाजार में गिरावट और खराब प्रदर्शन के दौर का सामना करना पड़ा। हालाँकि, जो चीज बोल्टन को अलग करती थी, वह थी उनका अटूट दृढ़ संकल्प और असफलताओं से सीखने की क्षमता। 1990 के दशक के उत्तरार्ध में डॉट-कॉम बुलबुले के दौरान उन्होंने अधिक मूल्यवान् प्रौद्योगिकी शेयरों के प्रलोभन का विरोध किया और सतर्क रहे, जिससे फंड की पूँजी संरक्षित रही।

सन् 2008 के वैश्विक वित्तीय संकट के दौरान उनके दृढ़ दृष्टिकोण का एक बार फिर परीक्षण किया गया। गुणवत्तापूर्ण कंपनियों के प्रति प्रतिबद्ध रहने का बोल्टन का निर्णय और उथल-पुथल के बीच अवसरों को पहचानने की उनकी क्षमता उस कठिन अवधि के दौरान अपने निवेशकों के हितों की रक्षा करने में सहायक साबित हुई।

विरासत

एक फंड मैनेजर के रूप में एंथोनी बोल्टन की सफलता सिर्फ मौद्रिक लाभ के संदर्भ में नहीं, बल्कि अपने ग्राहकों से अर्जित विश्वास और वफादारी के संदर्भ में भी मापी गई थी। बाजारों को संचालित करने में उनके अद्वितीय कौशल को स्वीकार करते हुए कई निवेशक 'बोल्टन वे' के दृढ़ अनुयायी बन गए। उनके फंडों ने लगातार अपने बेंचमार्क से बेहतर प्रदर्शन किया और एक मास्टर निवेशक के रूप में उनकी प्रतिष्ठा सीमाओं से परे बढ़ी।

सन् 2007 में बोल्टन ने फिडेलिटी स्पेशल सिचुएशंस फंड के प्रबंधन से हटने का फैसला किया और अपने पीछे एक ऐसी विरासत छोड़ दी, जो उनके उत्तराधिकारियों के लिए लगभग दुर्गम लग रही थी। फिर भी, निवेश के प्रति उनका जुनून कम नहीं हुआ और उन्होंने अपने ज्ञान एवं अंतर्दृष्टि को महत्त्वाकांक्षी फंड मैनेजर्स के साथ साझा करना जारी रखा।

सेवानिवृत्ति और परोपकार

सक्रिय फंड प्रबंधन से सेवानिवृत्त होने के बाद एंथनी बोल्टन ने अपना समय परोपकारी प्रयासों और निवेशकों की अगली पीढ़ी को शिक्षित करने के लिए समर्पित किया। उन्होंने व्याख्यान, सेमिनार और कार्यशालाओं के माध्यम से अपने समृद्ध अनुभव को साझा करते हुए एक संरक्षक व सलाहकार के रूप में भूमिकाएँ निभाईं। वित्तीय समुदाय में उनके योगदान को कई पुरस्कारों और प्रशंसाओं से मान्यता मिली।

इसके अतिरिक्त, बोल्टन ने अपने प्रयासों को धर्मार्थ कार्यों, शिक्षा, स्वास्थ्य देखभाल और विभिन्न अन्य पहलों के लिए समर्पित किया। वह समाज को वापस लौटाने और वित्त की दुनिया से परे सकारात्मक प्रभाव पैदा करने में विश्वास करते हैं।

किंवदंती जीवित है

जैसे-जैसे साल बीतते गए, एंथोनी बोल्टन की किंवदंती और मजबूत होती गई। वैश्विक शेयर बाजार में उनकी उपलब्धियों और योगदान ने उन्हें वित्त जगत् के सार्वकालिक महान् लोगों में स्थान दिलाया। उनका निवेश दर्शन, 'बोल्टन फॉर्मूला', दुनिया भर के निवेशकों को प्रेरित करता और उनका मार्गदर्शन करता रहता है।

हालाँकि, एंथोनी बोल्टन आधिकारिक तौर पर फंड मैनेजमेंट से सेवानिवृत्त हो गए हैं, लेकिन उनका प्रभाव वित्तीय उद्योग में गहराई तक बना हुआ है। उनकी जीवन-गाथा युवा निवेशकों के लिए आशा की किरण के रूप में कार्य करती है। यह दरशाती है कि समर्पण, ज्ञान और दृढ़ दृष्टिकोण के साथ कोई भी वित्त की प्रतिस्पर्धी दुनिया में उल्लेखनीय सफलता प्राप्त कर सकता है।

'एंथनी बोल्टन' नाम हमेशा उत्कृष्टता का पर्याय रहेगा और गणित के प्रति जुनून रखने वाले एक जिज्ञासु युवा लड़के से वैश्विक शेयर बाजार में एक महान् व्यक्ति तक की उनकी यात्रा आने वाली पीढ़ियों को प्रेरित करती रहेगी।

□

एडवर्ड ओकले थोर्प

एडवर्ड ओकले थोर्प, जिनका जन्म 14 अगस्त, 1932 को शिकागो, इलिनॉइस में हुआ, एक प्रसिद्ध गणितज्ञ, लेखक और हेज फंड मैनेजर हैं। संभाव्यता सिद्धांत, गणित और मात्रात्मक वित्त में उनके अभूतपूर्व काम ने शेयर बाजार परिदृश्य में क्रांति ला दी, जिससे वे आधुनिक शेयर बाजार रणनीतियों में अग्रणी बन गए।

प्रारंभिक जीवन और शिक्षा

छोटी उम्र से ही एडवर्ड थोर्प ने असाधारण गणितीय क्षमताओं का प्रदर्शन किया। उन्होंने शिकागो के पब्लिक स्कूलों में पढ़ाई की और बाद में भौतिकी का अध्ययन करने के लिए कैलिफोर्निया विश्वविद्यालय, लॉस एंजिलेस (यू.सी.एल.ए.) में दाखिला लिया। उन्होंने सन् 1953 में अपनी स्नातक की डिग्री हासिल की और कैलिफोर्निया विश्वविद्यालय, बर्कले में अपनी शैक्षणिक गतिविधियाँ जारी रखीं, जहाँ उन्होंने 1958 में गणित में पी-एच.डी. की उपाधि प्राप्त की।

'कार्ड काउंटिंग' का जन्म

यू.सी.एल.ए. में अपने समय के दौरान एडवर्ड थोर्प ब्लैकजैक के खेल में रुचि लेने लगे और उन्होंने जीतने की रणनीति विकसित करने के लिए अपनी गणितीय विशेषज्ञता को लागू करने की कोशिश की। व्यापक अनुसंधान और विश्लेषण के माध्यम से उन्होंने ब्लैकजैक में लाभ हासिल करने के लिए 'कार्ड काउंटिंग' नामक एक विधि तैयार की।

थोर्प की 'कार्ड काउंटिंग' प्रणाली ने खिलाड़ियों को डेक में शेष उच्च एवं निम्न मूल्य वाले कार्डों के अनुपात को ट्रैक करने की अनुमति दी। इस अनुपात पर

नजर रखकर खिलाड़ी अपने दाँव को तदनुसार समायोजित कर सकते हैं, जिससे उनकी जीत की संभावना काफी बढ़ जाती है। वर्ष 1962 में प्रकाशित उनकी पुस्तक 'बीट द डीलर' एक त्वरित क्लासिक बन गई और मात्रात्मक तरीकों की शेयर बाजार की क्षमता में व्यापक रुचि पैदा हुई।

मात्रात्मक वित्त में एक अग्रणी यात्रा

अपनी कार्ड काउंटिंग की रणनीति की सफलता से प्रेरित होकर एडवर्ड थोर्प ने अपना ध्यान शेयर बाजार की ओर लगाया। उन्होंने माना कि पारंपरिक निवेश रणनीतियों पर बढ़त हासिल करने के लिए संभाव्यता और गणित के सिद्धांतों को वित्तीय बाजारों में लागू किया जा सकता है।

थोर्प ने बाजार की गतिविधियों का विश्लेषण एवं भविष्यवाणी करने के लिए व्यापक शोध किया और 'मात्रात्मक मॉडल' विकसित किए। उनके अभिनव दृष्टिकोण ने उन्हें रूलेट परिणामों की भविष्यवाणी करने वाला पहला पहनने योग्य कंप्यूटर बनाने के लिए प्रेरित किया, जिसे बाद में उन्होंने शेयर बाजार ट्रेडिंग के लिए लागू किया।

'प्रिंस्टन-न्यूपोर्ट पार्टनर्स' का गठन

सन् 1969 में एडवर्ड थोर्प ने एक अन्य अग्रणी गणितज्ञ क्लाउड शैनन के साथ मिलकर हेज फंड 'प्रिंस्टन-न्यूपोर्ट पार्टनर्स' की सह-स्थापना की। यह फंड परिवर्तनीय मध्यस्थता और विकल्प ट्रेडिंग रणनीतियों में विशेषज्ञता रखता है।

शेयर बाजार में निवेश के लिए थोर्प का मात्रात्मक दृष्टिकोण, शैनन की सूचना सिद्धांत विशेषज्ञता के साथ मिलकर अत्यधिक सफल साबित हुआ। 'प्रिंस्टन-न्यूपोर्ट पार्टनर्स' ने लगातार प्रभावशाली रिटर्न अर्जित किया और मात्रात्मक हेज फंड रणनीतियों में अग्रणी के रूप में प्रतिष्ठा हासिल की।

केली मानदंड और इष्टतम सट्टेबाजी

शेयर बाजार में एडवर्ड थोर्प का योगदान व्यापारिक रणनीतियों से परे तक फैला हुआ है। उन्हें 'केली क्राइटेरियन' पेश करने का श्रेय भी दिया जाता है—एक ऐसा फॉर्मूला, जो किसी विशेष निवेश पर दाँव लगाने के लिए किसी के बैंकरोल का इष्टतम प्रतिशत निर्धारित करता है।

'केली मानदंड', जो सफलता की संभावना और संभावित भुगतान—दोनों पर

विचार करता है, पोर्टफोलियो मैनेजर्स और शेयर बाजार निवेशकों के लिए एक मौलिक उपकरण बन गया है। यह स्थिति के आकार और जोखिम प्रबंधन के लिए एक व्यवस्थित दृष्टिकोण प्रदान करता है, जिससे निवेशकों को संभावित नुकसान को कम करते हुए अपने दीर्घकालिक लाभ को अधिकतम करने में मदद मिलती है।

संभाव्यता और जुए का सिद्धांत

'संभाव्यता सिद्धांत' और 'गेम सिद्धांत' में एडवर्ड थोर्प की विशेषज्ञता ने उन्हें रूलेट और बैकारेट जैसे विभिन्न जुआ खेलों का विश्लेषण करने के लिए भी प्रेरित किया। उन्होंने सन् 1984 में 'द मैथमेटिक्स ऑफ गैंबलिंग' नामक एक अनुवर्ती पुस्तक प्रकाशित की, जिससे गणितीय प्रतिभा और शेयर बाजार दूरदर्शी के रूप में उनकी प्रतिष्ठा स्थापित हुई।

जुए के प्रति थोर्प के विश्लेषणात्मक दृष्टिकोण ने न केवल इन खेलों की समझ को समृद्ध किया, बल्कि जोखिम प्रबंधन और निवेश रणनीतियों में भी इसका अनुप्रयोग किया। उनके काम ने शेयर बाजार सहित जीवन के विभिन्न पहलुओं को नया आकार देने में गणित की शक्ति को प्रदर्शित किया।

ज्ञान की निरंतर खोज

अपने पूरे कॅरियर के दौरान एडवर्ड थोर्प ने ज्ञान के प्रति एक अतृप्त जिज्ञासा बनाए रखी। उन्होंने वित्त, गणित और प्रौद्योगिकी में नए मोरचे तलाशना जारी रखा। थोर्प कंप्यूटर-संचालित ट्रेडिंग सिस्टम को अपनाने वाले एक शुरुआती व्यक्ति थे, जो पारंपरिक दृष्टिकोण से बेहतर प्रदर्शन करने के लिए 'मात्रात्मक मॉडल' की क्षमता को पहचानते थे।

अपने शेयर बाजार कार्यों के अलावा थोर्प ने मैसाचुसेट्स इंस्टीट्यूट ऑफ टेक्नोलॉजी (एम.आई.टी.) और कैलिफोर्निया विश्वविद्यालय, इरविन सहित विभिन्न प्रतिष्ठित संस्थानों में गणित भी पढ़ाया।

एडवर्ड ओ. थोर्प की विरासत

'मात्रात्मक वित्त' में एडवर्ड ओ. थोर्प के अग्रणी काम और शेयर बाजार में उनके अभूतपूर्व योगदान ने वित्तीय उद्योग पर एक अमिट छाप छोड़ी है। उनके नवीन विचारों और कार्य-प्रणाली ने निवेशकों, ट्रेडर्स एवं शोधकर्ताओं की पीढ़ियों को प्रेरित किया है।

निवेश में गणित एवं संभाव्यता के महत्त्व पर थोर्प के जोर ने पारंपरिक ज्ञान को चुनौती दी और वित्तीय बाजारों को समझने तथा नेविगेट करने के तरीके को नया आकार दिया। वैश्विक शीर्ष शेयर बाजार व्यक्ति के रूप में उनकी विरासत मात्रात्मक वित्त और निवेश रणनीतियों के विकास को प्रभावित करना जारी रखे हुए है।

एक शानदार गणितज्ञ से एक अग्रणी शेयर बाजार रणनीतिकार तक एडवर्ड ओ. थोर्प की यात्रा बुद्धि, नवाचार की शक्ति और वित्त में मात्रात्मक तरीकों के अनुप्रयोग को दरशाती है। 'कार्ड काउंटिंग' और 'ऑप्शन ट्रेडिंग' से लेकर 'केली क्राइटेरियन' के विकास तक शेयर बाजार में उनके योगदान ने उन्हें वैश्विक शीर्ष शेयर बाजार दिग्गजों के बीच एक प्रतिष्ठित स्थान दिलाया है।

मात्रात्मक वित्त और जोखिम प्रबंधन में अग्रणी के रूप में थोर्प की विरासत दुनिया भर में निवेशकों एवं शोधकर्ताओं को प्रेरित करती रहेगी और उनका मार्गदर्शन करती रहेगी। ज्ञान की उनकी निरंतर खोज और अभूतपूर्व उपलब्धियाँ शेयर बाजार परिदृश्य में गणितीय सोच की परिवर्तनकारी क्षमता को प्रदर्शित करती हैं।

□

कार्ल इकान

कार्ल इकान, वैश्विक शेयर बाजार में एक दुर्जेय व्यक्ति, अपनी आक्रामक निवेश रणनीतियों, कॉरपोरेट छापेमारी गतिविधियों और एक सक्रिय निवेशक के रूप में प्रभावशाली भूमिका के लिए प्रसिद्ध हैं। 16 फरवरी, 1936 को क्वींस, न्यूयॉर्क में जनमे इकान की मध्यम वर्गीय पृष्ठभूमि से दुनिया के सबसे आक्रामक और सम्मानित निवेशकों में से एक बनने तक की यात्रा उनकी दृढ़ता और चतुर व्यावसायिक कौशल का प्रमाण है।

प्रारंभिक जीवन और शिक्षा

शिक्षकों के परिवार में पले-बढ़े कार्ल इकान ने वित्त और निवेश में प्रारंभिक रुचि विकसित की। उन्होंने प्रिंस्टन विश्वविद्यालय में दाखिला लिया, जहाँ उन्होंने सन् 1957 में दर्शनशास्त्र में स्नातक की डिग्री हासिल की। उनकी बौद्धिक जिज्ञासा और विश्लेषणात्मक सोच ने एक समझदार निवेशक के रूप में उनकी भविष्य की सफलता के लिए आधार तैयार किया।

एक आशाजनक कॅरियर की शुरुआत

अपनी शिक्षा पूरी करने के बाद कार्ल इकान ने विभिन्न ब्रोकरेज फर्मों के लिए काम करते हुए 'वॉल स्ट्रीट' पर अपना कॅरियर शुरू किया। उन्होंने कम मूल्य वाली कंपनियों का पता लगाने के लिए गहरी नजर रखी और संभावित निवेशों के चतुर विश्लेषण के लिए जाने गए।

1960 के दशक में उन्होंने 'इकान एंड कंपनी' की स्थापना की, जो एक प्रतिभूति फर्म थी और मुख्य रूप से मध्यस्थता तथा ट्रेडिंग एवं निवेश प्रबंधन पर

केंद्रित थी। यह एक ऐसी यात्रा की शुरुआत थी, जिसने उन्हें एक कॉरपोरेट रेडर और एक्टिविस्ट निवेशक के रूप में ख्याति दिलाई।

कॉरपोरेट छापेमारी का युग

1970 और 1980 के दशक के दौरान कार्ल इकान ने अपनी आक्रामक कॉरपोरेट छापेमारी गतिविधियों के लिए लोकप्रियता हासिल की। उन्होंने रणनीतिक रूप से कम मूल्य वाली कंपनियों में पर्याप्त हिस्सेदारी हासिल की, जिसका लक्ष्य उनके प्रबंधन को प्रभावित करना और शेयरधारक मूल्य को अनलॉक करना था।

इकान ने उन कंपनियों को निशाना बनाया, जिनके बारे में उनका मानना था कि उनका प्रबंधन गलत था या उनका मूल्य छिपा हुआ था, जो परिसंपत्ति बिक्री, स्टॉक बायबैक या बोर्डरूम शेकअप जैसे बदलावों की माँग कर रहे थे। उनकी सक्रियता और मजबूत प्रबंधन टीमों से मुकाबला करने की इच्छा ने उन्हें कॉरपोरेट जगत् में एक बड़ी ताकत बना दिया।

टी.डब्ल्यू.ए. अधिग्रहण

कार्ल इकान की सबसे उल्लेखनीय कॉरपोरेट छापे की सफलताओं में से एक सन् 1985 में 'ट्रांस वर्ल्ड एयरलाइंस' (टी.डब्ल्यू.ए.) का अधिग्रहण था। इकान ने कंपनी के पुनर्गठन एवं लागत में कटौती के लिए बड़े बदलावों पर जोर देते हुए संकटग्रस्त एयरलाइन में एक महत्त्वपूर्ण हिस्सेदारी हासिल की।

उनकी आक्रामक रणनीति के कारण टी.डब्ल्यू.ए. के प्रबंधन और श्रमिक संघों के साथ तीखी लड़ाई हुई। आखिरकार, इकान विजयी हुए। उन्होंने टी.डब्ल्यू.ए. का नियंत्रण अपने हाथ में ले लिया और महत्त्वपूर्ण बदलाव लागू किए, जिससे एयरलाइन की किस्मत बदल गई। टी.डब्ल्यू.ए. के साथ उनकी सफलता ने संघर्षरत कंपनियों को नया आकार देने में सक्षम एक कॉरपोरेट रेडर के रूप में उनकी प्रतिष्ठा को मजबूत किया।

आर.जे.आर. नाबिस्को लड़ाई

कार्ल इकान की सबसे प्रसिद्ध और विवादास्पद लड़ाइयों में से एक 1980 के दशक के अंत में आर.जे.आर. नाबिस्को के अधिग्रहण में उनकी भागीदारी थी। अन्य निवेशकों के साथ इकान ने खाद्य और तंबाकू समूह का नियंत्रण लेने की माँग की, जिससे एक भयंकर बोली युद्ध शुरू हो गया।

आर.जे.आर. नाबिस्को का अधिग्रहण कॉरपोरेट ज्यादती और लालच का प्रतीक बन गया, जिसने मीडिया का महत्त्वपूर्ण ध्यान आकर्षित किया। हालाँकि, इकान अंततः प्रतिद्वंद्वी निवेशक के.के.आर. से लड़ाई हार गए, लेकिन उनके कार्यों ने लीवरेज्ड बायआउट्स और शत्रुतापूर्ण अधिग्रहण की विवादास्पद दुनिया पर ध्यान आकर्षित किया।

एक सक्रिय निवेशक में परिवर्तन

जैसे-जैसे कॉरपोरेट छापेमारी का युग खत्म हुआ, कार्ल इकान ने अपना ध्यान एक सक्रिय निवेशक बनने की ओर स्थानांतरित कर दिया। उन्होंने कंपनियों में महत्त्वपूर्ण हिस्सेदारी जमा करना जारी रखा, लेकिन अधिक सहयोगात्मक दृष्टिकोण अपनाया और प्रबंधन तथा बोर्डों के साथ जुड़कर उन बदलावों की वकालत की, जिनके बारे में उनका मानना था कि शेयरधारक मूल्य में वृद्धि होगी।

इकान की सक्रियता के कारण अकसर कॉरपोरेट प्रशासन, परिचालन दक्षता और रणनीतिक दिशा में महत्त्वपूर्ण बदलाव आए। मोटोरोला, ब्लॉकबस्टर और हर्बालाइफ जैसी कंपनियों में उनकी भागीदारी ने प्रशंसा एवं आलोचना दोनों अर्जित कीं, जिससे वह वैश्विक शेयर बाजार में सबसे प्रभावशाली और ध्रुवीकरण करने वाली शख्सियतों में से एक बन गए।

'इकान इफेक्ट' और शेयरधारक अधिकार आंदोलन

एक निवेशक के रूप में कार्ल इकान की सक्रियता और सफलता ने उन्हें 'इकान इफेक्ट' के लिए प्रतिष्ठा दिलाई। जब उन्होंने कंपनियों में पद सँभाला तो अन्य निवेशकों ने अकसर उनका अनुसरण किया, जिससे शेयर की कीमतों में बदलाव आया और बाजार की धारणा में बदलाव आया।

इकान के कार्यों ने 'शेयरधारक अधिकार आंदोलन' के उदय में भी महत्त्वपूर्ण भूमिका निभाई। बेहतर शेयरधारक प्रतिनिधित्व, जवाबदेही और पारदर्शिता के लिए उनके अभियानों ने अन्य निवेशकों और नियामकों को शेयरधारक अधिकारों में वृद्धि की वकालत करने के लिए प्रेरित किया।

परोपकार और विरासत

अपनी निवेश गतिविधियों के अलावा कार्ल इकान परोपकार में भी सक्रिय रूप से शामिल रहे हैं। उन्होंने 'कार्ल सी. इकान चैरिटेबल फाउंडेशन' की स्थापना

की, जो शिक्षा, चिकित्सा अनुसंधान और सामुदायिक विकास सहित विभिन्न धर्मार्थ कार्यों का समर्थन करता है।

वैश्विक शेयर बाजार में सबसे प्रमुख शख्सियतों में से एक के रूप में कार्ल इकान की विरासत की विशेषता शेयरधारक मूल्य की उनकी निरंतर खोज और कॉरपोरेट प्रशासन एवं सक्रियता पर उनका परिवर्तनकारी प्रभाव है। वह वित्तीय जगत् में एक प्रभावशाली शक्ति बने हुए हैं और निवेश परिदृश्य पर स्थायी प्रभाव छोड़ रहे हैं।

निष्कर्षतः एक दृढ़ निश्चयी युवा निवेशक से एक प्रमुख कॉरपोरेट रेडर एवं एक्टिविस्ट निवेशक तक कार्ल इकान की यात्रा रणनीतिक सोच और अटूट दृढ़ संकल्प की शक्ति को दरशाती है। उनकी आक्रामक निवेश रणनीतियों और सक्रियता ने कॉरपोरेट परिदृश्य को नया आकार दिया तथा निवेशकों के मूल्य निर्माण के तरीके को प्रभावित किया।

वैश्विक शेयर बाजार में एक जबरदस्त ताकत के रूप में कार्ल इकान की विरासत आने वाली पीढ़ियों के निवेशकों व कार्यकर्ताओं को प्रेरित करती और उनका मार्गदर्शन करती रहेगी। मूल्य की उनकी निरंतर खोज और शेयरधारक अधिकारों के प्रति प्रतिबद्धता ने उन्हें वैश्विक शीर्ष शेयर बाजार दिग्गजों के बीच स्थान दिलाया है, जिससे एक महान् व्यक्ति के रूप में उनकी स्थिति मजबूत हुई है।

□

कृतेश अभिषेक

युवा और गतिशील निवेशक कृतेश अभिषेक शेयर बाजार एवं निवेश की दुनिया में एक सितारे के रूप में उभरे हैं। 12 जनवरी, 1990 को मुंबई में जनमे अभिषेक का वित्त और निवेश के प्रति जुनून कम उम्र में ही शुरू हो गया था। अपने समर्पण, चतुराईपूर्ण निर्णय लेने और नवीन निवेश रणनीतियों के माध्यम से उन्होंने उल्लेखनीय सफलता हासिल की है और वैश्विक शीर्ष शेयर बाजार व्यक्ति के रूप में पहचान हासिल की है।

प्रारंभिक वर्ष और शिक्षा

कृतेश अभिषेक की वित्त की दुनिया में यात्रा उनके प्रारंभिक वर्षों के दौरान शुरू हुई। संख्याओं और शेयर बाजार की कार्य-प्रणाली से आकर्षित होकर उन्होंने उत्सुकता से निवेश और शेयर बाजार की गतिशीलता के बारे में ज्ञान प्राप्त किया।

अभिषेक ने एक प्रतिष्ठित विश्वविद्यालय से फाइनेंस में डिग्री हासिल की, जहाँ उन्होंने अपने विश्लेषणात्मक कौशल को निखारा और वित्तीय बाजारों की ठोस समझ हासिल की। उनकी शिक्षा ने शेयर बाजार में उनके भविष्य के प्रयासों के लिए एक मजबूत आधार के रूप में काम किया।

एक निवेशक की शुरुआत

अपनी शिक्षा पूरी करने के बाद कृतेश अभिषेक ने उत्साह और ज्ञान की प्यास के साथ शेयर बाजार में निवेश की दुनिया में प्रवेश किया। सफल निवेशकों और शेयर बाजार गुरुओं के अनुभवों से सीखने के लिए उत्सुक रहते हुए उन्होंने खुद को पुस्तकों, वित्तीय अनुसंधान एवं शेयर बाजार विश्लेषण में डुबो दिया।

निवेश रणनीतियों का विकास

प्रसिद्ध निवेशकों की शिक्षाओं से प्रेरणा लेते हुए अभिषेक ने अपनी अनूठी निवेश रणनीतियाँ विकसित कीं। उन्होंने मौलिक विश्लेषण को तकनीकी चार्ट पैटर्न एवं संकेतकों के साथ जोड़ा, जिसका लक्ष्य कम मूल्य वाले शेयरों की पहचान करना और अल्पकालिक व्यापार के अवसरों को भुनाना था।

जोखिम प्रबंधन और ट्रेडों के अनुशासित निष्पादन पर अभिषेक का ध्यान उन्हें अन्य निवेशकों से अलग करता है, जो उन्हें बाजार के उतार-चढ़ाव से निपटने और अनुकूल बाजार स्थितियों का लाभ उठाने में सक्षम बनाता है।

सोशल मीडिया-प्रभाव का उदय

कृतेश अभिषेक ने अपनी अंतर्दृष्टि और निवेश विचारों को व्यापक दर्शकों के साथ साझा करने के लिए सोशल मीडिया प्लेटफॉर्म को अपनाया। ट्विटर, यूट्यूब और एक निजी ब्लॉग सहित विभिन्न सोशल मीडिया चैनलों पर उनकी सक्रिय उपस्थिति ने उन्हें समान विचारधारा वाले व्यक्तियों से जुड़ने और इच्छुक निवेशकों के साथ अपना ज्ञान साझा करने की अनुमति दी।

आकर्षक सामग्री और अपनी निवेश-यात्रा की पारदर्शी साझेदारी के माध्यम से अभिषेक ने फॉलोवर्स का एक मजबूत समुदाय बनाया, जो उनकी सलाह लेते हैं और शेयर बाजार में उनकी विशेषज्ञता को महत्त्व देते हैं।

एक वित्तीय शिक्षा मंच का निर्माण

वित्तीय साक्षरता के महत्त्व को पहचानते हुए कृतेश अभिषेक ने शेयर बाजार में सफल होने के लिए आवश्यक ज्ञान और कौशल के साथ दूसरों को सशक्त बनाने के लिए एक वित्तीय शिक्षा मंच लॉञ्च किया। वेबिनार, कार्यशालाओं और ऑनलाइन पाठ्यक्रमों के माध्यम से उन्होंने अपनी निवेश रणनीतियों और अंतर्दृष्टि को साझा किया, जिससे दूसरों को सूचित वित्तीय निर्णय लेने में मदद मिली।

व्यक्तियों को उनके वित्तीय भविष्य पर नियंत्रण रखने के लिए शिक्षित व सशक्त बनाने की उनकी प्रतिबद्धता ने उन्हें एक शेयर बाजार शिक्षक और प्रभावशाली व्यक्ति के रूप में प्रशंसा दिलाई।

बाजार की अस्थिरता को नियंत्रित करना

एक निवेशक के रूप में कृतेश अभिषेक को बाजार की अस्थिरता और आर्थिक अनिश्चितताओं से निपटने सहित कई चुनौतियों का सामना करना पड़ा। हालाँकि, दीर्घकालिक लक्ष्यों पर ध्यान केंद्रित रखने और बदलती बाजार स्थितियों के अनुसार अपनी रणनीतियों को अनुकूलित करने की उनकी क्षमता ने उन्हें चुनौतीपूर्ण समय के दौरान भी आगे बढ़ने की अनुमति दी।

निरंतर सीखने के प्रति अभिषेक के समर्पण और नए निवेश अवसरों को अपनाने की इच्छा ने उन्हें एक लचीले तथा अनुकूलनीय निवेशक के रूप में स्थापित किया।

शेयर बाजार की सफलता और उपलब्धियाँ

पिछले कुछ वर्षों में कृतेश अभिषेक की शेयर बाजार की सफलता एवं उपलब्धियों ने निवेश समुदाय के भीतर मान्यता और सम्मान अर्जित किया है। उन्हें प्रमुख वित्तीय मीडिया आउटलेट्स में दिखाया गया है और निवेश सम्मेलनों में बोलने के लिए आमंत्रित किया गया है, जहाँ वे अपनी अंतर्दृष्टि और अनुभव साझा करते हैं।

उनकी सफलता की कहानी ने अनगिनत व्यक्तियों, विशेष रूप से युवा निवेशकों, को शेयर बाजार में निवेश की दुनिया का पता लगाने और अपने वित्तीय लक्ष्यों को आगे बढ़ाने के लिए प्रेरित किया है।

परोपकार और वापस देना

जैसे-जैसे शेयर बाजार में कृतेश का प्रभाव बढ़ता गया, वे समाज को कुछ वापस देने के लिए प्रतिबद्ध रहे। वह शिक्षा, स्वास्थ्य देखभाल और पर्यावरण संरक्षण से संबंधित कार्यों का समर्थन करते हुए धर्मार्थ पहलों में सक्रिय रूप से भाग लेते हैं। उनके परोपकारी प्रयास दूसरों के जीवन पर सकारात्मक प्रभाव डालने के लिए अपनी सफलता का उपयोग करने में उनके विश्वास को दरशाते हैं।

कृतेश अभिषेक का भविष्य

आगे देखते हुए कृतेश अभिषेक शेयर बाजार एवं निवेश की दुनिया में कुछ नया करना और नए रास्ते तलाशना जारी रखे हुए हैं। वित्त के प्रति उनका जुनून और वित्तीय ज्ञान के साथ दूसरों को सशक्त बनाने के प्रति उनका समर्पण उनके

प्रयासों के मूल में है।

एक वैश्विक शीर्ष शेयर बाजार व्यक्ति के रूप में एक युवा और उत्सुक निवेशक से एक सफल शेयर बाजार प्रभावशाली व्यक्ति तक अभिषेक की यात्रा एक प्रेरणादायक उदाहरण के रूप में कार्य करती है कि कड़ी मेहनत, दृढ़ संकल्प एवं वित्त के प्रति जुनून के साथ क्या हासिल किया जा सकता है!

शेयर बाजार शिक्षा और परोपकार के प्रति उनकी निरंतर प्रतिबद्धता यह सुनिश्चित करती है कि शेयर बाजार और निवेश की दुनिया में एक उभरते सितारे के रूप में उनकी विरासत आने वाली पीढ़ियों तक चमकती रहेगी।

□

केनेथ कॉर्डेल ग्रिफिन

15 अक्तूबर, 1968 को डेटोना बीच, फ्लोरिडा में पैदा हुए केनेथ कॉर्डेल ग्रिफिन एक वित्तीय प्रतिभावान् और शेयर बाजार के दिग्गज हैं। दुनिया के सबसे सफल हेज फंडों में से एक 'सिटाडेल' के संस्थापक और सी.ई.ओ. के रूप में ग्रिफिन के असाधारण निवेश कौशल और नवीन रणनीतियों ने उन्हें वैश्विक शीर्ष शेयर बाजार दिग्गजों में जगह दिलाई है।

प्रारंभिक जीवन और शिक्षा

वित्त और निवेश के प्रति केनेथ ग्रिफिन का जुनून छोटी उम्र से ही स्पष्ट हो गया था। 19 साल की उम्र में हार्वर्ड विश्वविद्यालय में अर्थशास्त्र का अध्ययन करते समय उन्होंने उल्लेखनीय प्रतिभा और वित्तीय कौशल का प्रदर्शन करते हुए अपने छात्रावास के कमरे से शेयरों में ट्रेडिंग करना शुरू किया।

हार्वर्ड में ग्रिफिन की शिक्षा ने उन्हें वित्त और अर्थशास्त्र में एक मजबूत आधार प्रदान किया, जिससे शेयर बाजार में उनके भविष्य के कॅरियर की नींव पड़ी।

'सिटाडेल' का जन्म

सन् 1990 में हार्वर्ड में रहते हुए केनेथ ग्रिफिन ने परिवर्तनीय बॉण्ड आर्बिट्रेज पर केंद्रित हेज फंड के रूप में 'सिटाडेल' की स्थापना की। केवल 40 लाख डॉलर से अधिक की पूँजी के साथ ग्रिफिन के तीव्र निवेश कौशल ने फंड को शुरू से ही प्रभावशाली रिटर्न हासिल करने में मदद की।

उनके नेतृत्व में 'सिटाडेल' ने इक्विटी, निश्चित आय और कमोडिटी जैसे

कई परिसंपत्ति वर्गों को शामिल करने के लिए अपनी निवेश रणनीतियों का विस्तार किया, जिससे यह विश्व स्तर पर सबसे विविध और सफल हेज फंडों में से एक बन गया।

वैश्विक बाजार मार्गदर्शक

केनेथ ग्रिफिन की वैश्विक वित्तीय बाजारों की जटिलताओं से निपटने की अद्भुत क्षमता उन्हें शेयर बाजार के विशेषज्ञ के रूप में अलग करती है। ग्रिफिन के मार्गदर्शन में 'सिटाडेल' की मात्रात्मक और मौलिक अनुसंधान आधारित रणनीतियों ने चुनौतीपूर्ण बाजार स्थितियों में भी लगातार मजबूत रिटर्न उत्पन्न किया।

अत्याधुनिक तकनीक और डेटा-संचालित मॉडल को लागू करने के लिए ग्रिफिन के समर्पण ने 'सिटाडेल' को शेयर बाजार में निवेश के मामले में सबसे आगे रहने और दुनिया के शीर्ष प्रदर्शन करने वाले हेज फंडों में से एक के रूप में अपनी स्थिति बनाए रखने में मदद की।

'सिटाडेल' का प्रभुत्व और निवेश सफलता

केनेथ ग्रिफिन के नेतृत्व में 'सिटाडेल' ने लगातार अपने प्रतिस्पर्धियों से बेहतर प्रदर्शन किया और अपने निवेशकों को असाधारण रिटर्न दिया। फंड की सफलता विशेष रूप से शेयर बाजार के उथल-पुथल वाले समय के दौरान स्पष्ट हुई, जैसे कि सन् 2008 का वित्तीय संकट, जब 'सिटाडेल' के जोखिम प्रबंधन और अनुशासित दृष्टिकोण ने फंड को गंभीर नुकसान से बचाया।

उच्च प्रदर्शन वाले फंड के रूप में 'सिटाडेल' के ट्रैक रिकॉर्ड और प्रतिष्ठा के कारण प्रबंधन के तहत परिसंपत्तियों में उल्लेखनीय वृद्धि हुई, जिससे हेज फंड उद्योग में एक प्रमुख खिलाड़ी के रूप में इसकी स्थिति मजबूत हुई।

उद्यमशीलता की भावना और जोखिम की भूख

केनेथ ग्रिफिन की उद्यमशीलता की भावना और परिकलित जोखिम लेने की इच्छा ने 'सिटाडेल' की सफलता में महत्त्वपूर्ण भूमिका निभाई। उन्होंने लगातार बदलते शेयर बाजार परिदृश्य में आगे रहते हुए नवीन तकनीकों और मात्रात्मक ट्रेडिंग रणनीतियों को अपनाया।

नए विचारों में निवेश करने की ग्रिफिन की इच्छा और शीर्ष प्रतिभाओं को

आकर्षित करने की उनकी क्षमता ने 'सिटाडेल' को अपनी निवेश रणनीतियों को लगातार विकसित करने और विस्तारित करने की अनुमति दी।

परोपकार और वापस देना

शेयर बाजार में अपनी सफलता के साथ-साथ केनेथ ग्रिफिन अपने परोपकारी प्रयासों के लिए भी जाने जाते हैं। उन्होंने हार्वर्ड विश्वविद्यालय, शिकागो विश्वविद्यालय और आर्ट इंस्टीट्यूट ऑफ शिकागो सहित विभिन्न शैक्षणिक संस्थानों को पर्याप्त दान दिया है।

ग्रिफिन का परोपकार शिक्षा से परे तक फैला हुआ है। उन्होंने कई धर्मार्थ कार्यों में योगदान दिया है, विशेष रूप से शिक्षा, स्वास्थ्य देखभाल और कला व संस्कृति में सुधार पर अपना ध्यान केंद्रित किया है।

नियामक चुनौतियाँ और विवाद

जैसे-जैसे शेयर बाजार में 'सिटाडेल' का प्रभाव बढ़ता गया, उसे नियामक अधिकारियों और आलोचकों की जाँच का सामना करना पड़ा। फंड के बड़े आकार और विविध रणनीतियों ने ध्यान आकर्षित किया, जिससे कुछ ट्रेडिंग प्रथाओं और प्रणालीगत जोखिम के बारे में चिंताओं की जाँच हुई।

इन चुनौतियों के बावजूद ग्रिफिन के नेतृत्व में 'सिटाडेल' एक जिम्मेदार और अनुशासित हेज फंड के रूप में अपनी प्रतिष्ठा को मजबूत करते हुए नियामकों के साथ पारदर्शिता और सहयोग बनाए रखने के लिए प्रतिबद्ध रहा।

निरंतर विकास और नवाचार

इन वर्षों में 'सिटाडेल' ने अन्य वित्तीय सेवाओं, जैसे कि 'सिटाडेल सिक्योरिटीज', एक बाजार-निर्माण और इलेक्ट्रॉनिक ट्रेडिंग फर्म, को शामिल करने के लिए अपने परिचालन का विस्तार किया। ग्रिफिन के मार्गदर्शन में 'सिटाडेल सिक्योरिटीज' वैश्विक वित्तीय बाजारों में एक अग्रणी खिलाड़ी बन गई।

निरंतर नवाचार एवं उन्नत प्रौद्योगिकी के उपयोग पर ग्रिफिन के जोर ने मात्रात्मक व्यापार और शेयर बाजार विश्लेषण में अग्रणी के रूप में 'सिटाडेल' की स्थिति को मजबूत किया।

विरासत

केनेथ कॉर्डेल ग्रिफिन का एक कॉलेज छात्रावास के ट्रेडर से वैश्विक हेज फंड साम्राज्य के प्रमुख तक का उदय उनकी अद्वितीय प्रतिभा और दृढ़ संकल्प का प्रमाण है। वैश्विक शीर्ष शेयर बाजार व्यक्ति के रूप में वित्तीय उद्योग में उनका प्रभाव अद्वितीय बना हुआ है।

ग्रिफिन की शेयर बाजार की जटिलताओं से निपटने की क्षमता, नवाचार के प्रति उनकी प्रतिबद्धता और उनके परोपकारी प्रयासों ने शेयर बाजार एवं व्यापक समुदाय—दोनों पर एक अमिट छाप छोड़ी है।

उनकी उद्यमशीलता की भावना, जोखिम लेने की क्षमता और उत्कृष्टता की अटूट खोज निवेशकों तथा शेयर बाजार पेशेवरों की एक नई पीढ़ी को प्रेरित करती रहती है, जो शेयर बाजार निवेश के भविष्य को आकार देती है। जैसा कि 'सिटाडेल' और उसके नेता केनेथ ग्रिफिन नव-प्रवर्तन और प्रगति करना जारी रखते हैं, शेयर बाजार के दिग्गजों एवं अग्रदूतों के रूप में उनकी विरासत निस्संदेह आने वाले वर्षों तक कायम रहेगी।

□

जॉन टेंपलटन

सर जॉन टेंपलटन, जिनका जन्म 29 नवंबर, 1912 को विनचेस्टर, टेनेसी, अमेरिका में हुआ था, एक प्रसिद्ध निवेशक और शेयर बाजार दूरदर्शी थे। अपने विरोधाभासी दृष्टिकोण और अंतरराष्ट्रीय निवेश रणनीतियों के लिए प्रसिद्ध टेंपलटन ने दुनिया की सबसे सफल म्यूचुअल फंड कंपनियों में से एक की स्थापना की और वैश्विक शेयर बाजार निवेश में अग्रणी बन गए।

प्रारंभिक जीवन और शिक्षा

जॉन टेंपलटन बीसवीं सदी की शुरुआत में टेनेसी के एक छोटे से शहर में पले-बढ़े। उन्होंने वित्त एवं अर्थशास्त्र में प्रारंभिक रुचि प्रदर्शित की और शेयर बाजार में अपना कॅरियर बनाने के लिए दृढ़ संकल्पित थे।

टेंपलटन ने येल विश्वविद्यालय में दाखिला लिया, जहाँ उन्होंने अर्थशास्त्र का अध्ययन किया और अकादमिक रूप से उत्कृष्ट प्रदर्शन किया। अपनी स्नातक की पढ़ाई पूरी करने के बाद उन्होंने रोड्स स्कॉलर के रूप में ऑक्सफोर्ड विश्वविद्यालय में दाखिला लिया, जहाँ उन्होंने अपने ज्ञान का विस्तार किया और अपने निवेश कौशल को निखारा।

वॉल स्ट्रीट की शुरुआत और टेंपलटन फंड का जन्म

1930 के दशक के अंत में जॉन टेंपलटन वित्त में अपना कॅरियर शुरू करने के लिए वॉल स्ट्रीट चले गए। वह एक प्रतिष्ठित निवेश फर्म फेनर एंड बीन में शामिल हो गए और जल्दी ही शेयर बाजार विश्लेषण तथा निवेश के लिए अपनी योग्यता का प्रदर्शन किया।

वर्ष 1954 में टेंपलटन ने 'टेंपलटन ग्रोथ फंड' लॉन्च किया, जो एक अग्रणी म्यूचुअल फंड था, जो कम मूल्य वाले अंतरराष्ट्रीय शेयरों में निवेश पर केंद्रित था। उस समय यह एक नया दृष्टिकोण था, क्योंकि अधिकांश निवेशक मुख्य रूप से घरेलू शेयर बाजार के अवसरों पर ध्यान केंद्रित करते थे।

विरोधाभासी दर्शन और मूल्य निवेश

जॉन टेंपलटन के निवेश दर्शन की विशेषता विरोधाभासी सोच और मूल्य निवेश सिद्धांत थे। वह लंबी अवधि के नजरिए से उन परिसंपत्तियों को खरीदने में विश्वास करते थे, जिनका शेयर बाजार में कम मूल्यांकन किया गया था, या जिनकी अनदेखी की गई थी।

निवेश के प्रति टेंपलटन के दृष्टिकोण ने उन्हें उन देशों और क्षेत्रों में अवसर तलाशने के लिए प्रेरित किया, जो आर्थिक चुनौतियों या राजनीतिक उथल-पुथल का सामना कर रहे थे। द्वितीय विश्व युद्ध के बाद जापान जैसे संकटग्रस्त देशों में निवेश करने की उनकी इच्छा से महत्त्वपूर्ण रिटर्न मिला और वैश्विक शेयर बाजार में निवेश के लिए एक मिसाल कायम हुई।

'टेंपलटन ग्रोथ फंड' की सफलता

'टेंपलटन ग्रोथ फंड' ने तेजी से निवेशकों के बीच लोकप्रियता हासिल की, पर्याप्त संपत्ति आकर्षित की और उल्लेखनीय प्रदर्शन हासिल किया। इसकी सफलता का श्रेय कम मूल्य वाले शेयरों पर टेंपलटन की गहरी नजर और वैश्विक शेयर बाजार के अवसरों की क्षमता में उनके अटूट विश्वास को दिया गया।

उनके नेतृत्व में फंड ने प्रभावशाली रिटर्न दिया, एक शीर्ष शेयर बाजार व्यक्ति के रूप में टेंपलटन की प्रतिष्ठा को मजबूत किया और उन्हें निवेश समुदाय में एक सम्मानित व्यक्ति बना दिया।

टेंपलटन का वैश्विक विस्तार

जैसे ही टेंपलटन की वैश्विक निवेश अग्रणी के रूप में प्रतिष्ठा बढ़ी, उन्होंने विभिन्न अंतरराष्ट्रीय बाजारों को शामिल करने के लिए अपने फंड की पेशकश का विस्तार किया। सन् 1987 में स्थापित 'टेंपलटन इमर्जिंग मार्केट्स फंड' ने निवेशकों को उभरती अर्थव्यवस्थाओं की क्षमता का लाभ उठाने की अनुमति दी।

उभरते बाजारों में निवेश के लिए टेंपलटन के दृष्टिकोण में गहन शोध और

स्थानीय अर्थव्यवस्थाओं तथा संस्कृतियों की गहन समझ शामिल थी। दीर्घकालिक विकास संभावनाओं पर उनका ध्यान उनके फंड को बाजार में अन्य निवेश साधनों से अलग करता है।

टेंपलटन पुरस्कार और परोपकार

जॉन टेंपलटन के परोपकारी प्रयास उनके शेयर बाजार कौशल की तरह ही प्रभावशाली थे। सन् 1972 में उन्होंने 'टेंपलटन पुरस्कार' की स्थापना की, जो दुनिया के सबसे प्रतिष्ठित पुरस्कारों में से एक है, जो आध्यात्मिक, दार्शनिक और वैज्ञानिक प्रगति में महत्त्वपूर्ण योगदान देने वाले व्यक्तियों को मान्यता देता है।

अपने पूरे जीवन में टेंपलटन ने अपनी संपत्ति का एक महत्त्वपूर्ण हिस्सा विभिन्न धर्मार्थ कार्यों के लिए दान कर दिया। वह वापस देने के महत्त्व में विश्वास करते थे और अपनी सफलता का उपयोग समाज पर सकारात्मक प्रभाव डालने के लिए करते थे।

टेंपलटन फंड और लिगेसी की बिक्री

सन् 1992 में जॉन टेंपलटन ने अपनी फंड कंपनी फ्रैंकलिन ग्रुप को बेच दी। यह निर्णय परोपकार और आध्यात्मिक गतिविधियों पर ध्यान केंद्रित करने की उनकी इच्छा से प्रेरित था। फंड के दिन-प्रतिदिन के संचालन से दूर जाने के बावजूद उनके निवेश सिद्धांत और दर्शन ने फंड के दृष्टिकोण को आकार देना जारी रखा।

टेंपलटन की विरासत शेयर बाजार से आगे तक फैली हुई है। निवेश एवं जीवन—दोनों के प्रति उनकी विनम्रता, बुद्धिमत्ता और नैतिक दृष्टिकोण के लिए उनकी प्रशंसा की गई। वैश्विक बाजारों में मूल्य खोजने के प्रति उनके समर्पण और निवेश उद्योग में उनके योगदान ने उन्हें सार्वकालिक सबसे सम्मानित निवेशकों में स्थान दिलाया।

प्रभाव और सतत प्रासंगिकता

जॉन टेंपलटन के निवेश सिद्धांतों और वैश्विक निवेश रणनीतियों का निवेश समुदाय पर स्थायी प्रभाव पड़ा है। धैर्य, अनुसंधान और दीर्घकालिक परिप्रेक्ष्य पर उनके जोर ने दुनिया भर में अनगिनत निवेशकों और फंड मैनेजर्स को प्रेरित किया है।

टेंपलटन फंड्स और उनके द्वारा प्रस्तावित निवेश दृष्टिकोण इतिहास में सबसे महान् शेयर बाजार दिग्गजों में से एक के रूप में उनकी विरासत को बनाए रखते हुए फल-फूल रहा है।

टेनेसी के एक छोटे से शहर से वैश्विक निवेश किंवदंती बनने तक जॉन टेंपलटन की यात्रा शेयर बाजार की दुनिया में नवाचार, विरोधाभासी सोच और वैश्विक मानसिकता की शक्ति का एक प्रमाण है। उपेक्षित बाजारों में मूल्य खोजने के प्रति उनका समर्पण और वैश्विक निवेश की क्षमता में उनके अटूट विश्वास ने शेयर बाजार में निवेश के लिए एक नया मानक स्थापित किया। टेंपलटन की परोपकारिता और दुनिया पर सकारात्मक प्रभाव डालने की प्रतिबद्धता ने वैश्विक शीर्ष शेयर बाजार व्यक्ति के रूप में उनकी स्थिति को और मजबूत किया।

वित्त और परोपकार—दोनों में एक प्रभावशाली व्यक्ति के रूप में जॉन टेंपलटन की विरासत शेयर बाजार निवेश की लगातार विकसित हो रही दुनिया में सफलता चाहने वाले निवेशकों के लिए प्रेरणा के एक स्थायी स्रोत के रूप में कार्य करती है।

□

जॉन पॉलसन

जॉन पॉलसन का जन्म 14 दिसंबर, 1955 को क्वींस, न्यूयॉर्क में हुआ। वे एक प्रसिद्ध निवेशक और शेयर बाजार रणनीतिकार हैं और वित्तीय संकटों से लाभ कमाने की अपनी असाधारण क्षमता के लिए जाने जाते हैं। दुनिया के सबसे बड़े हेज फंडों में से एक 'पॉलसन एंड कंपनी' के संस्थापक के रूप में पॉलसन के निवेश कौशल और रणनीतिक कौशल ने उन्हें वैश्विक शेयर बाजार के शीर्ष व्यक्तियों में जगह दिलाई।

प्रारंभिक जीवन और शिक्षा

क्वींस के एक साधारण परिवार में पले-बढ़े जॉन पॉलसन ने वित्त और उद्यमिता में प्रारंभिक रुचि प्रदर्शित की। उन्होंने न्यूयॉर्क विश्वविद्यालय में दाखिला लिया, जहाँ उन्होंने फाइनेंस में डिग्री हासिल की और बाद में हार्वर्ड बिजनेस स्कूल से एम.बी.ए. किया।

उनकी शिक्षा ने उन्हें वित्त और व्यवसाय में एक मजबूत आधार प्रदान किया, जिससे शेयर बाजार में उनके उल्लेखनीय कॅरियर के लिए मंच तैयार हुआ।

वॉल स्ट्रीट कॅरियर

एम.बी.ए. पूरा करने के बाद जॉन पॉलसन ने वॉल स्ट्रीट पर अपना कॅरियर शुरू किया और बोस्टन कंसल्टिंग ग्रुप एवं बियर स्टर्न्स सहित विभिन्न वित्तीय फर्मों के लिए काम किया। उन्होंने अपने वित्तीय कौशल को निखारा और शेयर बाजार की गतिशीलता की गहरी समझ विकसित की।

सन् 1994 में पॉलसन ने 'पॉलसन एंड कंपनी' की स्थापना की, जो एक हेज

फंड है, जो इवेंट-संचालित निवेश और विलय मध्यस्थता पर केंद्रित है। फंड को शुरुआत में मामूली सफलता मिली, लेकिन वर्ष 2007-08 के वित्तीय संकट के दौरान एक निवेशक के रूप में पॉलसन की असली प्रतिभा का पता चला।

सबप्राइम बंधक शर्त

वर्ष 2007 में जॉन पॉलसन ने शेयर बाजार के इतिहास में सबसे अधिक लाभदायक ट्रेडों में से एक बनाया। उन्होंने आसन्न सबप्राइम बंधक संकट का पूर्वाभास किया और अपने फंड को तदनुसार निवेशित किया, जिससे अत्यधिक चर्चित आवास बाजार के खिलाफ बड़ा दाँव लगाया गया।

पॉलसन ने सबप्राइम बंधक-समर्थित प्रतिभूतियों पर क्रेडिट डिफॉल्ट स्वैप (सी.डी.एस.) खरीदे, अनिवार्य रूप से यह शर्त लगाते हुए कि इन प्रतिभूतियों के मूल्य में गिरावट आएगी। जब वर्ष 2008 में आवास बाजार में गिरावट आई तो उनका दाँव शानदार ढंग से सफल हुआ, जिससे पॉलसन और उनके निवेशकों को अरबों डॉलर का मुनाफा हुआ।

पॉलसन एडवांटेज फंड और निरंतर सफलता

उनके सबप्राइम बंधक व्यापार की सफलता ने जॉन पॉलसन और उनके फंड को शेयर बाजार की दुनिया में प्रमुखता प्रदान की। उन्होंने 'पॉलसन एडवांटेज फंड' लॉन्च किया, जो बाजार के अवसरों का लाभ उठाकर पर्याप्त रिटर्न उत्पन्न करता रहा।

फंड की रणनीतियों में संकटग्रस्त संपत्तियों, कम मूल्य वाली कंपनियों और विशेष स्थितियों में निवेश करना शामिल था। पॉलसन के जोखिम प्रबंधन, विरोधाभासी सोच और अवसरवादी निवेश के अनूठे मिश्रण ने उन्हें शेयर बाजार दूरदर्शी के रूप में ख्याति दिलाई।

परोपकार और वापस देना

अपनी अपार संपत्ति से जॉन पॉलसन परोपकार और समाज को वापस देने के लिए प्रतिबद्ध रहे। उन्होंने शिक्षा, स्वास्थ्य और वन्य जीव संरक्षण सहित विभिन्न धर्मार्थ कार्यों के लिए पर्याप्त दान दिया।

वर्ष 2010 में पॉलसन ने हार्वर्ड विश्वविद्यालय को ऐतिहासिक 40 करोड़ डॉलर का दान दिया, जो उस समय विश्वविद्यालय को मिला अब तक का सबसे

बड़ा उपहार था। उनके परोपकारी प्रयासों ने कई समुदायों एवं संगठनों पर स्थायी प्रभाव छोड़ा है।

चुनौतियाँ और विवाद

जबकि जॉन पॉलसन की वित्तीय सफलताएँ अच्छी तरह से प्रलेखित हैं, उन्हें अपने कॅरियर के दौरान चुनौतियों और विवादों का भी सामना करना पड़ा। वित्तीय संकट के बाद कुछ आलोचकों ने उनके आवास बाजार के खिलाफ दाँव लगाने और दूसरों के दुर्भाग्य से लाभ कमाने की नैतिकता पर सवाल उठाया।

इसके अतिरिक्त, पॉलसन एंड कंपनी ने खराब प्रदर्शन के दौर का अनुभव किया, खासकर जब शेयर बाजार का माहौल विकसित हुआ। हालाँकि, पॉलसन की असफलताओं से उबरने और अपने निवेश दृष्टिकोण को अपनाने की क्षमता ने एक निवेशक के रूप में उनके लचीलेपन को प्रदर्शित किया।

संकट के बाद का युग और बदलती रणनीतियाँ

वित्तीय संकट के बाद जॉन पॉलसन ने अपना निवेश ध्यान नए अवसरों पर केंद्रित कर दिया। उन्होंने संकट के बाद मुद्रास्फीति के दबाव और मुद्रा अवमूल्यन की आशंका से सोने तथा सोने से संबंधित प्रतिभूतियों में महत्त्वपूर्ण निवेश किया।

पॉलसन की रणनीतियों का विस्तार निजी इक्विटी निवेश और संकटग्रस्त ऋण अवसरों में भी हुआ। निवेश के विभिन्न तरीकों को अपनाने और तलाशने की उनकी इच्छा ने एक निवेशक के रूप में उनकी बहुमुखी प्रतिभा को प्रदर्शित किया।

निरंतर प्रभाव और शेयर बाजार की विरासत

संकट के समय में शेयर बाजार को सँभालने में जॉन पॉलसन की कुशलता और अद्वितीय निवेश अवसरों को भुनाने की उनकी क्षमता ने वैश्विक शीर्ष शेयर बाजार व्यक्ति के रूप में उनकी स्थिति को मजबूत किया है।

कठोर विश्लेषण, विरोधाभासी सोच और अनुशासित जोखिम प्रबंधन की विशेषता वाले निवेश के प्रति उनका दृष्टिकोण दुनिया भर के निवेशकों को प्रेरित करता रहता है। पॉलसन का असाधारण ट्रैक रिकॉर्ड और रणनीतिक प्रतिभा शेयर बाजार निवेश की जटिल दुनिया में सफलता चाहने वालों के लिए एक मूल्यवान् सबक के रूप में काम करती है।

क्वींस में एक मामूली परवरिश से लेकर शेयर बाजार के दिग्गज बनने तक

जॉन पॉलसन की यात्रा दृढ़ संकल्प, चतुराईपूर्ण निर्णय लेने और वित्त की दुनिया में जोखिम लेने की शक्ति का एक प्रमाण है। वर्ष 2008 के वित्तीय संकट के दौरान सबप्राइम बंधक बाजार के खिलाफ अपने सफल दाँव से न केवल उन्होंने अपार संपत्ति अर्जित की, बल्कि अपने समय के सबसे प्रभावशाली निवेशकों में से एक के रूप में शेयर बाजार के इतिहास में अपनी जगह भी पक्की कर ली।

एक वैश्विक शीर्ष शेयर बाजार व्यक्ति के रूप में जॉन पॉलसन की विरासत उनके परोपकारी प्रयासों और शेयर बाजार उद्योग पर उनके गहरे प्रभाव के कारण कायम है। उनकी निवेश रणनीतियाँ और वित्तीय बाजारों के प्रति दृष्टिकोण आने वाली पीढ़ियों की निवेश–प्रथाओं को प्रेरित करते रहेंगे और आकार देते रहेंगे।

□

जॉन मेनार्ड कींस

जॉन मेनार्ड कींस का जन्म 5 जून, 1883 को कैंब्रिज, इंग्लैंड में हुआ था। वे एक प्रसिद्ध अर्थशास्त्री और वित्त एवं शेयर बाजार की दुनिया में एक दूरदर्शी व्यक्ति थे। व्यापक अर्थशास्त्र और शेयर बाजार निवेश पर उनके अभूतपूर्व सिद्धांतों का वैश्विक आर्थिक नीतियों तथा वित्तीय बाजारों पर गहरा व स्थायी प्रभाव पड़ा है।

प्रारंभिक जीवन और शिक्षा

कींस एक अकादमिक परिवार से थे और उन्होंने विश्व स्तरीय शिक्षा प्राप्त की। उन्होंने ईटन कॉलेज में पढ़ाई की और फिर किंग्स कॉलेज, कैंब्रिज में गणित का अध्ययन किया। बाद में उन्होंने अपना ध्यान अर्थशास्त्र पर केंद्रित कर दिया, जो उनके भविष्य के कॅरियर की नींव बन गया।

ब्लूम्सबरी समूह और प्रारंभिक कॅरियर

बीसवीं सदी की शुरुआत में कींस 'ब्लूम्सबरी ग्रुप' के नाम से जाने जाने वाले बौद्धिक मंडल से जुड़े। लेखकों, कलाकारों और बुद्धिजीवियों के इस समूह ने उनकी आलोचनात्मक सोच और रचनात्मकता को बढ़ावा दिया, जिसने बाद में उनके आर्थिक सिद्धांतों को प्रभावित किया।

कींस ने शुरू में ब्रिटिश सरकार में एक सिविल सेवक के रूप में काम किया और वित्त एवं सार्वजनिक नीति में बहुमूल्य अनुभव प्राप्त किया। कॅरियर के इन शुरुआती अनुभवों ने अर्थशास्त्र और शेयर बाजार निवेश में उनके बाद के योगदान के लिए आधार तैयार किया।

रोजगार, ब्याज और पैसे का सामान्य सिद्धांत

कींस का सबसे महत्त्वपूर्ण काम सन् 1936 में प्रकाशित 'रोजगार, ब्याज और धन का सामान्य सिद्धांत' था। इस पुस्तक में उन्होंने शास्त्रीय आर्थिक सिद्धांतों को चुनौती दी और आर्थिक उतार-चढ़ाव एवं शेयर बाजार की गतिशीलता को समझने के लिए एक वैकल्पिक रूपरेखा का प्रस्ताव दिया।

कींस ने तर्क दिया कि सरकारों को माँग और निवेश को प्रोत्साहित करने के लिए आर्थिक मंदी के दौरान अर्थव्यवस्था में हस्तक्षेप करना चाहिए। उनके विचारों ने 'कीनेसियन अर्थशास्त्र' का आधार बनाया, जो बीसवीं शताब्दी में एक प्रमुख आर्थिक सिद्धांत बन गया।

ब्रेटन वुड्स सम्मेलन और आई.एम.एफ.

कींस ने सन् 1944 में 'ब्रेटन वुड्स सम्मेलन' में महत्त्वपूर्ण भूमिका निभाई, जिसने द्वितीय विश्व युद्ध के बाद की अंतरराष्ट्रीय मौद्रिक प्रणाली की रूपरेखा स्थापित की। उनके प्रयासों के परिणामस्वरूप अंतरराष्ट्रीय मुद्रा कोष (आई. एम.एफ.) एवं विश्व बैंक का निर्माण हुआ।

आई.एम.एफ. एवं विश्व बैंक ने वैश्विक वित्तीय स्थिरता को बढ़ावा देने और राष्ट्रों के बीच आर्थिक सहयोग को सुविधाजनक बनाने में महत्त्वपूर्ण भूमिका निभाई। अंतरराष्ट्रीय वित्तीय वास्तुकला को आकार देने में कींस के प्रभाव ने वैश्विक शीर्ष शेयर बाजार व्यक्ति के रूप में उनकी स्थिति को और मजबूत किया।

निवेश रणनीतियाँ और शेयर बाजार के विचार

मैक्रो-इकोनॉमिक्स और वित्तीय संस्थानों में अपने योगदान के अलावा कींस का शेयर बाजार निवेश रणनीतियों पर भी गहरा प्रभाव पड़ा। उन्होंने शेयर बाजार के रुझानों को आकार देने में मनोविज्ञान एवं निवेशक भावना के महत्त्व पर जोर दिया और शेयर बाजार में तर्कहीन व्यवहार का वर्णन करने के लिए 'पशु आत्माओं' शब्द का प्रयोग किया।

कींस को आर्थिक स्थितियों के विश्लेषण के आधार पर शेयर बाजार में विरोधाभासी स्थिति ग्रहण करने के लिए जाना जाता था। शेयर बाजार की अवधारणा और आर्थिक रुझानों में बड़े बदलावों की भविष्यवाणी करने की उनकी क्षमता ने उन्हें एक निवेशक के रूप में काफी सफलता दिलाई।

कैंब्रिज विश्वविद्यालय और शिक्षा जगत् पर प्रभाव

कींस ने कैंब्रिज विश्वविद्यालय में व्याख्याता के रूप में एक प्रमुख पद सँभाला, जहाँ उन्होंने अपने आर्थिक सिद्धांतों का विकास और प्रचार करना जारी रखा। शिक्षा जगत् पर उनके प्रभाव और अर्थव्यवस्था में सरकारी हस्तक्षेप की उनकी वकालत ने अर्थशास्त्र पढ़ाने तथा अध्ययन करने के तरीके को नया रूप दिया।

कींस के कई छात्र और अनुयायी स्वयं प्रभावशाली अर्थशास्त्री बन गए। उन्होंने उनके विचारों को फैलाया और अपने-अपने देशों में आर्थिक नीति को आकार दिया।

सतत प्रासंगिकता

वैश्विक अर्थव्यवस्था और शेयर बाजार निवेश पर जॉन मेनार्ड कींस का प्रभाव आज भी महसूस किया जाता है। 'कीनेसियन अर्थशास्त्र' दुनिया भर की सरकारों के लिए एक मार्गदर्शक सिद्धांत रहा है, खासकर आर्थिक संकट के दौरान, जहाँ अर्थव्यवस्था को स्थिर करने के लिए राजकोषीय और मौद्रिक हस्तक्षेप नियोजित किए जाते हैं।

उनके विचारों ने आधुनिक वित्तीय बाजारों के विकास को भी प्रभावित किया है, जहाँ शेयर बाजार भागीदार अकसर अपने निवेश निर्णयों में व्यापक आर्थिक कारकों और सरकारी नीतियों पर विचार करते हैं।

आलोचनाएँ और वैकल्पिक सिद्धांत

कींस के आर्थिक सिद्धांत और नीति अनुशंसाएँ आलोचना के बिना नहीं रही हैं। कुछ अर्थशास्त्रियों का तर्क है कि अत्यधिक सरकारी हस्तक्षेप से मुद्रास्फीति और संसाधन आवंटन में विकृतियों जैसे अनपेक्षित परिणाम हो सकते हैं।

पिछले कुछ वर्षों में वैकल्पिक आर्थिक सिद्धांत, जैसे कि मुद्रावाद और आपूर्ति-पक्ष अर्थशास्त्र, उभरे हैं, जिन्होंने कींस के कुछ केंद्रीय सिद्धांतों को चुनौती दी है।

विरासत

एक अर्थशास्त्री एवं शेयर बाजार दूरदर्शी के रूप में जॉन मेनार्ड कींस की प्रतिभा वित्त और शिक्षा जगत् के गलियारों में गूँजती रहती है। मैक्रो-इकोनॉमिक्स

में उनके अग्रणी काम, शेयर बाजार मनोविज्ञान में उनकी अंतर्दृष्टि और आर्थिक मामलों में सरकारी हस्तक्षेप की उनकी वकालत ने आधुनिक वित्तीय परिदृश्य को आकार दिया है।

वैश्विक शीर्ष शेयर बाजार व्यक्ति के रूप में कींस की विरासत अर्थशास्त्रियों, नीति-निर्माताओं और निवेशकों के लिए एक मार्गदर्शक के रूप में कार्य करती है। उनके विचारों ने आर्थिक नीतियों, वित्तीय बाजारों तथा निवेश रणनीतियों को प्रभावित किया है और वैश्विक अर्थव्यवस्था एवं वित्तीय प्रणाली पर एक स्थायी छाप छोड़ी है।

□

जॉन सी. बोगल

जॉन क्लिफ्टन बोगल, जिनका जन्म 8 मई, 1929 को मोंटक्लेयर, न्यू जर्सी, अमेरिका में हुआ, शेयर बाजार उद्योग में एक अग्रणी व्यक्ति थे। 'द वैनगार्ड ग्रुप' के संस्थापक और पहले इंडेक्स म्यूचुअल फंड के निर्माता के रूप में बोगल ने शेयर बाजार निवेश में क्रांति ला दी और व्यक्तिगत निवेशकों के हितों की रक्षा की।

प्रारंभिक जीवन और शिक्षा

जॉन बोगल का प्रारंभिक जीवन अकादमिक उत्कृष्टता और वित्त के प्रति जुनून से चिह्नित था। उन्होंने ब्लेयर अकादमी में दाखिला लिया और प्रिंस्टन विश्वविद्यालय से अर्थशास्त्र में डिग्री के साथ स्नातक की उपाधि प्राप्त की। बोगल की शिक्षा ने शेयर बाजार और निवेश उद्योग में उनके भविष्य के योगदान के लिए आधार तैयार किया।

वैनगार्ड समूह का जन्म

सन् 1974 में जॉन बोगल ने 'द वैनगार्ड ग्रुप' की स्थापना की, जो एक म्यूचुअल फंड कंपनी है, जो व्यक्तिगत निवेशकों के लिए कम लागत और विविध निवेश विकल्प प्रदान करने के लिए समर्पित है। ऐसे समय में, जब शेयर बाजार में उच्च शुल्क और सक्रिय प्रबंधन का बोलबाला था, एक शेयरधारक-स्वामित्व वाली फंड कंपनी के लिए बोगल का दृष्टिकोण, जिसने निवेशकों के हितों को सबसे पहले रखा, क्रांतिकारी था।

प्रथम इंडेक्स म्यूचुअल फंड का निर्माण

सन् 1976 में बोगल ने पहला इंडेक्स म्यूचुअल फंड 'वैनगार्ड 500 इंडेक्स फंड' पेश किया। इस फंड ने एस एंड पी 500 इंडेक्स के प्रदर्शन को ट्रैक किया और निवेशकों को न्यूनतम लागत एवं शुल्क के साथ व्यापक शेयर बाजार में भाग लेने की अनुमति दी।

शेयर बाजार सूचकांक की दक्षता और निष्क्रिय निवेश के संभावित लाभों में बोगल के विश्वास ने सक्रिय प्रबंधन के प्रचलित ज्ञान को चुनौती दी। इंडेक्स फंड के लॉन्च ने शेयर बाजार में निवेश में एक महत्त्वपूर्ण मोड़ ला दिया, जिससे निष्क्रिय निवेश रणनीतियों के विकास का मार्ग प्रशस्त हुआ।

निष्क्रिय निवेश का उदय

सूचकांक निवेश और निष्क्रिय रणनीतियों के लिए जॉन बोगल की वकालत ने पिछले कुछ वर्षों में लोकप्रियता हासिल की है। कम शुल्क, व्यापक विविधीकरण और दीर्घकालिक परिप्रेक्ष्य पर उनका जोर उन व्यक्तिगत निवेशकों के साथ प्रतिध्वनित हुआ, जो अपने भविष्य के लिए धन का निर्माण करना चाहते हैं।

निष्क्रिय निवेश की अवधारणा 'वैनगार्ड' से आगे फैल गई और शेयर बाजार में एक महत्त्वपूर्ण ताकत बन गई। निवेश पोर्टफोलियो की नींव के रूप में बोगल की सरलता और बाजार सूचकांकों के अनुपालन का दर्शन वैश्विक स्तर पर निवेशकों और वित्तीय सलाहकारों को प्रभावित करता है।

निवेशक वकालत और शेयर बाजार सुधार

अपने पूरे कॅरियर के दौरान जॉन बोगल व्यक्तिगत निवेशकों के हितों के मुखर समर्थक रहे। उन्होंने शेयर बाजार में निवेश से जुड़ी अत्यधिक लागत की निंदा की और उद्योग के भीतर अधिक पारदर्शिता एवं जवाबदेही का आह्वान किया।

बोगल ने शेयर बाजार सुधारों के लिए सक्रिय रूप से अभियान चलाया, जिसमें बेहतर प्रकटीकरण प्रथाओं और निवेश सलाहकारों के लिए भरोसेमंद मानक शामिल थे। उनके प्रयासों ने नियामक परिदृश्य को आकार देने और खुदरा निवेशकों के लिए सुरक्षा को मजबूत करने में महत्त्वपूर्ण भूमिका निभाई।

'बोगलहेड्स' और शेयर बाजार शिक्षा

जॉन बोगल के सिद्धांतों और दर्शन ने 'बोगलहेड्स' नामक समर्पित

अनुयायियों के एक समुदाय को प्रेरित किया। निवेशकों और उत्साही लोगों के इस समूह ने निष्क्रिय निवेश, दीर्घकालिक सोच और अनुशासित पोर्टफोलियो प्रबंधन पर बोगल की शिक्षाओं को अपनाया।

'बोगलहेड्स' समुदाय एक शैक्षिक संसाधन के रूप में कार्य करता है, जो बोगल के निवेश दर्शन को अपनाने के इच्छुक निवेशकों को मूल्यवान् शेयर बाजार अंतर्दृष्टि और मार्गदर्शन प्रदान करता है।

उद्योग की मान्यता

शेयर बाजार और निवेश उद्योग में जॉन बोगल के योगदान ने उन्हें व्यापक मान्यता व प्रशंसा दिलाई। इंडेक्स निवेश में उनके अग्रणी कार्य के लिए उन्हें कई पुरस्कार मिले, जिनमें सन् 2017 में वैश्विक नेतृत्व के लिए प्रतिष्ठित 'वॉरेन बफे पुरस्कार' भी शामिल है।

वैश्विक शीर्ष शेयर बाजार व्यक्ति के रूप में बोगल की विरासत उनके 'द वैनगार्ड ग्रुप' के निर्माण, निष्क्रिय निवेश को व्यापक रूप से अपनाने और व्यक्तिगत निवेशकों के लिए उनकी अथक वकालत के माध्यम से मजबूती से स्थापित हुई है।

अंतिम वर्ष और परोपकार

अपने बाद के वर्षों में जॉन बोगल शेयर बाजार और शेयर बाजार शिक्षा में सक्रिय रूप से शामिल रहे। उन्होंने कई पुस्तकें लिखीं, जिनमें 'द लिटिल बुक ऑफ कॉमन सेंस इन्वेस्टिंग' भी शामिल है, जो बेस्टसेलर बनी और उसने उनके निवेश दर्शन को और प्रचारित किया।

बोगल के परोपकारी प्रयास भी उल्लेखनीय थे। उन्होंने अपनी संपत्ति का एक बड़ा हिस्सा शिक्षा, स्वास्थ्य देखभाल और कला सहित धर्मार्थ कार्यों के लिए दान कर दिया।

विरासत

'द वैनगार्ड ग्रुप' के संस्थापक और पहले इंडेक्स म्यूचुअल फंड के निर्माता के रूप में जॉन सी. बोगल के जीवन एवं कॅरियर ने शेयर बाजार उद्योग को बदल दिया और दुनिया भर में लाखों निवेशकों को प्रभावित किया। कम लागत, दीर्घकालिक निवेश की उनकी वकालत और व्यक्तिगत निवेशकों के हितों के प्रति उनके समर्पण ने वित्त की दुनिया पर एक स्थायी छाप छोड़ी है।

एक वैश्विक शीर्ष शेयर बाजार व्यक्ति के रूप में सूचकांक निवेश और निवेशक वकालत के अगुआ के रूप में बोगल की विरासत निवेशकों, वित्तीय पेशेवरों और शेयर बाजार के प्रति उत्साही लोगों को प्रेरित करती रहती है। सरलता, पारदर्शिता और बेहतरी के प्रति प्रतिबद्धता के उनके सिद्धांत मजबूत शेयर बाजार निवेश के स्तंभ बने हुए हैं और निस्संदेह आने वाली पीढ़ियों के लिए निवेश उद्योग के भविष्य को आकार देंगे।

□

जॉर्ज सोरोस

जॉर्ज सोरोस, जिनका जन्म 12 अगस्त, 1930 को हंगरी की राजधानी बुडापेस्ट में हुआ, शेयर बाजार, सट्टेबाजी और परोपकार की दुनिया में एक प्रसिद्ध व्यक्ति हैं। 'सोरोस फंड मैनेजमेंट' और 'ओपन सोसाइटी फाउंडेशन' के संस्थापक के रूप में सोरोस ने वैश्विक शेयर बाजार और दुनिया भर में लोकतांत्रिक मूल्यों एवं सामाजिक न्याय को बढ़ावा देने में एक अमिट छाप छोड़ी है।

प्रारंभिक जीवन और शिक्षा

जॉर्ज सोरोस का प्रारंभिक जीवन द्वितीय विश्व युद्ध की उथल-पुथल भरी घटनाओं से प्रभावित हुआ। सन् 1947 में वह कम्युनिस्ट-नियंत्रित हंगरी से भागकर इंग्लैंड चले गए, जहाँ उन्होंने लंदन स्कूल ऑफ इकोनॉमिक्स (एल.एस.ई.) में पढ़ाई की। दार्शनिक कार्ल पॉपर के मार्गदर्शन में सोरोस ने 'रिफ्लेक्सिविटी' (प्रतिवर्तनीयता—'रिफ्लेक्सिविटी' सामाजिक विज्ञान में वस्तुनिष्ठता से संबंधित समस्या से निपटने की एक तकनीक है और इसका सहानुभूति से गहरा संबंध है। इसमें समाज-शास्त्री लोगों की विभिन्न राय को निष्पक्ष या तटस्थ भाव से देखता है) की अवधारणा में गहरी रुचि विकसित की, जिसने बाद में उनकी शेयर बाजार रणनीतियों को प्रभावित किया।

एक वित्तीय कॅरियर की शुरुआत

लंदन स्कूल ऑफ इकोनॉमिक्स में अपनी पढ़ाई पूरी करने के बाद जॉर्ज सोरोस ने वित्त में अपना कॅरियर शुरू किया। सन् 1956 में संयुक्त राज्य अमेरिका जाने से पहले उन्होंने लंदन में विभिन्न मर्चेंट बैंकों में काम किया। न्यूयॉर्क शहर में

सोरोस ने शेयर बाजार व्यापार एवं निवेश की दुनिया में प्रवेश किया और लगातार अपने वित्तीय कौशल का निर्माण किया।

'क्वांटम फंड' और बैंक ऑफ इंग्लैंड का टूटना

सन् 1969 में जॉर्ज सोरोस ने 'क्वांटम फंड' की स्थापना की। एक हेज फंड, जो इतिहास में सबसे सफल निवेश फंडों में से एक बन गया। 'क्वांटम फंड' की अपरंपरागत रणनीतियों और जोखिम लेने के दृष्टिकोण ने सोरोस को एक समझदार शेयर बाजार सट्टेबाज के रूप में अंतरराष्ट्रीय पहचान दिलाई।

सन् 1992 में सोरोस ने शेयर बाजार के इतिहास में सबसे प्रसिद्ध ट्रेडों में से एक को अंजाम दिया, जब उन्होंने 'यूरोपीय विनिमय दर तंत्र' (ई.आर.एम.) संकट के दौरान ब्रिटिश पाउंड स्टर्लिंग के खिलाफ दाँव लगाया। पाउंड पर उनकी बड़े पैमाने पर छोटी स्थिति ने उन्हें लगभग 1 अरब डॉलर कमाकर दिए। एक ऐसा व्यापार, जिसे प्रसिद्ध रूप से 'बैंक ऑफ इंग्लैंड को तोड़ना' कहा जाता है।

रिफ्लेक्सिविटी की अवधारणा और शेयर बाजार रणनीतियों पर इसका प्रभाव

जॉर्ज सोरोस के निवेश दर्शन के केंद्र में 'रिफ्लेक्सिविटी' की अवधारणा है, जिसे उन्होंने कार्ल पॉपर की शिक्षाओं के आधार पर विकसित किया। 'रिफ्लेक्सिविटी' का तात्पर्य किसी व्यक्ति की धारणाओं व कार्यों के बीच परस्पर क्रिया और शेयर बाजार या आर्थिक प्रणाली पर उन कार्यों के प्रभाव से है।

सोरोस ने माना कि शेयर बाजार न केवल आर्थिक बुनियादी सिद्धांतों से, बल्कि बाजार सहभागियों की मान्यताओं एवं धारणाओं से भी प्रभावित होते हैं। 'रिफ्लेक्सिविटी' की उनकी समझ ने उन्हें शेयर बाजार में बुलबुले, रुझान और मोड़ की पहचान करने की अनुमति दी, जिसने उनके निवेश निर्णयों के लिए मूल्यवान् अंतर्दृष्टि प्रदान की।

परोपकार की भूमिका और मुक्त समाज की नींव

शेयर बाजार में जॉर्ज सोरोस की सफलता ने उन्हें परोपकार और सामाजिक न्याय के प्रति अपने जुनून को आगे बढ़ाने में सक्षम बनाया। सन् 1979 में उन्होंने 'ओपन सोसाइटी फाउंडेशन' की स्थापना की, जो परोपकारी संगठनों का एक नेटवर्क है, जो दुनिया भर में मानवाधिकारों, लोकतांत्रिक शासन, शिक्षा और

सार्वजनिक स्वास्थ्य पहल का समर्थन करता है।

अपने परोपकारी प्रयासों के माध्यम से सोरोस ने लोकतांत्रिक मूल्यों को बढ़ावा देने, मानवाधिकारों के हनन का मुकाबला करने और सामाजिक व राजनीतिक सुधारों को आगे बढ़ाने के लिए काम किया। 'ओपन सोसाइटी फाउंडेशन' नागरिक समाज संगठनों का समर्थन करने और न्याय तथा समानता के लिए उनकी लड़ाई में हाशिए पर रहने वाले समुदायों को सशक्त बनाने में सहायक रहा है।

सोरोस निवेश दर्शन

जॉर्ज सोरोस की शेयर बाजार रणनीतियाँ बाजार की गतिशीलता, मानव व्यवहार और अनिश्चितता की भूमिका की समझ पर आधारित हैं। वह शेयर बाजार की अटकलों के लिए एक विवेकपूर्ण दृष्टिकोण की वकालत करते हैं, जोखिम प्रबंधन के महत्त्व पर जोर देते हैं और बाजार की अतार्किकता की संभावना को पहचानते हैं।

सोरोस का दर्शन लगातार बदलते शेयर बाजार परिवेश में लचीले और अनुकूलनीय होने की आवश्यकता पर भी जोर देता है। वह निवेश रणनीतियों को परिष्कृत करने और शेयर बाजार के उभरते रुझानों का लाभ उठाने के लिए निरंतर सीखने और प्रतिबिंब में विश्वास करते हैं।

आलोचना और विवाद

अपने पूरे कॅरियर के दौरान जॉर्ज सोरोस को अपनी निवेश गतिविधियों और परोपकार के लिए प्रशंसा एवं आलोचना—दोनों का सामना करना पड़ा है। शेयर बाजार में उनके साहसिक कदमों और राजनीतिक मुद्दों की खुली वकालत ने उन्हें कुछ हलकों में ध्रुवीकरण करने वाला व्यक्ति बना दिया।

सोरोस विभिन्न षड्यंत्र सिद्धांतों और राजनीतिक हमलों का निशाना रहे हैं, जो अकसर उसके विरोधियों द्वारा जारी रहा है। इन चुनौतियों के बावजूद वह समाज पर सकारात्मक प्रभाव डालने के लिए अपने धन एवं प्रभाव का उपयोग करने की अपनी प्रतिबद्धता पर दृढ़ रहे हैं।

शेयर बाजार अटकलों पर विरासत और प्रभाव

एक शरणार्थी से दुनिया के सबसे धनी व्यक्तियों और शीर्ष शेयर बाजार दिग्गजों में से एक तक जॉर्ज सोरोस की यात्रा उनकी बुद्धि, दृढ़ संकल्प और

अनुकूलनशीलता का प्रमाण है। उनकी निवेश सफलता और उनके परोपकार के प्रभाव ने उन्हें एक वैश्विक आइकन और कई लोगों के लिए प्रेरणा का स्रोत बना दिया है।

'रिफ्लेक्सिविटी' पर सोरोस के जोर और शेयर बाजार में मनोविज्ञान एवं मानव-व्यवहार की भूमिका को समझने की उनकी क्षमता ने शेयर बाजार अटकलों के क्षेत्र पर एक स्थायी प्रभाव छोड़ा है। शेयर बाजार रणनीतियों के प्रति उनके दृष्टिकोण का दुनिया भर के निवेशकों व ट्रेडर्स द्वारा अध्ययन और अनुकरण किया जाना जारी है।

एक शेयर बाजार सट्टेबाज और परोपकारी के रूप में जॉर्ज सोरोस का जीवन व कॅरियर दृढ़ संकल्प, आलोचनात्मक सोच तथा समाज पर सकारात्मक प्रभाव डालने की प्रतिबद्धता की परिवर्तनकारी शक्ति को प्रदर्शित करता है। शेयर बाजार में उनके अभूतपूर्व कारोबार से लेकर उनके परोपकारी प्रयासों तक सोरोस की विरासत लचीलेपन, बौद्धिक जिज्ञासा और लोकतांत्रिक सिद्धांतों एवं सामाजिक न्याय को आगे बढ़ाने के प्रति समर्पण में से एक है।

वैश्विक शीर्ष शेयर बाजार व्यक्ति के रूप में जॉर्ज सोरोस का प्रभाव वित्तीय क्षेत्र से कहीं आगे तक फैला हुआ है। खुले समाजों, मानवाधिकारों और प्रगतिशील परिवर्तन के प्रति उनकी दृष्टि एवं प्रतिबद्धता दुनिया भर में व्यक्तियों व संगठनों को एक बेहतर तथा अधिक न्यायसंगत दुनिया की दिशा में काम करने के लिए प्रेरित करती रहती है।

□

जॉर्जेस डोरिओट

जॉर्जेस डोरिओट का जन्म 26 सितंबर, 1899 को पेरिस, फ्रांस में हुआ था। वे एक दूरदर्शी निवेशक और उद्यमी थे, जिन्होंने उद्यम पूँजी के क्षेत्र को आकार देने में महत्त्वपूर्ण भूमिका निभाई। 'अमेरिकी अनुसंधान एवं विकास निगम' (ए.आर.डी.सी.) के संस्थापक के रूप में पहली सार्वजनिक स्वामित्व वाली उद्यम पूँजी फर्म डोरिओट ने शुरुआती चरण के प्रौद्योगिकी स्टार्टअप का समर्थन करके और नवाचार को बढ़ावा देकर शेयर बाजार निवेश में क्रांति ला दी।

प्रारंभिक जीवन और शिक्षा

जॉर्जेस डोरिओट का प्रारंभिक जीवन शैक्षणिक उत्कृष्टता और सीखने के जुनून से चिह्नित था। उन्होंने पेरिस में विशिष्ट लीसी जॉनसन डी सेली में भाग लिया और बाद में इकोले पॉलिटेक्निक और इकोले सुपीरियर डी'इलेक्ट्रिकिट में उच्च शिक्षा प्राप्त की। प्रथम विश्व युद्ध के दौरान फ्रांसीसी सेना में सेवा देने से पहले उन्होंने दोनों संस्थानों से इंजीनियरिंग की डिग्री हासिल की।

संयुक्त राज्य अमेरिका और हार्वर्ड बिजनेस स्कूल में आगमन

सन् 1921 में जॉर्जेस डोरिओट हार्वर्ड बिजनेस स्कूल में अध्ययन करने के लिए संयुक्त राज्य अमेरिका चले गए। हार्वर्ड में बिताए गए समय ने उन्हें वित्त और उद्यमिता की दुनिया से अवगत कराया। उन्होंने शेयर बाजार निवेश और युवा कंपनियों की क्षमता में गहरी रुचि विकसित की।

उद्यमशील उद्यम और युद्ध सेवा

हार्वर्ड से एम.बी.ए. पूरा करने के बाद जॉर्जेस डोरिओट ने एक उद्यमी और इंजीनियर के रूप में एक सफल कॅरियर शुरू किया। उन्होंने कई कंपनियों की स्थापना की, जिनमें अमेरिकन रिसर्च एंड डेवलपमेंट कॉरपोरेशन (ए.आर. डी.सी.), यूक्लिड मोटर ट्रक कंपनी और डोरिओट, एंथनी एंड कंपनी शामिल हैं।

द्वितीय विश्व युद्ध के दौरान डोरिओट की इंजीनियरिंग विशेषज्ञता ने उन्हें सैन्य प्रौद्योगिकी के विकास में महत्त्वपूर्ण भूमिका निभाने, युद्ध प्रयासों में योगदान देने और नवाचार एवं तकनीकी प्रगति के बारे में उनके ज्ञान को और गहरा करने के लिए प्रेरित किया।

वेंचर कैपिटल का जन्म

सन् 1946 में जॉर्जेस डोरिओट ने 'अमेरिकन रिसर्च एंड डेवलपमेंट कॉरपोरेशन' (ए.आर.डी.सी.) की स्थापना की, जो संयुक्त राज्य अमेरिका में पहली उद्यम पूँजी फर्म बन गई। उनका दृष्टिकोण महत्त्वपूर्ण विकास और नवाचार की क्षमता वाली शुरुआती चरण की कंपनियों का समर्थन करना था।

ए.आर.डी.सी. ने 'डिजिटल इक्यूपमेंट कॉरपोरेशन' (डी.ई.सी.) जैसे नवोन्मेषी स्टार्टअप को महत्त्वपूर्ण फंडिंग प्रदान की, जो उद्यम पूँजी के इतिहास में सबसे शुरुआती और सबसे सफल निवेशों में से एक बन गया। डी.ई.सी. की सफलता ने प्रौद्योगिकी स्टार्टअप में भविष्य के शेयर बाजार निवेश की नींव रखी।

डोरिओट का निवेश दर्शन

जॉर्जेस डोरिओट के निवेश दर्शन की विशेषता नवाचार और उद्यमिता की परिवर्तनकारी शक्ति में उनका गहरा विश्वास था। उन्होंने शुरुआती चरण की कंपनियों की मौजूदा उद्योगों को बाधित करने और नए बाजार बनाने की क्षमता को समझा, जिससे उन्हें निवेश के अत्यधिक आकर्षक अवसर मिल सके।

शेयर बाजार में निवेश के लिए डोरिओट का दृष्टिकोण पूरी तरह से परिश्रम, बाजार एवं प्रौद्योगिकी की गहरी समझ और उनके द्वारा समर्थित उद्यमियों के साथ घनिष्ठ सहयोग पर केंद्रित था। वह न केवल फंडिंग का स्रोत थे, बल्कि उन स्टार्टअप्स के लिए एक विश्वसनीय सलाहकार और संरक्षक भी थे, जिनमें ए.आर. डी.सी. ने निवेश किया था।

उद्यम पूँजी उद्योग का उद्भव

उद्यम पूँजी में जॉर्जेस डोरिओट के अग्रणी प्रयासों ने संयुक्त राज्य अमेरिका और उसके बाहर उद्यम पूँजी उद्योग के उद्भव के लिए आधार तैयार किया। जैसे ही ए.आर.डी.सी. ने अपने निवेश के साथ महत्त्वपूर्ण सफलता हासिल की। अन्य शेयर बाजार निवेशकों व संस्थानों ने इस पर ध्यान दिया और अपनी उद्यम पूँजी फर्म स्थापित करना शुरू कर दिया।

उद्यम पूँजी उद्योग तेजी से बढ़ा, अधिक पूँजी को आकर्षित किया और नवीन प्रौद्योगिकियों व उद्योगों के विकास का समर्थन किया। शेयर बाजार निवेश के लिए डोरिओट के दूरदर्शी दृष्टिकोण ने उद्यम पूँजी उद्योग के सिद्धांतों और प्रथाओं के लिए मानक स्थापित किया।

उद्यमिता पर विरासत और प्रभाव

'वेंचर कैपिटल' के जनक और एक वैश्विक शीर्ष शेयर बाजार व्यक्ति के रूप में जॉर्जेस डोरिओट की विरासत उन अनगिनत उद्यमियों एवं कंपनियों में स्पष्ट है, जिनका उन्होंने समर्थन किया और मार्गदर्शन किया। नवाचार एवं उद्यमिता को बढ़ावा देने की उनकी प्रतिबद्धता स्टार्टअप्स और निवेशकों की नई पीढ़ियों को प्रेरित करती रहती है।

आर्थर रॉक एवं टॉम पर्किंस सहित कई प्रमुख उद्यम पूँजीपति, डोरिओट की शिक्षाओं और मार्गदर्शन से सीधे प्रभावित थे। जोखिम लेने और दूरदर्शी संस्थापकों का समर्थन करने पर उनका जोर दुनिया भर में सफल उद्यम पूँजी फर्मों की पहचान बन गया है।

बाद के वर्ष और परोपकार

अपने बाद के वर्षों में जॉर्जेस डोरिओट उद्यम पूँजी उद्योग में सक्रिय रूप से शामिल रहे और विभिन्न बोर्डों एवं समितियों में कार्यरत रहे। उद्यमिता और शेयर बाजार निवेश के क्षेत्र में उनके योगदान को कई पुरस्कारों व सम्मानों द्वारा मान्यता दी गई।

इसके अतिरिक्त, डोरिओट परोपकार, शैक्षणिक संस्थानों और पहलों का समर्थन करने में शामिल थे। वह शिक्षा के महत्त्व और बदलाव एवं प्रगति के लिए युवा मस्तिष्क की क्षमता में विश्वास करते थे।

जॉर्जेस डोरिओट की पेरिस में एक महत्त्वाकांक्षी युवा छात्र से उद्यम पूँजी और

शेयर बाजार निवेश में वैश्विक अग्रणी होने तक की यात्रा उनकी बुद्धि, उद्यमशीलता की भावना और नवाचार को बढ़ावा देने के जुनून का प्रमाण है। उनके द्वारा ए.आर. डी.सी. की स्थापना और उसके बाद उद्यम पूँजी उद्योग के विकास का प्रौद्योगिकी, उद्यमिता एवं शेयर बाजार निवेश पर गहरा प्रभाव पड़ा।

एक वैश्विक शीर्ष शेयर बाजार व्यक्ति के रूप में डोरिओट की विरासत उनके द्वारा समर्थित अनगिनत स्टार्टअप्स एवं उद्यमियों, उद्यम पूँजी उद्योग के विकास एवं नवाचार और प्रगति की निरंतर खोज के माध्यम से जीवित है। शेयर बाजार में निवेश के प्रति उनके दूरदर्शी दृष्टिकोण और शुरुआती चरण की कंपनियों का समर्थन करने की उनकी प्रतिबद्धता ने वित्त एवं उद्यमिता की दुनिया पर एक स्थायी छाप छोड़ी है।

□

जिम रोजर्स

जिम रोजर्स का जन्म 19 अक्तूबर, 1942 को बाल्टीमोर, मैरीलैंड में हुआ। वे एक प्रसिद्ध निवेशक, लेखक और शेयर बाजार दूरदर्शी हैं। अपने विरोधाभासी निवेश दृष्टिकोण और साहसिक भविष्यवाणियों के लिए जाने जानेवाले रोजर्स ने वैश्विक शेयर बाजार पर महत्त्वपूर्ण प्रभाव डाला और उन्हें अपने समय के सबसे सफल निवेशकों में से एक माना जाता है।

प्रारंभिक जीवन और शिक्षा

अलबामा के एक छोटे से शहर में पले-बढ़े जिम रोजर्स का कम उम्र से ही वित्त और निवेश के प्रति आकर्षण विकसित हो गया। उन्होंने येल विश्वविद्यालय में दाखिला लिया, जहाँ उन्होंने सन् 1964 में इतिहास में स्नातक की डिग्री हासिल की। इसके बाद रोजर्स ने दर्शनशास्त्र, राजनीति और अर्थशास्त्र में डिग्री प्राप्त करते हुए ऑक्सफोर्ड विश्वविद्यालय में आगे की पढ़ाई की।

वॉल स्ट्रीट और 'क्वांटम फंड'

अपनी पढ़ाई पूरी करने के बाद जिम रोजर्स 1960 के दशक की शुरुआत में वॉल स्ट्रीट में शामिल हो गए। उन्होंने वित्तीय उद्योग में बहुमूल्य अनुभव प्राप्त करते हुए डोमिनिक, अर्नहोल्ड और एस. ब्लेइक्रोएडर सहित विभिन्न निवेश फर्मों में काम किया।

सन् 1970 में प्रसिद्ध निवेशक जॉर्ज सोरोस के साथ रोजर्स ने 'क्वांटम फंड' की सह-स्थापना की। फंड के अपरंपरागत दृष्टिकोण और वस्तुओं तथा उभरते

बाजारों पर विरोधाभासी दाँव ने तुरंत ध्यान आकर्षित किया, जिससे रोजर्स को शेयर बाजार में स्टारडम हासिल करने के लिए प्रेरित किया।

विश्व-भ्रमण और निवेश अंतर्दृष्टि

सन् 1990 में जिम रोजर्स एक विश्व दौरे पर निकले, जिसमें उन्होंने छह महाद्वीपों को पार किया और लगभग 1,52,000 मील की दूरी तय की। इस यात्रा ने उन्हें वैश्विक बाजारों, अर्थव्यवस्थाओं और संस्कृतियों में अमूल्य अंतर्दृष्टि प्रदान की। दौरे के दौरान रोजर्स की टिप्पणियों व अनुभवों ने उनके शेयर बाजार के दृष्टिकोण और निवेश रणनीतियों को गहराई से प्रभावित किया।

इस अवधि के दौरान उन्होंने 'इन्वेस्टमेंट बाइकर' और 'एडवेंचर कैपिटलिस्ट' नामक दो पुस्तकें भी लिखीं, जो उनके यात्रा-अनुभवों और शेयर बाजार-अंतर्दृष्टि का विवरण देने वाली पुस्तकें हैं।

कॉण्ट्रेरियन इन्वेस्टर

जिम रोजर्स अपने विपरीत निवेश दर्शन के लिए जाने जाते हैं। उनका मानना है कि शेयर बाजार चक्र अपरिहार्य हैं और निराशा के दौर में अवसरों की पहचान करने से बड़े पैमाने पर रिटर्न मिल सकता है। रोजर्स की कम मूल्य वाली संपत्तियों और दीर्घकालिक रुझानों को पहचानने की क्षमता उनकी शेयर बाजार की सफलता की प्रमुख चालक रही है।

1990 के दशक और 2000 के दशक की शुरुआत में वस्तुओं पर उनके विपरीत दाँवों, विशेष रूप से चीन की क्षमता पर, से उन्होंने पर्याप्त लाभ कमाया और वैश्विक शीर्ष शेयर बाजार व्यक्ति के रूप में उनकी प्रतिष्ठा को और मजबूत किया।

शेयर बाजार की भविष्यवाणियाँ और आर्थिक पूर्वानुमान

अपने पूरे कॅरियर के दौरान जिम रोजर्स ने कई साहसिक शेयर बाजार भविष्यवाणियाँ और आर्थिक पूर्वानुमान लगाए हैं। उन्होंने 1990 के दशक में वस्तुओं के बाजार में तेजी, 2000 के दशक की शुरुआत में सोने की कीमतों में उछाल और 2008 के वैश्विक वित्तीय संकट की सटीक भविष्यवाणी की थी।

चीन के उत्थान और एशियाई बाजारों की संभावनाओं के बारे में रोजर्स की अंतर्दृष्टि विशेष रूप से दूरदर्शितापूर्ण रही है। उनका मानना है कि आने वाले दशकों

में एशिया एक प्रमुख आर्थिक शक्ति बना रहेगा। वह इस क्षेत्र में निवेश के समर्थक रहे हैं।

कृषि निवेश की ओर बदलाव

2000 के दशक के मध्य में जिम रोजर्स ने अपना ध्यान कृषि निवेश पर केंद्रित कर दिया। बढ़ती वैश्विक आबादी और बदलते आहार पैटर्न के बीच खाद्य उत्पादन के महत्त्व को पहचानते हुए उन्होंने दुनिया भर में कृषि भूमि और कृषि कंपनियों में निवेश किया।

रोजर्स का कृषि निवेश इस क्षेत्र की क्षमता और दुनिया के भविष्य को आकार देने में इसकी भूमिका पर उनके दीर्घकालिक दृष्टिकोण को दरशाता है।

लेखक, शिक्षक और वित्तीय टिप्पणीकार

अपने सफल निवेश कॅरियर के अलावा जिम रोजर्स ने वित्त, शेयर बाजार और वैश्विक अर्थशास्त्र पर कई पुस्तकें लिखी हैं। उनके कार्य उनके निवेश दर्शन और शेयर बाजार रणनीतियों में मूल्यवान् अंतर्दृष्टि प्रदान करते हैं, जिससे वे निवेशकों एवं ट्रेडर्स के बीच लोकप्रिय हो जाते हैं।

रोजर्स एक लोकप्रिय वक्ता एवं शिक्षक भी हैं, जो दुनिया भर के सम्मेलनों, सेमिनारों और विश्वविद्यालयों में अपने ज्ञान व अनुभवों को साझा करते हैं। वह नियमित रूप से विभिन्न मीडिया प्लेटफॉर्मों पर एक वित्तीय टिप्पणीकार के रूप में दिखाई देते हैं, जहाँ वह शेयर बाजार के रुझान और आर्थिक विकास पर अपने विचार पेश करते हैं।

रोजर्स इंटरनेशनल कमोडिटी इंडेक्स (आर.आई.सी.आई.)

वस्तुओं में उनकी विशेषज्ञता के प्रतिबिंब के रूप में जिम रोजर्स ने सन् 1997 में 'रोजर्स इंटरनेशनल कमोडिटी इंडेक्स' (आर.आई.सी.आई.) की सह-स्थापना की। आर.आई.सी.आई. एक व्यापक सूचकांक है, जो वस्तुओं की एक टोकरी को ट्रैक करता है तथा निवेशकों को कमोडिटी बाजारों में एक्सपोजर प्रदान करता है।

आर.आई.सी.आई. कमोडिटी निवेश के लिए व्यापक रूप से मान्यता प्राप्त एक बेंचमार्क बन गया है और एक परिसंपत्ति वर्ग के रूप में कमोडिटी की दीर्घकालिक क्षमता में रोजर्स के दृढ़ विश्वास को दरशाता है।

विरासत और निरंतर प्रभाव

एक छोटे शहर अलबामा के लड़के से वैश्विक शीर्ष शेयर बाजार व्यक्ति तक की जिम रोजर्स की यात्रा निवेश के प्रति उनके अटूट जुनून और शेयर बाजार में दीर्घकालिक रुझानों की पहचान करने की उनकी क्षमता का प्रमाण है। उनका विरोधाभासी दृष्टिकोण, शेयर बाजार की अंतर्दृष्टि और आर्थिक पूर्वानुमान दुनिया भर में इच्छुक निवेशकों की निवेश रणनीतियों को आकार देते रहते हैं।

रोजर्स की विरासत शेयर बाजार की सफलता से कहीं आगे तक फैली हुई है, क्योंकि वह वित्तीय शिक्षा और व्यक्तिगत सशक्तीकरण के समर्थक रहे हैं। आत्मनिर्भरता पर उनके जोर और निरंतर सीखने के महत्त्व ने कई लोगों को अपने वित्तीय भविष्य पर नियंत्रण रखने के लिए प्रेरित किया है।

शेयर बाजार निवेश की दुनिया में एक अग्रणी के रूप में जिम रोजर्स एक प्रतिष्ठित व्यक्ति बने हुए हैं। वह अपने निवेश सिद्धांतों और दूरदर्शिता के साथ वैश्विक शेयर बाजार परिदृश्य की जटिलताओं से निपटने के इच्छुक निवेशकों के लिए एक मार्गदर्शक के रूप में काम करते हैं।

□

जिम सिमंस

जिम सिमंस का जन्म 25 अप्रैल, 1938 को न्यूटन, मैसाचुसेट्स, अमेरिका में हुआ। वे एक गणितज्ञ, हेज फंड मैनेजर और मात्रात्मक निवेश के अग्रणी हैं। इतिहास के सबसे सफल हेज फंडों में से एक 'रेनेसाँ टेक्नोलॉजीज' के संस्थापक के रूप में सिमंस ने गणितीय मॉडल और कंप्यूटर एल्गोरिदम के अपने अभिनव प्रयोग के साथ शेयर बाजार परिदृश्य में क्रांति ला दी।

प्रारंभिक जीवन और शैक्षणिक गतिविधियाँ

जिम सिमंस ने स्कूल में असाधारण कौशल दिखाते हुए गणित के प्रति प्रारंभिक योग्यता प्रदर्शित की। उन्होंने स्नातक अध्ययन के लिए मैसाचुसेट्स इंस्टीट्यूट ऑफ टेक्नोलॉजी (एम.आई.टी.) में दाखिला लिया और बाद में कैलिफोर्निया विश्वविद्यालय, बर्कले से गणित में पी-एच.डी. की।

सिमंस की शैक्षणिक प्रतिभा ने उन्हें कई प्रशंसाएँ एवं पहचान दिलाईं, जिनसे गणित और शेयर बाजार निवेश—दोनों में उनके अभूतपूर्व योगदान की नींव पड़ी।

गणित कॅरियर और अनुसंधान

अपनी डॉक्टरेट की पढ़ाई पूरी करने के बाद जिम सिमंस ने हार्वर्ड विश्वविद्यालय और एम.आई.टी. में गणित पढ़ाते हुए अकादमिक क्षेत्र में एक सफल कॅरियर शुरू किया। ज्यामिति एवं टोपोलॉजी में उनके शोध ने उन्हें प्रतिष्ठित पुरस्कार दिलाए और गणित के क्षेत्र में महत्त्वपूर्ण योगदान दिया।

गणित में सिमंस की विशेषज्ञता बाद में शेयर बाजार में निवेश के लिए उनके अभिनव दृष्टिकोण की आधारशिला बन गई।

पुनर्जागरण प्रौद्योगिकियों का गठन

सन् 1982 में जिम सिमंस ने एक मात्रात्मक हेज फंड 'रेनेसाँ टेक्नोलॉजीज' की स्थापना की, जो दुनिया में सबसे सफल और लगातार लाभदायक फंडों में से एक बन गया। 'रेनेसाँ टेक्नोलॉजीज' में सिमंस और उनकी टीम ने शेयर बाजार डेटा का विश्लेषण करने और लाभदायक व्यापारिक अवसरों की पहचान करने के लिए 'परिष्कृत गणितीय मॉडल' एवं कंप्यूटर एल्गोरिदम का इस्तेमाल किया।

उन्नत मात्रात्मक तकनीकों के उपयोग ने 'रेनेसाँ टेक्नोलॉजीज' को पारंपरिक निवेश रणनीतियों से बेहतर प्रदर्शन करने की अनुमति दी, जिससे उसके निवेशकों को असाधारण रिटर्न मिला।

मेडेलियन फंड और शेयर बाजार की सफलता

'रेनेसाँ टेक्नोलॉजीज' के प्रमुख फंडों में से एक मेडेलियन फंड जिम सिमंस के शेयर बाजार साम्राज्य का मुकुट रत्न बन गया। 'मालिकाना मात्रात्मक मॉडल' का उपयोग करते हुए मेडेलियन फंड ने लगातार असाधारण रिटर्न दिया, जिससे शेयर बाजार निवेश के इतिहास में सबसे अधिक मुनाफा हुआ।

गणितीय सटीकता, डेटा-संचालित निर्णय लेने और कठोर जोखिम प्रबंधन पर सिमंस के फोकस ने मेडेलियन फंड को मात्रात्मक निवेश की दुनिया में अग्रणी बना दिया।

मात्रात्मक निवेश की शक्ति

'रेनेसाँ टेक्नोलॉजीज' के साथ जिम सिमंस की सफलता ने मात्रात्मक निवेश की अवधारणा को लोकप्रिय बनाने में मदद की। गणितीय मॉडल और एल्गोरिदम के उनके अभूतपूर्व उपयोग ने शेयर बाजार में नेविगेट करने में डेटा-संचालित रणनीतियों की शक्ति का प्रदर्शन किया।

मात्रात्मक निवेश, जिसे व्यवस्थित या एल्गोरिदम निवेश के रूप में भी जाना जाता है, तब से कई संस्थागत निवेशकों और हेज फंडों द्वारा अपनाया गया एक प्रमुख शेयर बाजार दृष्टिकोण बन गया है।

विज्ञान और गणित में योगदान

पुनर्जागरण प्रौद्योगिकी के फलने-फूलने के बावजूद जिम सिमंस ने गणित के प्रति अपने जुनून को जारी रखा। सन् 1994 में उन्होंने 'सिमंस फाउंडेशन' की

स्थापना की, जो एक परोपकारी संगठन है और वैज्ञानिक अनुसंधान एवं खोज का समर्थन करता है।

'सिमंस फाउंडेशन' की फंडिंग गणित, सैद्धांतिक भौतिकी और तंत्रिका विज्ञान सहित कई वैज्ञानिक क्षेत्रों को आगे बढ़ाने में सहायक रही है। वैज्ञानिक अनुसंधान के प्रति सिमंस की प्रतिबद्धता ने उन्हें वैज्ञानिक समुदाय में एक अग्रणी परोपकारी के रूप में व्यापक मान्यता दिलाई और सम्मान दिलाया है।

पुनर्जागरण टेक्नोलॉजीज के उल्लेखनीय रिटर्न

पिछले कुछ वर्षों में 'रेनेसाँ टेक्नोलॉजीज' के प्रभावशाली शेयर बाजार प्रदर्शन ने वैश्विक शीर्ष शेयर बाजार व्यक्ति के रूप में जिम सिमंस की स्थिति को मजबूत किया है। फर्म के फंड, विशेष रूप से मेडेलियन फंड, ने लगातार उद्योग बेंचमार्क से बेहतर प्रदर्शन किया है, जो विभिन्न शेयर बाजार स्थितियों को नेविगेट करने में मात्रात्मक रणनीतियों की प्रभावशीलता को प्रदर्शित करता है।

फर्म की सफलता के बावजूद सिमंस और 'रेनेसाँ टेक्नोलॉजीज' ने अपने 'मालिकाना व्यापार एल्गोरिदम' के सीमित सार्वजनिक प्रकटीकरण के साथ अपेक्षाकृत गुप्त दृष्टिकोण बनाए रखा है।

शेयर बाजार में निवेश पर विरासत और प्रभाव

एक प्रतिभाशाली गणितज्ञ से एक अग्रणी हेज फंड मैनेजर तक जिम सिमंस की यात्रा डेटा-संचालित रणनीतियों की शक्ति और शेयर बाजार में गणितीय सोच के मूल्य का एक प्रमाण है। निवेश के प्रति उनके अभिनव दृष्टिकोण और 'मात्रात्मक मॉडल' पर जोर ने शेयर बाजार में निवेश के परिदृश्य को हमेशा के लिए बदल दिया है।

सिमंस की सफलता ने कई निवेशकों एवं फंड मैनेजर्स को मात्रात्मक रणनीतियों की क्षमता का पता लगाने के लिए प्रेरित किया है, जिससे दुनिया भर में व्यवस्थित निवेश की वृद्धि और लोकप्रियता बढ़ी है।

गणितज्ञ एवं हेज फंड मैनेजर के रूप में जिम सिमंस का उल्लेखनीय कॅरियर विज्ञान और वित्त के एकीकरण का प्रतीक है। मात्रात्मक निवेश में उनके अग्रणी कार्य ने शेयर बाजार रणनीतियों को फिर से परिभाषित किया है और निवेश परिदृश्य को नया आकार दिया है।

वैश्विक शीर्ष शेयर बाजार व्यक्ति के रूप में सिमंस की विरासत शेयर बाजार

से परे तक फैली हुई है। वैज्ञानिक अनुसंधान के लिए उनके परोपकारी प्रयासों एवं समर्थन ने ज्ञान की सीमाओं को आगे बढ़ाया है और कई विषयों पर गहरा प्रभाव डाला है।

शेयर बाजार और वैज्ञानिक समुदायों—दोनों में जिम सिमंस के योगदान ने आधुनिक वित्त एवं गणित में सबसे प्रभावशाली व सम्मानित व्यक्तियों में से एक के रूप में अपना स्थान सुरक्षित कर लिया है। उत्कृष्टता की उनकी निरंतर खोज, नवीन भावना और दुनिया पर सकारात्मक प्रभाव डालने की उनकी प्रतिबद्धता निवेशकों तथा वैज्ञानिकों की पीढ़ियों को समान रूप से प्रेरित करती रहती है।

□

जेसी लिवरमोर

जेसी लिवरमोर का जन्म 26 जुलाई, 1877 को श्रुस्बरी, मैसाचुसेट्स, अमेरिका में हुआ। वे एक प्रसिद्ध शेयर बाजार सट्टेबाज और शेयर बाजार के इतिहास में सबसे सफल ट्रेडर्स में से एक थे। अपने असाधारण ट्रेडिंग कौशल और बाजार के रुझानों की भविष्यवाणी करने की अद्भुत क्षमता के लिए जाने जानेवाले लिवरमोर एक साधारण शुरुआत से वैश्विक स्तर पर शीर्ष शेयर बाजार व्यक्ति बन गए।

शेयर बाजार में प्रारंभिक जीवन और शुरुआत

शेयर बाजार में जेसी लिवरमोर की रुचि कम उम्र में ही शुरू हो गई, जब उन्होंने बोस्टन ब्रोकरेज फर्म में स्टॉक टिकर ऑपरेटर के रूप में काम करना शुरू किया। उन्होंने शेयर बाजार के दैनिक उतार-चढ़ाव को देखा और आपूर्ति एवं माँग की गतिशीलता की सहज समझ विकसित की।

लिवरमोर ने 15 साल की उम्र में अपना पहला शेयर बाजार ट्रेडिंग की और परीक्षण व त्रुटि के माध्यम से अपनी ट्रेडिंग रणनीतियों को परिष्कृत करना जारी रखा। उनकी शुरुआती सफलताओं एवं असफलताओं ने मूल्यवान् सबक प्रदान किए, जिन्होंने एक शेयर बाजार सट्टेबाज के रूप में उनके भविष्य को आकार दिया।

बकेट शॉप्स और बिग ब्रेकथ्रू

1900 के दशक की शुरुआत में लिवरमोर ने 'बकेट शॉप्स' में अपने ट्रेडिंग कौशल को निखारा, जो अनौपचारिक और अकसर अनियमित शेयर बाजार स्थल

थे। यहीं पर उन्होंने पैटर्न और रुझानों की पहचान करने के लिए शेयर बाजार टिकर टेप आंदोलनों का बारीकी से अनुसरण करते हुए अपनी 'टेप रीडिंग तकनीक' विकसित की।

सन् 1907 में लिवरमोर को पहली बड़ी सफलता का अनुभव हुआ, जब उन्होंने 1907 की विनाशकारी दहशत से पहले शेयर बाजार को सफलतापूर्वक शॉर्ट किया। उनकी साहसिक और सटीक भविष्यवाणियों ने उन्हें एक ट्रेडिंग जादूगर के रूप में ख्याति दिलाई और 'वॉल स्ट्रीट' का ध्यान आकर्षित किया।

लिवरमोर के ट्रेडिंग सिद्धांत

जेसी लिवरमोर को कई प्रमुख सिद्धांतों द्वारा निर्देशित किया गया था, जिसने उनकी शेयर बाजार की सफलता को रेखांकित किया। वह प्रवृत्ति का अनुसरण करने और शेयर बाजार की दिशा के बारे में निश्चित धारणाओं से बचने में विश्वास करते थे। लिवरमोर ने जोखिम प्रबंधन के महत्त्व पर भी जोर दिया और जब कोई ट्रेड उसके खिलाफ चला गया तो घाटे को तुरंत कम करने पर जोर दिया।

इसके अलावा, उन्होंने धैर्य एवं अनुशासन की वकालत की और व्यापार निष्पादित करने से पहले खुद को प्रस्तुत करने के लिए सही अवसरों की प्रतीक्षा की। लिवरमोर के ट्रेडिंग सिद्धांत आज भी प्रासंगिक बने हुए हैं और अब भी ट्रेडर्स तथा निवेशकों को प्रभावित कर रहे हैं।

'बॉय प्लंजर' और धन का संचय

लिवरमोर की लगातार शेयर बाजार की सफलता ने उन्हें 'बॉय प्लंजर' उपनाम दिया और उन्होंने अपार संपत्ति अर्जित की। उन्होंने वर्ष 1907 की दहशत और 1929 की महान् दुर्घटना सहित महत्त्वपूर्ण शेयर बाजार की घटनाओं का लाभ उठाते हुए कई मिलियन डॉलर के ट्रेड किए।

बाजार के रुझानों को पढ़ने और मूल्य आंदोलनों की भविष्यवाणी करने की उनकी क्षमता उन्हें अपने समय के अन्य ट्रेडर्स से अलग करती थी। लिवरमोर के शेयर बाजार कौशल ने उन्हें अपने युग के सबसे धनी व्यक्तियों में से एक बना दिया।

लिवरमोर मार्केट कुंजी

सन् 1939 में जेसी लिवरमोर ने अपना मौलिक काम 'हाऊ टू ट्रेड इन

स्टॉक्स' (स्टॉक्स में व्यापार कैसे करें) प्रकाशित किया। इस पुस्तक में उन्होंने 'लिवरमोर मार्केट की' की अवधारणा सहित अपनी अंतर्दृष्टि, अवलोकन और ट्रेडिंग रणनीतियों को साझा किया।

'लिवरमोर मार्केट की' ने तीन महत्त्वपूर्ण तत्त्वों की पहचान करने पर ध्यान केंद्रित किया—सामान्य शेयर बाजार की दिशा, मौजूदा बाजार चक्र में अग्रणी स्टॉक्स और ट्रेडों को निष्पादित करने का सही समय। इस दृष्टिकोण ने व्यक्तिगत स्टॉक्स गतिविधियों पर ध्यान केंद्रित करते हुए व्यापक शेयर बाजार रुझानों के साथ तालमेल बनाए रखने के महत्त्व पर जोर दिया।

चुनौतियाँ और हानियाँ

शेयर बाजार में अपनी अविश्वसनीय सफलता के बावजूद लिवरमोर को कई चुनौतियों और असफलताओं का सामना करना पड़ा। उनकी उच्च जोखिम वाली ट्रेडिंग रणनीतियों के साथ-साथ सट्टा उद्यमों की प्रवृत्ति के कारण कभी-कभी भारी नुकसान होता था।

लिवरमोर को व्यक्तिगत और मनोवैज्ञानिक चुनौतियों से भी जूझना पड़ा। उनकी सफलता एवं धन अकसर ईर्ष्या व शत्रुता को आकर्षित करते थे। उन्हें सार्वजनिक जाँच और कानूनी परेशानियों का सामना करना पड़ता था।

महान् दुर्घटना और वित्तीय बरबादी

सन् 1929 की महान् दुर्घटना लिवरमोर के जीवन और कॅरियर में एक महत्त्वपूर्ण मोड़ साबित हुई। अपनी पिछली सफलता के बावजूद वह बाजार के पतन की सीमा का अनुमान लगाने में विफल रहे और उन्हें महत्त्वपूर्ण नुकसान उठाना पड़ा। दुर्घटना ने उनके मानसिक एवं भावनात्मक स्वास्थ्य पर गहरा असर डाला, जिससे व्यक्तिगत संघर्ष और वित्तीय बरबादी हुई।

वापसी और अंतिम वर्ष

महान् दुर्घटना के बाद जेसी लिवरमोर ने सफल वापसी की। उन्होंने अपनी ट्रेडिंग विशेषज्ञता को लागू करना जारी रखा और चतुर शेयर बाजार निवेश के माध्यम से अपने भाग्य का पुनर्निर्माण किया।

हालाँकि, लिवरमोर का निजी जीवन उथल-पुथल भरा रहा और उन्हें आगे वित्तीय कठिनाइयों का सामना करना पड़ा। दुःख की बात है कि 28 नवंबर,

1940 को लिवरमोर ने आत्महत्या कर ली और अपने पीछे एक ऐसी विरासत छोड़ गए, जो आने वाली पीढ़ियों तक शेयर बाजार के ट्रेडर्स एवं निवेशकों को प्रभावित करती रहेगी।

शेयर बाजार ट्रेडिंग पर विरासत और प्रभाव

एक शेयर बाजार टिकर ऑपरेटर से वैश्विक शीर्ष शेयर बाजार व्यक्ति तक जेसी लिवरमोर की यात्रा जीत और कठिनाइयों की एक असाधारण कहानी बनी हुई है। उनकी ट्रेडिंग रणनीतियों, सिद्धांतों व अंतर्दृष्टि का दुनिया भर में शेयर बाजार पेशेवरों द्वारा अध्ययन व अनुकरण किया जाता रहा है।

बाजार के रुझान को समझने, जोखिम प्रबंधन और ट्रेडिंग में अनुशासन बनाए रखने पर लिवरमोर का जोर कालातीत है और सफल शेयर बाजार अटकलों के लिए आधार के रूप में कार्य करता है। जबकि उनके व्यक्तिगत संघर्ष ट्रेडर्स द्वारा सामना की जाने वाली मनोवैज्ञानिक चुनौतियों की याद दिलाते हैं। एक ट्रेडिंग किंवदंती के रूप में लिवरमोर की विरासत कायम है, जिसने शेयर बाजार ट्रेडिंग की दुनिया पर एक अमिट छाप छोड़ी है।

□

टॉम पर्किंस

थॉमस जेम्स पर्किंस, जिन्हें आमतौर पर 'टॉम पर्किंस' के नाम से जाना जाता है, एक दूरदर्शी उद्यम पूँजीपति और शेयर बाजार आइकन थे। 7 जनवरी, 1932 को जनमे पर्किंस ने प्रौद्योगिकी उद्योग और वित्तीय जगत् में महत्त्वपूर्ण योगदान दिया। अपने असाधारण निवेश कौशल और नवीन रणनीतियों के लिए प्रसिद्ध टॉम ने वैश्विक वित्तीय परिदृश्य पर एक अमिट छाप छोड़ी। उनकी उल्लेखनीय कॅरियर उपलब्धियों और अग्रणी भावना ने उन्हें वैश्विक शीर्ष शेयर बाजार दिग्गजों में स्थान दिलाया।

प्रारंभिक जीवन और शिक्षा

टॉम पर्किंस का जन्म और पालन-पोषण व्हाइट प्लेस, न्यूयॉर्क में हुआ। छोटी उम्र से ही उन्होंने प्रौद्योगिकी और नवाचार में गहरी रुचि प्रदर्शित की। हाई स्कूल की पढ़ाई पूरी करने के बाद पर्किंस ने मैसाचुसेट्स इंस्टीट्यूट ऑफ टेक्नोलॉजी (एम.आई.टी.) से इलेक्ट्रिकल इंजीनियरिंग में स्नातक की डिग्री हासिल की।

एम.आई.टी. में उनकी शिक्षा ने एक प्रौद्योगिकी दूरदर्शी और निवेशक के रूप में उनके भविष्य के कॅरियर की नींव रखी।

कॅरियर की शुरुआत

अपनी शिक्षा पूरी करने के बाद टॉम पर्किंस ने आई.बी.एम. में एक इंजीनियर के रूप में अपना कॅरियर शुरू किया। हालाँकि, उन्हें जल्द ही अहसास हुआ कि उनका असली जुनून उद्यमिता और प्रौद्योगिकी स्टार्टअप्स में है।

सन् 1972 में पर्किंस ने उद्यम पूँजी फर्म 'क्लिनर पर्किंस' की सह-स्थापना

की, जो बाद में 'क्लिनर पर्किंस काफिल्ड एंड बायर्स' (के.पी.सी.बी.) बन गई। नवोन्मेषी प्रौद्योगिकी कंपनियों में अपने निवेश के लिए फर्म ने शीघ्र ही प्रसिद्धि प्राप्त कर ली।

अग्रणी उद्यम पूँजी निवेश

टॉम पर्किंस उद्यम पूँजी निवेश में अग्रणी थे। उन्होंने प्रारंभिक चरण की प्रौद्योगिकी कंपनियों की क्षमता और पारंपरिक उद्योगों को बाधित करने की उनकी क्षमता को पहचाना। पर्किंस ने जेनेंटेक, टेंडेम कंप्यूटर्स और कॉम्पैक जैसी कंपनियों के वित्त-पोषण एवं पोषण में महत्त्वपूर्ण भूमिका निभाई, जो आगे चलकर उद्योग की दिग्गज कंपनियाँ बन गईं।

उनकी दूरदर्शिता और प्रौद्योगिकियों को पहचानने की अभूतपूर्व क्षमता ने एक दूरदर्शी निवेशक के रूप में उनकी प्रतिष्ठा में योगदान दिया।

जोखिम लेने की कला

एक निवेशक के रूप में टॉम पर्किंस की प्रमुख शक्तियों में से एक परिकलित जोखिम लेने की उनकी इच्छा थी। वह अनिश्चितता की स्थिति में भी दूरदर्शी उद्यमियों और नवीन विचारों का समर्थन करने में विश्वास करते थे।

साहसिक निवेश निर्णय लेने की पर्किंस की क्षमता ने उन्हें एक शेयर बाजार आइकन के रूप में अलग पहचान दी।

डॉटकॉम उछाल और धड़ाम

1990 के दशक के अंत में 'डॉटकॉम उछाल' के दौरान इंटरनेट से संबंधित स्टार्टअप्स में निवेश का उन्माद देखा गया। जबकि कुछ उद्यम पूँजीपति बैंड-बाजे लेकर इस पर कूद पड़े, टॉम पर्किंस सतर्क रहे और टिकाऊ व्यापार मॉडल वाली कंपनियों पर अपना ध्यान केंद्रित किया।

उनकी विवेकशीलता और दीर्घकालिक परिप्रेक्ष्य ने उनके निवेश को डॉटकॉम की मंदी से बचा लिया।

एक विरासत का निर्माण

उद्यम पूँजी उद्योग और प्रौद्योगिकी क्षेत्र में टॉम पर्किंस का योगदान उनकी स्थायी विरासत का हिस्सा है। उन्होंने सिलिकॉन वैली की कुछ सबसे सफल

कंपनियों के निर्माण में महत्त्वपूर्ण भूमिका निभाई और प्रौद्योगिकी परिदृश्य को आकार देने में महत्त्वपूर्ण भूमिका अदा की।

द पर्किंस वे

टॉम पर्किंस निवेश के प्रति अपने सीधे और सार्थक दृष्टिकोण के लिए जाने जाते थे। वह कंपनियों एवं उद्योगों के मूल्यांकन में बेहद स्पष्टवादी थे और सहकर्मियों व प्रतिस्पर्धियों से समान रूप से सम्मान अर्जित करते थे।

उनके निवेश दर्शन, जिसे अकसर 'द पर्किंस वे' कहा जाता है, ने अनुशासित अनुसंधान, दीर्घकालिक फोकस और अभूतपूर्व प्रौद्योगिकियों की खोज पर जोर दिया।

वेंचर कैपिटल टाइटन

इन वर्षों में टॉम पर्किंस उद्यम पूँजी उद्योग में एक प्रभावशाली व्यक्ति बने रहे। वह के.पी.सी.बी. के प्रबंधन में सक्रिय रूप से शामिल रहे और कई उद्यमियों एवं निवेशकों को सलाह दी।

परोपकारी प्रयास

अपनी निवेश सफलता के अलावा टॉम पर्किंस एक समर्पित परोपकारी व्यक्ति थे। उन्होंने शिक्षा, स्वास्थ्य देखभाल और कला पर विशेष ध्यान देने के साथ ही विभिन्न धर्मार्थ कार्यों का भी समर्थन किया।

परोपकार के प्रति पर्किंस की प्रतिबद्धता समाज पर सकारात्मक प्रभाव डालने के लिए अपनी सफलता का उपयोग करने में उनके विश्वास को दरशाती है।

टॉम पर्किंस का प्रभाव

टॉम पर्किंस की निवेश रणनीतियों और दूरदर्शी सोच ने निवेशकों एवं उद्यमियों की पीढ़ियों को प्रभावित किया है। प्रारंभिक चरण की प्रौद्योगिकी कंपनियों तथा जोखिम लेने और दीर्घकालिक मूल्य-सृजन पर उनका ध्यान उद्यम पूँजी परिदृश्य को आकार देने वाला रहा।

एक शेयर बाजार आइकन और प्रौद्योगिकी दूरदर्शी के रूप में उनकी विरासत आने वाली पीढ़ियों तक कायम रहेगी।

विरासत

प्रौद्योगिकी के प्रति जुनून रखने वाले एक युवा उद्यमी से वैश्विक शीर्ष शेयर बाजार दिग्गज तक टॉम पर्किंस की यात्रा नवाचार, जोखिम लेने की शक्ति और उभरते रुझानों की गहरी समझ का प्रमाण थी। उनके असाधारण निवेश कौशल और अग्रणी भावना ने उन्हें एक दूरदर्शी उद्यम पूँजीपति के रूप में अच्छी प्रतिष्ठा दिलाई। शेयर बाजार आइकन तथा परोपकारी के रूप में उनकी विरासत वित्त व निवेश की गतिशील और हमेशा बदलती दुनिया में सफलता एवं पूर्णता चाहने वालों के लिए एक मार्गदर्शक बनी हुई है।

□

थॉमस रोवे प्राइस

थॉमस रोवे प्राइस जूनियर, जिनका जन्म 16 मार्च, 1898 को हुआ, एक निवेश अग्रणी और दूरदर्शी फंड मैनेजर थे, जिनका नाम विवेकपूर्ण और सफल निवेश का पर्याय बन गया। अपनी असाधारण स्टॉक-चयन क्षमताओं और नवीन निवेश दृष्टिकोण के लिए प्रसिद्ध टी. रोवे प्राइस ने वैश्विक वित्तीय परिदृश्य पर एक अमिट छाप छोड़ी। उनकी उल्लेखनीय कॅरियर उपलब्धियों और निवेश उद्योग में योगदान ने उन्हें वैश्विक शीर्ष शेयर बाजार दिग्गजों में स्थान दिलाया।

प्रारंभिक जीवन और शिक्षा

थॉमस रोवे प्राइस का जन्म और पालन-पोषण लिनवुड, मेरीलैंड, अमेरिका में हुआ। छोटी उम्र से ही उन्होंने वित्त एवं निवेश में गहरी रुचि प्रदर्शित की। हाई स्कूल की पढ़ाई पूरी करने के बाद प्राइस ने स्वर्थमोर कॉलेज से रसायन विज्ञान में डिग्री हासिल की।

हालाँकि, निवेश के प्रति उनके जुनून ने उन्हें पेनसिल्वेनिया विश्वविद्यालय के व्हार्टन स्कूल में पाठ्यक्रमों में दाखिला लेने के लिए प्रेरित किया, जहाँ उन्होंने वित्त और शेयर बाजार की अपनी समझ को गहरा किया।

कॅरियर की शुरुआत

अपनी शिक्षा पूरी करने के बाद थॉमस रोवे प्राइस ने वॉल स्ट्रीट पर एक बॉण्ड सेल्समैन के रूप में अपना कॅरियर शुरू किया। हालाँकि, उन्हें जल्दी ही अहसास हो गया कि उनकी असली पहचान निवेश और परिसंपत्ति प्रबंधन की दुनिया में है।

सन् 1937 में प्राइस ने 'टी. रोवे प्राइस एंड एसोसिएट्स' की स्थापना की; एक ऐसी फर्म, जो अपने अनुशासित और अनुसंधान-संचालित निवेश दृष्टिकोण के लिए प्रसिद्ध हो गई।

टी. रोवे प्राइस एंड एसोसिएट्स का विकास

टी. रोवे प्राइस के नेतृत्व में फर्म को गहन अनुसंधान और दीर्घकालिक निवेश क्षितिज पर जोर देने के लिए मान्यता प्राप्त हुई। प्राइस गुणवत्ता वाले शेयरों का चयन करने और उन्हें लंबी अवधि के लिए रखने के लिए प्रतिबद्ध थे, जिसने उनकी कंपनी को अपने समय के अन्य निवेश प्रबंधकों से अलग खड़ा किया।

मूल्य निवेश की कला

टी. रोवे प्राइस मूल्य निवेश के अग्रणी थे—एक ऐसी रणनीति, जिसमें कम मूल्य वाले शेयरों को इस उम्मीद के साथ खरीदना शामिल है कि समय के साथ उनका मूल्य बढ़ेगा। उन्होंने मजबूत बुनियादी सिद्धांतों और विकास क्षमता वाली कंपनियों की पहचान करने की कोशिश की, जो अपने आंतरिक मूल्य से छूट पर कारोबार कर रहे थे।

प्राइस का मूल्य निवेश दृष्टिकोण उनके निवेश दर्शन की आधारशिला बन गया और इससे उनके ग्राहकों को प्रभावशाली रिटर्न मिला।

विविधीकरण को अपनाना

टी. रोवे प्राइस जोखिम प्रबंधन रणनीति के रूप में विविधीकरण के प्रबल समर्थक थे। उनका मानना था कि विभिन्न परिसंपत्ति वर्गों और उद्योगों में निवेश फैलाने से बाजार में उतार-चढ़ाव के प्रभाव को कम करने में मदद मिल सकती है।

विविधीकरण पर उनका जोर आधुनिक पोर्टफोलियो प्रबंधन में एक बुनियादी सिद्धांत बना हुआ है।

अनुसंधान का महत्त्व

निवेश उद्योग में टी. रोवे प्राइस के महत्त्वपूर्ण योगदानों में से एक गहन शोध पर उनका जोर था। वह निवेश संबंधी निर्णय लेने के लिए कंपनियों और उद्योगों का गहन विश्लेषण करने में विश्वास करते थे।

अनुसंधान-संचालित निवेश के प्रति प्राइस की प्रतिबद्धता ने निवेश उद्योग के

लिए एक उच्च मानक स्थापित किया, जिसने आज भी निवेश प्रथाओं को प्रभावित करना जारी रखा है।

टी. रोवे प्राइस म्यूचुअल फंड का उद्भव

टी. रोवे प्राइस की अभिनव भावना ने उन्हें सन् 1950 में पहला म्यूचुअल फंड 'टी. रोवे प्राइस ग्रोथ स्टॉक फंड' बनाने के लिए प्रेरित किया। इस फंड का लॉञ्च निवेश उद्योग में एक महत्त्वपूर्ण मोड़ साबित हुआ, क्योंकि इसने व्यक्तिगत निवेशकों को पेशेवर धन प्रबंधन और विविधीकरण तक पहुँचने का मार्ग दिया।

स्थायी विरासत

टी. रोवे प्राइस का निवेश दर्शन और विरासत 'टी. रोवे प्राइस एंड एसोसिएट्स' की निरंतर सफलता के माध्यम से जीवित है। कंपनी अरबों डॉलर की संपत्ति का प्रबंधन करने के लिए विकसित हुई है और अनुसंधान-संचालित निवेश एवं ग्राहक-केंद्रित रणनीतियों के प्रति अपनी प्रतिबद्धता बनाए रखे हुए है।

टी. रोवे प्राइस का प्रभाव

टी. रोवे प्राइस की निवेश रणनीतियों व सिद्धांतों ने निवेशकों और वित्तीय पेशेवरों की पीढ़ियों को प्रभावित किया है। मूल्य निवेश, दीर्घकालिक परिप्रेक्ष्य और अनुसंधान-संचालित दृष्टिकोण पर उनका ध्यान निवेश परिदृश्य को आकार देने के लिए जारी है।

ग्राहकों की सफलता के प्रति उनके दृष्टिकोण और समर्पण ने उन्हें वित्त की दुनिया में एक स्थायी व्यक्ति बना दिया है। टी. रोवे प्राइस की यात्रा नवाचार, अनुशासन और बाजार की गतिशीलता की गहरी समझ की शक्ति का प्रमाण है।

□

डेविड टेपर

डेविड टेपर का जन्म 11 सितंबर, 1957 को पिट्सबर्ग, पेनसिल्वेनिया, अमेरिका में हुआ। वे एक बेहद सफल हेज फंड मैनेजर, निवेशक और परोपकारी हैं। 'अप्पलोसा मैनेजमेंट' के संस्थापक के रूप में टेपर ने अपनी चतुराईपूर्ण निवेश रणनीतियों और बाजार अंतर्दृष्टि के माध्यम से वैश्विक शेयर बाजार पर महत्त्वपूर्ण प्रभाव डाला है।

प्रारंभिक जीवन और शिक्षा

एक मध्यम वर्गीय परिवार में पले-बढ़े डेविड टेपर ने वित्त और निवेश में प्रारंभिक रुचि प्रदर्शित की। उन्होंने पिट्सबर्ग विश्वविद्यालय में दाखिला लिया, जहाँ उन्होंने सन् 1978 में अर्थशास्त्र में स्नातक की डिग्री हासिल की।

अधिक अवसरों की संभावना को पहचानते हुए टेपर ने कार्नेगी मेलॉन यूनिवर्सिटी के टेपर स्कूल ऑफ बिजनेस से औद्योगिक प्रशासन (जिसे अब बिजनेस एडमिनिस्ट्रेशन के रूप में जाना जाता है) में मास्टर डिग्री हासिल की। उनकी शिक्षा ने उन्हें वित्त और निवेश सिद्धांतों में एक मजबूत आधार प्रदान किया।

प्रारंभिक कॅरियर और हेज फंड प्रबंधन का मार्ग

अपनी शिक्षा पूरी करने के बाद डेविड टेपर ने पिट्सबर्ग के एक क्षेत्रीय बैंक 'इक्विबैंक' में अपना कॅरियर शुरू किया। बैंक में अपने कार्यकाल के दौरान उन्होंने क्रेडिट विश्लेषण और वित्तीय बाजारों में बहुमूल्य अनुभव प्राप्त किया।

1980 के दशक की शुरुआत में टेपर गोल्डमैन सैक्स के उच्च-उपज बॉण्ड विभाग में शामिल होने के लिए न्यूयॉर्क शहर चले गए। संकटग्रस्त ऋण और बॉण्ड

ट्रेडिंग में उनकी विशेषज्ञता ने जल्द ही उन्हें कंपनी के भीतर पहचान दिला दी।

अप्पलोसा प्रबंधन के संस्थापक

सन् 1993 में समृद्ध अनुभव और बाजारों की गहरी समझ से लैस डेविड टेपर ने 'अप्पलोसा मैनेजमेंट' की स्थापना की, जो एक हेज फंड है, जो संकटग्रस्त ऋण और विशेष परिस्थितियों में निवेश पर केंद्रित है।

अप्पलोसा में टेपर के निवेश दृष्टिकोण की विशेषता वित्तीय कठिनाइयों का सामना करने वाली कंपनियों का कठोर विश्लेषण था। उन्होंने संकटग्रस्त परिसंपत्तियों में विरोधाभासी रुख अपनाया और अकसर बाजार की अक्षमताओं एवं अवसरों का लाभ उठाया।

वर्ष 2008 के वित्तीय संकट से निपटना

डेविड टेपर के असाधारण निवेश कौशल का प्रदर्शन वर्ष 2008 के वित्तीय संकट के दौरान हुआ। जैसे ही अन्य निवेशक घबरा गए, उन्होंने महत्त्वपूर्ण रिटर्न की संभावना देखी और पस्त वित्तीय क्षेत्र में भारी निवेश करने का अवसर झटक लिया।

विशेष रूप से बैंक ऑफ अमेरिका और सिटी ग्रुप में उनके साहसिक कदमों से वित्तीय बाजारों में जोरदार उछाल आया। टेपर के समय पर और रणनीतिक निवेश ने उन्हें अपने समय के सबसे सफल हेज फंड मैनेजर्स में से एक के रूप में ख्याति दिलाई।

संकटग्रस्त संपत्तियों में निवेश करने की कला

संकटग्रस्त परिसंपत्तियों में निवेश करने में डेविड टेपर की विशेषज्ञता 'अप्पलोसा' की सफलता में सहायक रही है। उनके पास जटिल वित्तीय स्थितियों का विश्लेषण करने और उन अवसरों की पहचान करने की अद्वितीय क्षमता है, जहाँ अन्य लोग केवल जोखिम देखते हैं।

टेपर के निवेश में अकसर वित्तीय कठिनाइयों, कॉरपोरेट पुनर्गठन या अन्य चुनौतियों का सामना करने वाली कंपनियों में महत्त्वपूर्ण पद लेना शामिल होता है। जटिल परिस्थितियों से निपटने और 'मूल्य प्रशंसा' की क्षमता को समझने में उनका कौशल उनकी निवेश रणनीतियों की पहचान रही है।

बाजार की बदलती परिस्थितियों के प्रति लचीलापन और अनुकूलन

अपने पूरे कॅरियर के दौरान डेविड टेपर ने उल्लेखनीय लचीलेपन और बदलती बाजार स्थितियों के अनुकूल ढलने की क्षमता का प्रदर्शन किया है। उन्होंने आवश्यकतानुसार अपने निवेश दृष्टिकोण का समायोजन किया, जो विभिन्न बाजार चक्रों से होकर गुजरा है।

टेपर के लचीलेपन एवं नए अवसरों को अपनाने की इच्छा ने उन्हें अपने निवेशकों के लिए लगातार मजबूत रिटर्न देने और एक शीर्ष शेयर बाजार व्यक्ति के रूप में अपनी स्थिति मजबूत करने की शक्ति दी है।

उत्तराधिकार और परोपकार

जैसे-जैसे 'अप्पलोसा प्रबंधन' का विकास जारी रहा, डेविड टेपर ने उत्तराधिकार योजना शुरू की, जिसमें फर्म का प्रबंधन करने के लिए नए साझेदार लाना शामिल था। जब वे सक्रिय रूप से शामिल रहे तो उन्होंने यह सुनिश्चित किया कि 'अप्पलोसा' का नेतृत्व लंबे समय तक अपनी सफलता बरकरार रख सके।

अपनी व्यावसायिक उपलब्धियों के अलावा डेविड टेपर परोपकार के लिए भी समर्पित हैं। उन्होंने शिक्षा, चिकित्सा अनुसंधान और सामुदायिक पहल में महत्त्वपूर्ण योगदान दिया है। उनके परोपकारी प्रयास समाज को वापस देने और दूसरों के जीवन पर सकारात्मक प्रभाव डालने की उनकी प्रतिबद्धता को दरशाते हैं।

शेयर बाजार पर विरासत और प्रभाव

एक शीर्ष शेयर बाजार व्यक्ति के रूप में डेविड टेपर की विरासत की विशेषता उनके असाधारण निवेश प्रदर्शन, हेज फंड उद्योग पर उनका प्रभाव और उनके परोपकारी प्रयास हैं।

एक समझदार निवेशक के रूप में उनकी प्रतिष्ठा और बाजार के रुझान एवं गतिशीलता में उनकी अंतर्दृष्टि ने दुनिया भर में साथियों तथा निवेशकों का सम्मान व प्रशंसा अर्जित की है। सबसे सफल हेज फंड मैनेजर्स में से एक के रूप में टेपर की निवेश रणनीतियों का समान सफलता प्राप्त करने के इच्छुक निवेशकों द्वारा अध्ययन और अनुकरण किया जाना जारी है।

वस्तुतः, एक युवा वित्त स्नातक से वैश्विक शीर्ष शेयर बाजार व्यक्ति तक डेविड टेपर की यात्रा उनकी असाधारण प्रतिभा, समर्पण और निवेश उत्कृष्टता की

निरंतर खोज का प्रमाण है। एक प्रसिद्ध हेज फंड मैनेजर और निवेशक के रूप में उनकी उपलब्धियों ने वित्तीय उद्योग पर एक अमिट छाप छोड़ी है।

डेविड टेपर के निवेश कौशल, लचीलेपन और परोपकारी प्रयासों ने उन्हें शेयर बाजार और व्यापक समुदाय—दोनों में एक सम्मानित व्यक्ति बना दिया है। उनकी निरंतर सफलता और स्थायी विरासत निवेशकों एवं परोपकारियों को समान रूप से प्रेरित करती है, जिससे वह वैश्विक शेयर बाजार में एक कालातीत आइकन बन गए हैं।

□

डेविड रिकार्डो

डेविड रिकार्डो, जिनका जन्म 18 अप्रैल, 1772 को लंदन, इंग्लैंड में हुआ था, एक अग्रणी अर्थशास्त्री, राजनीतिक विचारक और आधुनिक आर्थिक सिद्धांत के विकास में प्रभावशाली व्यक्ति थे। अंतरराष्ट्रीय व्यापार, तुलनात्मक लाभ और मूल्य सिद्धांत पर उनके अभूतपूर्व विचार आज भी आर्थिक विचारों को आकार देते हैं तथा शेयर बाजार रणनीतियों का मार्गदर्शन करते हैं।

प्रारंभिक जीवन और शिक्षा

डेविड रिकार्डो का जन्म एक धनी सेफर्डिक यहूदी परिवार में हुआ था, जो पुर्तगाल से इंग्लैंड आ गया था। छोटी उम्र में उन्होंने गणित एवं वित्त में गहरी रुचि प्रदर्शित की, जिसने बाद में उन्हें आर्थिक सिद्धांतों और वित्तीय बाजारों का पता लगाने के लिए प्रेरित किया।

हालाँकि, उनकी औपचारिक शिक्षा सीमित थी, स्व-अध्ययन और बौद्धिक गतिविधियों के प्रति रिकार्डो के जुनून ने एक अर्थशास्त्री व निवेशक के रूप में उनकी भविष्य की उपलब्धियों की नींव रखी।

फाइनेंस और शेयर मार्केट में कॅरियर

1800 के दशक की शुरुआत में डेविड रिकार्डो ने लंदन स्टॉक एक्सचेंज में अपना कॅरियर शुरू किया, जहाँ उन्होंने जल्द ही एक चतुर और सफल निवेशक के रूप में ख्याति प्राप्त की। बाजार की गतिशीलता और आर्थिक सिद्धांतों की उनकी सहज समझ ने उनके निवेश की सफलता में योगदान दिया।

रिकार्डो ने बॉण्ड सहित सरकारी प्रतिभूतियों के साथ-साथ विभिन्न कंपनियों में शेयरों का सक्रिय रूप से कारोबार किया। आर्थिक रुझानों और वित्तीय बाजारों में उनकी गहन अंतर्दृष्टि ने आर्थिक सिद्धांत में उनके बाद के योगदान के लिए मंच तैयार किया।

तुलनात्मक लाभ का सिद्धांत

आर्थिक चिंतन में डेविड रिकार्डो का सबसे महत्त्वपूर्ण योगदान तुलनात्मक लाभ का सिद्धांत है। सन् 1817 में उन्होंने अपना मौलिक कार्य 'राजनीतिक अर्थव्यवस्था और कराधान के सिद्धांत' पुस्तक प्रकाशित करके किया।

'तुलनात्मक लाभ का सिद्धांत' मानता है कि देश उन वस्तुओं के उत्पादन में विशेषज्ञता से लाभ उठा सकते हैं, जिनमें अन्य देशों की तुलना में उनकी अवसर लागत कम है। उन वस्तुओं के उत्पादन पर ध्यान केंद्रित करके, जो वे अधिक कुशलता से उत्पादित कर सकते हैं, देश पारस्परिक रूप से लाभप्रद व्यापार में संलग्न हो सकते हैं, जिससे समग्र धन और समृद्धि में वृद्धि होगी।

अंतरराष्ट्रीय व्यापार और शेयर बाजार रणनीतियों पर प्रभाव

डेविड रिकार्डो के 'तुलनात्मक लाभ के सिद्धांत' ने अंतरराष्ट्रीय ट्रेड की समझ में क्रांति ला दी और शेयर बाजार रणनीतियों पर गहरा प्रभाव डाला। मुक्त ट्रेड और विशेषज्ञता के लाभों के बारे में उनकी अंतर्दृष्टि वैश्विक ट्रेड नीतियों एवं निवेश निर्णयों का मार्गदर्शन करती रहती है।

निवेशक एवं ट्रेडर्स अंतरराष्ट्रीय निवेश के अवसरों का आकलन करने और संसाधनों को प्रभावी ढंग से आवंटित करने के लिए रिकार्डो के सिद्धांतों का उपयोग करते हैं। शेयर बाजार रणनीतियों पर 'तुलनात्मक लाभ के सिद्धांत' का प्रभाव रिटर्न को अनुकूलित करने और जोखिमों का प्रबंधन करने के लिए उद्योगों व देशों में निवेश में विविधता लाने के महत्त्व पर जोर देता है।

मूल्य के सिद्धांत में योगदान

अंतरराष्ट्रीय व्यापार पर अपने काम के अलावा डेविड रिकार्डो ने मूल्य के सिद्धांत में भी महत्त्वपूर्ण योगदान दिया। उन्होंने 'मूल्य का श्रम सिद्धांत' विकसित किया, जो बताता है कि किसी वस्तु का मूल्य उसके उत्पादन के लिए आवश्यक श्रम की मात्रा से निर्धारित होता है।

रिकार्डो के 'मूल्य के श्रम सिद्धांत' का आर्थिक विचार और मूल्य की प्रकृति एवं मूल्य-निर्माण पर चर्चा पर महत्त्वपूर्ण प्रभाव पड़ा। यद्यपि 'मूल्य के श्रम सिद्धांत' को अन्य अर्थशास्त्रियों द्वारा परिष्कृत किया गया और चुनौती दी गई है, रिकार्डो के काम ने अर्थशास्त्र एवं शेयर बाजार विश्लेषण में मूल्य के सिद्धांत की आगे की खोज के लिए आधार तैयार किया है।

शास्त्रीय अर्थशास्त्र पर प्रभाव

अर्थशास्त्र में डेविड रिकार्डो का योगदान उनके विशिष्ट सिद्धांतों से कहीं आगे तक फैला हुआ है। वह शास्त्रीय अर्थशास्त्र स्कूल में एक प्रमुख व्यक्ति थे, जो तर्कसंगत निर्णय लेने, बाजार की ताकतों और सीमित सरकारी हस्तक्षेप के लेंस के माध्यम से अर्थव्यवस्था के कामकाज को समझने की कोशिश करते थे।

आर्थिक विकास, बचत और पूँजी संचय पर रिकार्डो के विचार शास्त्रीय आर्थिक विचारों के विकास के अभिन्न अंग थे और उनके काम ने कार्ल मार्क्स एवं जॉन स्टुअर्ट मिल सहित बाद के अर्थशास्त्रियों के लिए नींव रखी।

विरासत और स्थायी प्रभाव

एक अर्थशास्त्री एवं शेयर बाजार दूरदर्शी के रूप में डेविड रिकार्डो की विरासत आर्थिक सिद्धांत और वित्त पर उनके गहरे प्रभाव के माध्यम से कायम है। मुक्त व्यापार, तुलनात्मक लाभ और मूल्य-सिद्धांत पर उनके विचारों को अर्थशास्त्र पाठ्यक्रमों एवं शेयर बाजार रणनीति पाठ्य पुस्तकों में पढ़ाया तथा विश्लेषण किया जाता है।

निवेशक एवं वित्तीय विश्लेषक रिकार्डो के अग्रणी काम से प्रेरणा लेते हैं और उनकी अंतर्दृष्टि को अपने निवेश निर्णयों में एकीकृत करते हैं। तर्कसंगतता, दक्षता और विशेषज्ञता एवं व्यापार के दीर्घकालिक लाभों पर उनका जोर दुनिया भर में शेयर बाजार रणनीतियों का केंद्रीय सिद्धांत बन गया है।

लंदन स्टॉक एक्सचेंज में एक स्व-शिक्षित निवेशक से एक अग्रणी अर्थशास्त्री और शेयर बाजार दूरदर्शी तक डेविड रिकार्डो की यात्रा बौद्धिक जिज्ञासा एवं आलोचनात्मक सोच की शक्ति को दरशाती है। अंतरराष्ट्रीय व्यापार, मूल्य-सिद्धांत और आर्थिक सिद्धांतों में उनकी गहन अंतर्दृष्टि ने पीढ़ियों के लिए आर्थिक विचार तथा निर्देशित शेयर बाजार रणनीतियों को आकार दिया है।

शास्त्रीय अर्थशास्त्र के विकास में एक प्रमुख व्यक्ति के रूप में रिकार्डो का प्रभाव उनके समय से कहीं अधिक आगे तक फैला हुआ है। वैश्विक शीर्ष शेयर बाजार व्यक्ति के रूप में उनकी विरासत आर्थिक और वित्तीय इतिहास में मजबूती से स्थापित है।

□

निक ट्रेन

21 नवंबर, 1958 को जनमे निक ट्रेन एक अनुशासित मूल्य निवेशक और शेयर बाजार विशेषज्ञ हैं। कई दशकों के कॅरियर के साथ ट्रेन ने वित्तीय उद्योग में सबसे कुशल और सम्मानित निवेशकों में से एक के रूप में ख्याति प्राप्त की है। दीर्घकालिक मूल्य निवेश, गहन शोध और गुणवत्तापूर्ण कंपनियों पर ध्यान केंद्रित करने के प्रति उनकी अटूट प्रतिबद्धता ने उल्लेखनीय सफलता हासिल की है, जिससे वैश्विक शीर्ष शेयर बाजार दिग्गजों के बीच उनकी जगह पक्की हो गई है।

प्रारंभिक जीवन और शिक्षा

वित्त एवं निवेश में निक ट्रेन की रुचि उनके प्रारंभिक वर्षों के दौरान जागी। इंग्लैंड के बकिंघमशायर में पले-बढ़े, वह शेयर बाजार और ट्रेडिंग की दुनिया से आकर्षित थे। वह क्लेयर कॉलेज, कैंब्रिज में आधुनिक इतिहास का अध्ययन करने गए, जहाँ उन्होंने वित्तीय बाजारों के लिए अपने जुनून को आगे बढ़ाया।

कॅरियर की शुरुआत

अपनी शिक्षा पूरी करने के बाद निक ट्रेन ने वित्तीय उद्योग में अपना कॅरियर शुरू किया। उन्होंने 'इन्वेस्टर्स क्रॉनिकल' के लिए एक पत्रकार के रूप में काम किया, जहाँ उन्होंने अपने विश्लेषणात्मक कौशल को निखारा और वित्तीय बाजारों की गहरी समझ विकसित की।

निक ट्रेन की पत्रकारिता की पृष्ठभूमि एक निवेशक के रूप में उनके भविष्य के कॅरियर में अमूल्य साबित हुई, क्योंकि इसने उन्हें जटिल वित्तीय डेटा का विश्लेषण और व्याख्या करने की क्षमता प्रदान की।

‘लिंडसेल ट्रेन’ वर्ष

वर्ष 2000 में निक ट्रेन ने माइकल लिंडसेल के साथ एक निवेश प्रबंधन फर्म ‘लिंडसेल ट्रेन’ की सह-स्थापना की। फर्म का निवेश दर्शन उच्च गुणवत्ता वाले व्यवसायों की दीर्घकालिक तथा केंद्रित होल्डिंग्स पर केंद्रित है।

मूल्य निवेश के प्रति ट्रेन के अनुशासित दृष्टिकोण और गहन अनुसंधान के प्रति उनकी प्रतिबद्धता ने ‘लिंडसेल ट्रेन’ को अपने ग्राहकों के लिए लगातार और बेहतर रिटर्न देने के लिए शीघ्र ही प्रतिष्ठा दिला दी।

‘लिंडसेल ट्रेन’ निवेश दर्शन

निक ट्रेन के निवेश दर्शन के केंद्र में दीर्घकालिक मूल्य निवेश का सिद्धांत निहित है। वह मजबूत प्रतिस्पर्धी लाभ, सतत विकास संभावनाओं और उत्कृष्ट प्रबंधन टीमों वाली कंपनियों के एक केंद्रित पोर्टफोलियो में निवेश करते हैं।

ट्रेन के दृष्टिकोण की विशेषता स्थायी ब्रांडों और उत्पादों वाले व्यवसायों पर ध्यान केंद्रित करना है, साथ ही लंबी अवधि के लिए पदों पर बने रहने की इच्छा भी है।

धैर्य की शक्ति

एक निवेशक के रूप में निक ट्रेन की सफलता का श्रेय उनके अटूट धैर्य को दिया जाता है। वह अपने निवेश सिद्धांतों को कार्यान्वित करने के लिए समय देने और चक्रवृद्धि की शक्ति को अपनी हिस्सेदारी के पक्ष में काम करने की अनुमति देने में विश्वास करते हैं।

बाजार में उथल-पुथल और आर्थिक अनिश्चितता के दौरान धैर्य बनाए रखने की निक ट्रेन की क्षमता उसके ग्राहकों के लिए लगातार रिटर्न हासिल करने में एक महत्त्वपूर्ण कारक रही है।

परिवर्तन और नव-प्रवर्तन को अपनाना

जबकि निक ट्रेन पारंपरिक मूल्य निवेश सिद्धांतों के पालन के लिए जाने जाते हैं, फिर भी उन्हें बदलाव और नवाचार को अपनाने से कोई गुरेज नहीं है। वह उभरते बाजार की गतिशीलता और व्यवसायों पर तकनीकी प्रगति के प्रभाव को अपनाने के महत्त्व को पहचानते हैं।

निक ट्रेन की उन कंपनियों की पहचान करने की क्षमता, जो बदलाव के अनुकूल हो सकती हैं और उभरते रुझानों का लाभ उठा सकती हैं, उनकी निवेश शैली की पहचान रही है।

कंपनी प्रबंधन का महत्त्व

निवेश निर्णय लेते समय निक ट्रेन कंपनी प्रबंधन की गुणवत्ता को महत्त्वपूर्ण महत्त्व देते हैं। वह दीर्घकालिक दृष्टि, सत्यनिष्ठा और वादों को पूरा करने के ट्रैक रिकॉर्ड वाली प्रबंधन टीमों की तलाश में रहते हैं।

असाधारण प्रबंधन वाली कंपनियों में निवेश करने में निक ट्रेन के दृढ़ विश्वास ने चुनौतीपूर्ण आर्थिक समय के दौरान उनके पोर्टफोलियो के लचीलेपन में योगदान दिया है।

केंद्रित पोर्टफोलियो की कला

कई फंड मैनेजर्स के विपरीत, जो कई शेयरों में विविधता लाते हैं, निक ट्रेन केंद्रित पोर्टफोलियो के समर्थक हैं। उनका मानना है कि एक केंद्रित पोर्टफोलियो उन्हें प्रत्येक होल्डिंग की गहरी समझ रखने और दृढ़ विश्वास के साथ निवेश करने की अनुमति देता है।

उच्च विश्वास वाले निवेश विचारों की पहचान करने की निक ट्रेन की क्षमता उनकी निवेश सफलता की प्रमुख चालक रही है।

विरासत

शेयर बाजार के एक उत्साही पर्यवेक्षक से वैश्विक शीर्ष शेयर बाजार दिग्गज तक निक ट्रेन की यात्रा मूल्य निवेश सिद्धांतों और अनुशासित निर्णय लेने के प्रति उनकी अटूट प्रतिबद्धता का प्रमाण है।

उच्च-गुणवत्ता वाले व्यवसायों की पहचान करने, धैर्य रखने और परिवर्तन को अपनाने की उनकी क्षमता ने एक निवेशक के रूप में उल्लेखनीय सफलता हासिल की है। चूँकि निवेशक एवं वित्तीय पेशेवर निक ट्रेन के जीवन और निवेश दर्शन से प्रेरणा लेना जारी रखे हुए हैं, शेयर बाजार के उस्ताद के रूप में उनकी विरासत आने वाली पीढ़ियों तक कायम रहेगी।

दीर्घकालिक मूल्य-निर्माण, अनुशासित निवेश और उत्कृष्टता की खोज के लिए ट्रेन का समर्पण वित्त एवं निवेश की गतिशील दुनिया में सफलता के लिए एक

मानक स्थापित करता है। जैसे-जैसे वित्त उद्योग विकसित हो रहा है, निक ट्रेन के धैर्य, दृढ़ विश्वास एवं अखंडता के सिद्धांत कालातीत बने हुए हैं और शेयर बाजार में सफलता हासिल करने के इच्छुक निवेशकों के लिए मार्गदर्शक सिद्धांतों के रूप में काम करते रहेंगे।

□

निक लीसन

25 फरवरी, 1967 को जनमे निक लीसन 1990 के दशक के दौरान शेयर बाजार में एक डेरिवेटिव ट्रेडर के रूप में प्रमुखता से उभरे। उनकी उल्लेखनीय ट्रेडिंग सफलताओं और 'बैरिंग्स बैंक' में जबरदस्त वृद्धि ने उन्हें वित्त की दुनिया में एक उभरता हुआ सितारा बना दिया। हालाँकि, उनका गिरना उतना ही नाटकीय था, जब उनकी अनधिकृत ट्रेडिंग गतिविधियाँ सन् 1995 में 'बैरिंग्स बैंक' के पतन का कारण बनीं। उनके कार्यों को लेकर बदनामी के बावजूद निक लीसन की कहानी शेयर बाजार में अनियंत्रित जोखिम लेने के खतरों के बारे में एक सतर्क कहानी बनी हुई है।

प्रारंभिक जीवन और शिक्षा

वित्त और निवेश में निक लीसन की रुचि कम उम्र में ही शुरू हो गई थी। इंग्लैंड के वॉटफोर्ड में जनमे, लंदन स्कूल ऑफ इकोनॉमिक्स (एल.एस.ई.) में पढ़ाई के दौरान उनका वित्तीय बाजारों की दुनिया से परिचय हुआ।

अपनी शिक्षा पूरी करने के बाद लीसन ने कॉउट्स एंड कंपनी में एक क्लर्क के रूप में अपना कॅरियर शुरू किया और बाद में मॉर्गन स्टेनली चले गए, जहाँ उन्होंने वित्तीय उद्योग में मूल्यवान् अनुभव प्राप्त किया।

'बैरिंग्स बैंक' वर्ष

सन् 1989 में निक लीसन अठारहवीं शताब्दी के समृद्ध इतिहास वाले एक प्रतिष्ठित ब्रिटिश वित्तीय संस्थान 'बैरिंग्स बैंक' में शामिल हो गए। बैरिंग्स में उनके

शुरुआती वर्षों में तेजी से प्रगति हुई और जल्द ही उन्हें इसके सिंगापुर कार्यालय में नियुक्त किया गया, जहाँ उन्होंने ग्राहकों के खातों का प्रबंधन किया।

बैरिंग्स में लीसन के कॅरियर में एक महत्त्वपूर्ण मोड़ आया, जब उन्हें सिंगापुर इंटरनेशनल मॉनेटरी एक्सचेंज (SIMEX) में बैंक के वायदा और विकल्प ट्रेडिंग संचालन का प्रबंधन करने के लिए नियुक्त किया गया।

'88888' खाता

सिंगापुर में 'बैरिंग्स' के ट्रेडिंग कार्यों की देखरेख करते हुए निक लीसन ने '88888' क्रमांक वाला एक अनधिकृत खाता स्थापित किया। यह खाता वह साधन बन गया, जिसके माध्यम से उन्होंने जोखिम भरे और सट्टा व्यापारों की एक श्रृंखला को अंजाम दिया तथा पहले के निवेश में हुए नुकसान से महत्त्वपूर्ण नुकसान की भरपाई करने का प्रयास किया।

उनके अनधिकृत व्यापार का आकार तेजी से बढ़ गया, जिससे घाटा बढ़ गया, जिसे लीसन ने बैंक के प्रबंधन से छुपाने की भरसक कोशिश की।

'बैरिंग्स बैंक' का पतन

जैसे-जैसे निक लीसन की अनधिकृत व्यापारिक गतिविधियों से घाटा बढ़ता गया, उन्होंने लेखांकन युक्तियों और फर्जी दस्तावेजों का उपयोग करके घाटे की सीमा को छिपाने का प्रयास किया। अपनी गतिविधियों को छुपाने के उनके प्रयासों के बावजूद बढ़ता घाटा टिकाऊ साबित नहीं हुआ और अंततः फरवरी 1995 में 'बैरिंग्स बैंक' के पतन का कारण बना।

बैंक की विफलता ने वित्तीय जगत् को स्तब्ध कर दिया, जिससे दुनिया के सबसे पुराने एवं सबसे प्रतिष्ठित वित्तीय संस्थानों में से एक में निगरानी और जोखिम प्रबंधन की कमी का पता चला।

परिणाम और गिरफ्तारी

'बैरिंग्स बैंक' के पतन के बाद निक लीसन जर्मनी के फ्रैंकफर्ट में गिरफ्तार होने से पहले मलेशिया भाग गए। धोखाधड़ी और जालसाजी के आरोपों का सामना करने के लिए उन्हें सिंगापुर प्रत्यर्पित किया गया, जिसके कारण उन्हें साढ़े छह साल की जेल की सजा हुई।

'बैरिंग्स बैंक' के पतन, जिसके परिणामस्वरूप 80 करोड़ पाउंड से अधिक

का नुकसान हुआ, ने वित्तीय उद्योग को सदमे में डाल दिया और इसने शेयर बाजार में जोखिम प्रबंधन तथा जवाबदेही के महत्त्व पर प्रकाश डाला।

चिंतन और मुक्ति

जेल में अपने समय के दौरान निक लीसन ने अपने कार्यों और अपने अनियंत्रित जोखिम लेने के परिणामों पर विचार किया। उन्होंने अपने कार्यों की जिम्मेदारी लेनी शुरू कर दी और स्वीकार किया कि उनके कार्यों से 'बैरिंग्स बैंक' के कर्मचारियों एवं शेयरधारकों सहित कई हितधारकों को नुकसान हुआ है।

जेल के बाद का जीवन

सन् 1999 में जेल से रिहा होने पर निक लीसन ने अपने जीवन के पुनर्निर्माण पर ध्यान केंद्रित किया। जोखिम-प्रबंधन और अनुपालन पर एक प्रेरक वक्ता व सलाहकार के रूप में काम करते हुए उन्होंने अपने अनुभवों और अपने पतन से सीखे गए सबक को साझा करना शुरू कर दिया।

लीसन की मुक्ति की कहानी और शेयर बाजार में नैतिक व्यवहार के महत्त्व को दुनिया भर के दर्शकों ने पसंद किया।

लीसन केस से सबक

निक लीसन मामला वित्तीय जगत् में एक महत्त्वपूर्ण केस स्टडी बना हुआ है। यह अनियंत्रित जोखिम लेने के खतरों, पारदर्शिता और जवाबदेही के महत्त्व तथा वित्तीय संस्थानों में मजबूत जोखिम-प्रबंधन प्रक्रियाओं की महत्त्वपूर्ण आवश्यकता पर प्रकाश डालता है।

उनकी कहानी अनैतिक व्यवहार के संभावित परिणामों और ऐसे कार्यों के वैश्विक वित्तीय प्रणाली पर पड़ने वाले प्रभाव की याद दिलाती है।

सबक

शेयर बाजार में एक उभरते सितारे से एक कुख्यात भ्रष्ट व्यापारी तक निक लीसन की यात्रा अनियंत्रित महत्त्वाकांक्षा और जोखिम लेने के खतरों की एक सावधान कहानी के रूप में कार्य करती है। 'बैरिंग्स बैंक' में उनके कार्यों से भारी वित्तीय हानि हुई और प्रतिष्ठा को नुकसान पहुँचा तथा वित्तीय उद्योग को झटका लगा।

जैसा कि निवेशक और वित्तीय पेशेवर लीसन मामले के सबक से सीखते रहते हैं, उनकी कहानी शेयर बाजार में ईमानदारी, पारदर्शिता और प्रभावी जोखिम-प्रबंधन के महत्त्व की याद दिलाती है। 'बैरिंग्स बैंक' के पतन का कारण बनी विफलताओं को समझकर और उनका समाधान करके वित्त उद्योग इसी तरह की घटनाओं को रोकने तथा जिम्मेदार एवं नैतिक निवेश के सिद्धांतों को बनाए रखने का प्रयास कर सकता है।

□

नील वुडफोर्ड

26 मार्च, 1960 को जनमे नील वुडफोर्ड एक दूरदर्शी फंड मैनेजर और शेयर बाजार गुरु हैं। दशकों के कॅरियर के साथ वुडफोर्ड ने यूनाइटेड किंगडम में सबसे सफल व प्रभावशाली निवेशकों में से एक के रूप में ख्याति अर्जित की है। उनके असाधारण निवेश कौशल, मजबूत विरोधाभासी दृष्टिकोण और उनके निवेश सिद्धांतों में अटूट विश्वास ने उन्हें वैश्विक शीर्ष शेयर बाजार दिग्गज के रूप में स्थापित किया है।

प्रारंभिक जीवन और शिक्षा

नील वुडफोर्ड का वित्त और निवेश के प्रति जुनून उनके प्रारंभिक जीवन में ही जगमगा उठा। बर्कशायर, इंग्लैंड में पले-बढ़े उन्होंने गणित और अर्थशास्त्र में रुचि विकसित की, जिसने वित्त के क्षेत्र में उनके भविष्य के कॅरियर की नींव रखी।

वुडफोर्ड ने एक्सेटर विश्वविद्यालय से अर्थशास्त्र और कृषि अर्थशास्त्र में डिग्री हासिल की, जहाँ उन्होंने अपने विश्लेषणात्मक कौशल को निखारा और बाजार की गतिशीलता की गहरी समझ हासिल की।

शेयर बाजार में प्रवेश

अपनी शिक्षा पूरी करने के बाद नील वुडफोर्ड ने सन् 1987 में निवेश प्रबंधन फर्म 'टी. रोवे प्राइस' में एक फंड मैनेजर के रूप में अपना कॅरियर शुरू किया। इस प्रतिष्ठित फर्म में अपने कार्यकाल के दौरान उन्होंने अपने निवेश दर्शन को परिष्कृत किया और एक विपरीत निवेशक के रूप में अपने कौशल को निखारा।

बाजार के उतार-चढ़ाव को समझने और कम मूल्य वाले शेयरों की पहचान

करने में वुडफोर्ड की शुरुआती सफलता ने शेयर बाजार में उनकी भविष्य की उपलब्धियों के लिए मंच तैयार किया।

वुडफोर्ड निवेश दर्शन

नील वुडफोर्ड का निवेश दर्शन दीर्घकालिक मूल्य निवेश पर आधारित है। वह स्थायी प्रतिस्पर्धी लाभ और उत्कृष्ट प्रबंधन टीमों के साथ मजबूत तथा नकदी पैदा करने वाले व्यवसायों में निवेश करने में विश्वास करते हैं। वुडफोर्ड को उनके विरोधाभासी दृष्टिकोण के लिए जाना जाता है, जो अकसर उन कंपनियों में निवेश करते हैं, जो बाजार के अनुकूल नहीं हैं, लेकिन मजबूत बुनियादी बातों और विकास की क्षमता रखती हैं।

नापसंद क्षेत्रों में अवसरों की पहचान करने और संदेह की स्थिति में भी अपने विश्वास पर कायम रहने की उनकी क्षमता उनकी निवेश शैली की पहचान रही है।

वुडफोर्ड इन्वेस्टमेंट मैनेजमेंट का शुभारंभ

सन् 2014 में 'टी. रोवे प्राइस' में लगभग तीन दशकों के बाद नील वुडफोर्ड ने अपनी निवेश प्रबंधन फर्म 'वुडफोर्ड इन्वेस्टमेंट मैनेजमेंट' की स्थापना की। फर्म का लक्ष्य निवेशकों को उनके अद्वितीय निवेश दृष्टिकोण और विशेषज्ञता तक पहुँच प्रदान करना है।

'वुडफोर्ड इक्विटी इन्कम फंड' के लॉन्च ने महत्त्वपूर्ण ध्यान आकर्षित किया और फंड ने तुरंत व्यक्तिगत एवं संस्थागत निवेशकों से पर्याप्त संपत्ति आकर्षित की।

वुडफोर्ड इक्विटी इन्कम फंड

'वुडफोर्ड इक्विटी इन्कम फंड' 'वुडफोर्ड इन्वेस्टमेंट मैनेजमेंट' का प्रमुख फंड बन गया, जिसने प्रबंधन के तहत अरबों की संपत्ति को आकर्षित किया। फंड की सफलता एक शीर्ष फंड मैनेजर के रूप में नील वुडफोर्ड की प्रतिष्ठा और निवेशकों के लिए लगातार रिटर्न देने के उनके ट्रैक रिकॉर्ड का प्रमाण थी।

चुनौतियाँ और विवाद

अपनी शुरुआती सफलता के बावजूद नील वुडफोर्ड को अपने कॅरियर में बाद में चुनौतियों का सामना करना पड़ा। सन् 2019 में 'वुडफोर्ड इक्विटी इन्कम फंड'

को लिक्विडिटी के मुद्दों का सामना करना पड़ा, जिसके कारण उसे निलंबित कर दिया गया। अ-नकदी परिसंपत्तियाँ और गैर-सूचीबद्ध शेयरों में फंड की हिस्सेदारी जाँच के दायरे में आ गई, जिससे आलोचना और विवाद छिड़ गया।

नील वुडफोर्ड की विरासत

एक दूरदर्शी फंड मैनेजर और शेयर बाजार गुरु के रूप में नील वुडफोर्ड की यात्रा निवेश उद्योग में एक गहरी विरासत छोड़ती है। निवेशकों के लिए महत्त्वपूर्ण रिटर्न उत्पन्न करने की उनकी क्षमता, विशेष रूप से चुनौतीपूर्ण बाजार स्थितियों के दौरान, से उन्हें व्यापक पहचान और सम्मान मिला।

वुडफोर्ड का विरोधाभासी दृष्टिकोण एवं अनुशासित निवेश के प्रति प्रतिबद्धता निवेश समुदाय को प्रभावित करती है और निवेशकों की नई पीढ़ी को प्रेरित करती है।

परोपकार और वापस देना

अपनी निवेश सफलता के अलावा नील वुडफोर्ड परोपकार के लिए समर्पित हैं। वह धर्मार्थ प्रयासों, स्वास्थ्य देखभाल, शिक्षा और पर्यावरण संरक्षण से संबंधित कार्यों का समर्थन करने में सक्रिय रूप से शामिल हैं।

समाज को वापस लौटाने की उनकी प्रतिबद्धता दूसरों के जीवन पर सकारात्मक प्रभाव डालने के लिए अपनी सफलता का उपयोग करने में उनके विश्वास को दरशाती है।

नील वुडफोर्ड का भविष्य

एक दूरदर्शी फंड मैनेजर और शेयर बाजार गुरु के रूप में नील वुडफोर्ड की यात्रा-उत्कृष्टता और मूल्य-सृजन की निरंतर खोज है। अपने कॅरियर में चुनौतियों का सामना करने के बावजूद निवेश उद्योग पर उनका प्रभाव और वैश्विक शीर्ष शेयर बाजार दिग्गज के रूप में उनकी विरासत आने वाले वर्षों तक कायम रहेगी।

वुडफोर्ड की विरोधाभासी भावना, अटूट विश्वास और अनुशासित निवेश के प्रति प्रतिबद्धता निवेश समुदाय पर एक स्थायी छाप छोड़ती है तथा वित्त एवं निवेश की गतिशील दुनिया में सफलता हासिल करने के इच्छुक निवेशकों के लिए एक प्रेरणा के रूप में काम करती है।

□

नेमिष एस. शाह

15 मई, 1968 को जनमे नेमिष एस. शाह एक दूरदर्शी निवेश रणनीतिकार और शेयर बाजार के दिग्गज हैं। तीन दशकों से अधिक के कॅरियर के साथ शाह ने खुद को एक शीर्ष प्रदर्शन करने वाले निवेशक और भारतीय शेयर बाजार में अग्रणी के रूप में स्थापित किया है। उनकी नवीन निवेश रणनीतियों, अनुसंधान-संचालित निर्णयों के प्रति प्रतिबद्धता और सफलता के उल्लेखनीय ट्रैक रिकॉर्ड ने उन्हें वैश्विक शीर्ष शेयर बाजार दिग्गजों में स्थान दिलाया है।

प्रारंभिक जीवन और शिक्षा

नेमिष एस. शाह का वित्त एवं निवेश के प्रति जुनून कम उम्र में ही शुरू हो गया था। भारत के मुंबई में पले-बढ़े वह अपनी पारिवारिक पृष्ठभूमि से ही ट्रेडिंग की दुनिया और शेयर बाजार की गतिशीलता से परिचित हुए। उनके पिता, जो एक स्टॉक ब्रोकर थे, ने उन्हें वित्तीय अनुशासन और चतुर निवेश निर्णयों का महत्त्व सिखाया।

शाह ने वित्त एवं अर्थशास्त्र में डिग्री हासिल की, जिससे उनके विश्लेषणात्मक कौशल तथा आर्थिक सिद्धांतों की समझ और मजबूत हुई।

शेयर बाजार में प्रवेश

अपनी शिक्षा पूरी करने के बाद नेमिष एस. शाह ने सार्थक प्रभाव डालने के दृढ़ संकल्प के साथ शेयर बाजार में प्रवेश किया। सन् 1990 में उन्होंने एक निवेश बैंकिंग और ब्रोकिंग फर्म 'एनाम होल्डिंग्स' की सह-स्थापना की। उनके नेतृत्व में फर्म ने तेजी से अपनी पहुँच का विस्तार किया और भारतीय वित्तीय उद्योग में एक प्रमुख खिलाड़ी बन गई।

शाह की चतुराईपूर्ण निर्णय लेने और निवेश के अवसरों की पहचान करने की क्षमता ने उन्हें शेयर बाजार में सफलता की राह पर अग्रसर किया।

'एनविजन कैपिटल' की उत्पत्ति

सन् 2005 में नेमिष एस. शाह ने मूल्य निवेश पर केंद्रित एक परिसंपत्ति प्रबंधन कंपनी 'एनविजन कैपिटल' की स्थापना की। फर्म का निवेश दर्शन गहन शोध, दीर्घकालिक परिप्रेक्ष्य और निवेश के लिए अनुशासित दृष्टिकोण पर केंद्रित है।

टिकाऊ विकास की संभावनाओं और विवेकपूर्ण जोखिम-प्रबंधन के साथ उच्च गुणवत्ता वाले व्यवसायों पर 'एनविजन कैपिटल' के फोकस ने बेहतर रिटर्न चाहने वाले निवेशकों का ध्यान तुरंत आकर्षित किया।

कल्पना पूँजी निवेश दर्शन

'एनविजन कैपिटल' में नेमिष एस. शाह का निवेश दर्शन मूल्य निवेश सिद्धांतों में गहराई से निहित है। वह ठोस बुनियादी सिद्धांतों, मजबूत नकदी प्रवाह और मजबूत प्रतिस्पर्धी लाभ के साथ कम मूल्य वाले शेयरों की पहचान करने में विश्वास करते हैं।

शाह की कठोर अनुसंधान प्रक्रिया में कंपनी की वित्तीय स्थिति में गहराई से उतरना, उद्योग की गतिशीलता को समझना और सूचित निवेश निर्णय लेने के लिए व्यापक प्रबंधन बैठकें आयोजित करना शामिल है।

बाजार-चक्र और अस्थिरता से निपटना

अपने पूरे कॅरियर के दौरान नेमिष एस. शाह ने विभिन्न बाजार-चक्रों और अनिश्चितताओं को सफलतापूर्वक पार किया है। अपने निवेश सिद्धांतों के प्रति उनकी दृढ़ प्रतिबद्धता और जोखिम-प्रबंधन के प्रति अनुशासित दृष्टिकोण ने अशांत समय के दौरान पूँजी को संरक्षित करने में महत्त्वपूर्ण भूमिका निभाई है।

दीर्घकालिक उद्देश्यों पर ध्यान केंद्रित रखने और आवश्यकता पड़ने पर रणनीतिक पोर्टफोलियो समायोजन करने की शाह की क्षमता ने उनके निरंतर प्रदर्शन में योगदान दिया है।

शिक्षा के माध्यम से निवेशकों को सशक्त बनाना

एक निवेशक के रूप में अपनी सफलता के अलावा नेमिष एस. शाह

शिक्षा के माध्यम से निवेशकों को सशक्त बनाने के लिए प्रतिबद्ध हैं। वह निवेश सम्मेलनों, सेमिनारों और शैक्षिक मंचों पर एक सक्रिय वक्ता हैं। वह निवेश समुदाय के साथ अपने ज्ञान एवं अंतर्दृष्टि को साझा करते हैं।

वित्तीय शिक्षा के प्रति शाह का समर्पण शेयर बाजार में दीर्घकालिक सफलता चाहने वाले निवेशकों के लिए सूचित निर्णय लेने के महत्त्व में उनके विश्वास को दरशाता है।

मान्यता एवं पुरस्कार

नेमिष एस. शाह के उत्कृष्ट निवेश ट्रैक रिकॉर्ड और शेयर बाजार में योगदान ने उन्हें वित्तीय उद्योग से मान्यता व प्रशंसा दिलाई है। उन्हें प्रतिष्ठित वित्तीय मीडिया आउटलेट्स में दिखाया गया है और उनकी निवेश विशेषज्ञता के लिए उन्हें प्रतिष्ठित पुरस्कार प्राप्त हुए हैं।

परोपकार और वापस देना

नेमिष एस. शाह परोपकार और समाज को वापस लौटाने के लिए गहराई से प्रतिबद्ध हैं। वह शिक्षा, स्वास्थ्य देखभाल और वंचित समुदायों को सशक्त बनाने पर ध्यान देने के साथ सक्रिय रूप से धर्मार्थ कार्यों का समर्थन करते हैं।

परोपकार और सामाजिक जिम्मेदारी के प्रति उनका समर्पण दूसरों के जीवन पर सकारात्मक प्रभाव डालने के लिए अपनी सफलता का उपयोग करने में उनके विश्वास का उदाहरण देता है।

नेमिष एस. शाह का भविष्य

एक दूरदर्शी निवेश रणनीतिकार और शेयर बाजार के दिग्गज के रूप में नेमिष शाह की यात्रा निवेश उद्योग को प्रेरित करने तथा आकार देने के लिए जारी है। अनुशासित निवेश, अनुसंधान-संचालित निर्णय और निवेशकों को सशक्त बनाने के प्रति उनकी अटूट प्रतिबद्धता यह सुनिश्चित करती है कि वैश्विक शीर्ष शेयर बाजार दिग्गज के रूप में उनकी विरासत आने वाले वर्षों तक कायम रहेगी।

अपने नेतृत्व, दूरदर्शिता और परोपकार के माध्यम से नेमिष ने शेयर बाजार में उत्कृष्टता के लिए एक मानदंड स्थापित किया है, जो वित्त और निवेश की गतिशील दुनिया में सफलता चाहने वाले निवेशकों के लिए एक मार्गदर्शक के रूप में कार्य करता है। □

पॉल ट्यूडर जोन्स

पॉल ट्यूडर जोन्स, जिनका जन्म 28 सितंबर, 1954 को हुआ, एक प्रसिद्ध हेज फंड मैनेजर और शेयर मार्केट टायकून हैं। अपने असाधारण ट्रेडिंग कौशल और निवेश समय के पारखी के रूप में प्रसिद्ध जोन्स ने वैश्विक वित्तीय परिदृश्य पर एक अमिट छाप छोड़ी है। निवेश उत्कृष्टता, जोखिम-प्रबंधन कौशल और परोपकारी प्रयासों की उनकी निरंतर खोज ने उन्हें वैश्विक शीर्ष शेयर बाजार दिग्गजों में स्थान दिलाया है।

प्रारंभिक जीवन और शिक्षा

पॉल ट्यूडर जोन्स की वित्त और निवेश में रुचि मेम्फिस, टेनेसी, अमेरिका में उनके बचपन के दौरान जागी। वित्त की दुनिया से आकर्षित होकर उन्होंने कम उम्र में ही 'द वॉल स्ट्रीट जर्नल' पढ़ना शुरू कर दिया। उन्होंने गणित में भी गहरी रुचि विकसित की, जो बाद में उनके ट्रेडिंग कॅरियर में एक मूल्यवान् संपत्ति साबित हुई।

जोन्स ने वर्जीनिया विश्वविद्यालय में दाखिला लिया, जहाँ उन्होंने अर्थशास्त्र का अध्ययन किया और शेयर बाजार के लिए अपने जुनून को विकसित करना जारी रखा।

कॅरियर की शुरुआत

अपनी शिक्षा पूरी करने के बाद पॉल ट्यूडर जोन्स ने ई.एफ. हटन, न्यूयॉर्क में एक कमोडिटी ब्रोकर के रूप में अपना कॅरियर शुरू किया। उन्होंने कमोडिटी बाजारों में बहुमूल्य अनुभव तथा अंतर्दृष्टि प्राप्त की, अपने ट्रेडिंग कौशल को

निखारा और बाजार की गतिशीलता की गहरी समझ विकसित की।

कमोडिटी ट्रेडिंग में जोन्स की शुरुआती सफलता ने एक सफल हेज फंड मैनेजर के रूप में उनके भविष्य के कॅरियर की नींव रखी।

ट्यूडर इन्वेस्टमेंट कॉरपोरेशन की स्थापना

सन् 1980 में पॉल ट्यूडर जोन्स ने एक हेज फंड मैनेजर फर्म 'ट्यूडर इन्वेस्टमेंट कॉरपोरेशन' की स्थापना की। जोन्स की अनूठी ट्रेडिंग शैली, जिसने तकनीकी विश्लेषण को व्यापक आर्थिक रुझानों के साथ जोड़ा, ने उन्हें तुरंत अपने साथियों से अलग कर दिया।

बाजार के बदलावों का अनुमान लगाने और रुझानों का लाभ उठाने की उनकी अद्भुत क्षमता ने उन्हें दुनिया के सबसे प्रतिभाशाली ट्रेडर्स में से एक के रूप में ख्याति दिलाई।

ब्लैक मंडे का आनंद

पॉल ट्यूडर जोन्स की सबसे उल्लेखनीय उपलब्धि अक्तूबर 1987 के स्टॉक मार्केट क्रैश के दौरान आई, जिसे आमतौर पर 'ब्लैक मंडे' के रूप में जाना जाता है। जबकि कई निवेशकों को भारी नुकसान उठाना पड़ा, जोन्स असाधारण कौशल और अंतर्दृष्टि के साथ बाजार की उथल-पुथल से निपटने में कामयाब रहे।

उनकी फर्म 'ट्यूडर इन्वेस्टमेंट कॉरपोरेशन' ने कथित तौर पर दुर्घटना के दौरान महत्त्वपूर्ण मुनाफा कमाया, जिससे एक कुशल जोखिम प्रबंधक और ट्रेडर के रूप में जोन्स की प्रतिष्ठा मजबूत हुई।

वैश्विक मैक्रो दृष्टिकोण

पॉल ट्यूडर जोन्स ट्रेडिंग के प्रति अपने वैश्विक व्यापक दृष्टिकोण के लिए प्रसिद्ध हैं। वह व्यापक आर्थिक संकेतकों, ब्याज दरों, राजनीतिक घटनाओं और वित्तीय बाजारों को प्रभावित करने वाले अन्य कारकों पर बारीकी से नजर रखते हैं।

व्यापक आर्थिक रुझानों को पहचानने और उनका लाभ उठाने की उनकी क्षमता उनके निवेशकों के लिए लगातार रिटर्न हासिल करने में सहायक रही है।

रॉबिन हुड फाउंडेशन

अपनी निवेश सफलता के अलावा पॉल ट्यूडर जोन्स परोपकार के लिए

समर्पित हैं। उन्होंने 'रॉबिन हुड फाउंडेशन' की सह-स्थापना की, जो एक गैर-लाभकारी संगठन है, जो न्यूयॉर्क शहर में गरीबी-उन्मूलन पर केंद्रित है। फाउंडेशन उन कार्यक्रमों को वित्त-पोषित करता है, जो जरूरतमंद लोगों को शिक्षा, स्वास्थ्य देखभाल और नौकरी प्रशिक्षण प्रदान करते हैं।

समाज को वापस लौटाने की जोन्स की प्रतिबद्धता दूसरों के जीवन पर सकारात्मक प्रभाव डालने के लिए अपनी सफलता का उपयोग करने में उनके विश्वास को दरशाती है।

बाजार मनोविज्ञान और व्यापार दर्शन

पॉल ट्यूडर जोन्स बाजार मनोविज्ञान और वित्तीय बाजारों पर मानवीय भावनाओं के प्रभाव पर बहुत जोर देते हैं। वह अपने प्रसिद्ध उद्धरण के लिए जाने जाते हैं—"ट्रेडिंग का सबसे महत्त्वपूर्ण नियम रक्षात्मक खेलना है, आक्रामक नहीं।"

जोन्स का ट्रेडिंग दर्शन शेयर बाजार की अंतर्निहित अस्थिरता से निपटने में जोखिम-प्रबंधन और अनुशासन के महत्त्व पर जोर देता है।

बाजार की दुर्घटनाओं से सबक

अपने पूरे कॅरियर के दौरान पॉल ट्यूडर जोन्स ने कई बाजार दुर्घटनाओं और आर्थिक मंदी का सामना किया है। वह ऐसे वातावरण में फलने-फूलने की अपनी क्षमता का श्रेय अनुशासित निवेश और कठोर जोखिम-प्रबंधन के प्रति अपनी प्रतिबद्धता को देते हैं।

बाजार में गिरावट के दौरान उनके अनुभवों ने उनके निवेश दृष्टिकोण को आकार दिया और अशांति के समय जमीन पर बने रहने के महत्त्व को मजबूत किया।

विरासत

शेयर बाजार से आकर्षित एक युवा लड़के से वैश्विक शीर्ष शेयर बाजार दिग्गज तक पॉल ट्यूडर जोन्स की यात्रा दृढ़ संकल्प, कौशल और नवीनता की शक्ति का एक प्रमाण है। उनके असाधारण ट्रेडिंग कौशल, वैश्विक व्यापक दृष्टिकोण और परोपकारी प्रयासों ने उन्हें वित्तीय उद्योग में श्रद्धा का स्थान दिलाया है।

चूँकि निवेशक एवं वित्तीय पेशेवर पॉल ट्यूडर जोन्स के जीवन और ट्रेडिंग दर्शन से प्रेरणा लेना जारी रखे हैं, एक प्रसिद्ध हेज फंड मैनेजर तथा शेयर बाजार दिग्गज के रूप में उनकी विरासत आने वाली पीढ़ियों तक कायम रहेगी। शेयर बाजार और समाज पर उनका गहरा प्रभाव वित्त एवं निवेश की गतिशील दुनिया में उत्कृष्टता हासिल करने के इच्छुक लोगों के लिए एक मार्गदर्शक के रूप में कार्य करता है।

□

पॉल सैमुएलसन

पॉल एंथोनी सैमुएलसन, जिनका जन्म 15 मई, 1915 को हुआ था, एक अग्रणी अर्थशास्त्री और शेयर बाजार प्रर्वतक थे। बीसवीं सदी के सबसे प्रभावशाली अर्थशास्त्रियों में से एक माने जाने वाले सैमुएलसन के आर्थिक सिद्धांत और वित्त में अभूतपूर्व योगदान ने वैश्विक वित्तीय परिदृश्य पर एक अमिट छाप छोड़ी है। उनकी असाधारण बुद्धि, अनुसंधान के प्रति समर्पण और आर्थिक विचारों को आगे बढ़ाने की प्रतिबद्धता ने उन्हें वैश्विक शीर्ष शेयर बाजार दिग्गजों में स्थान दिलाया।

प्रारंभिक जीवन और शिक्षा

पॉल सैमुएलसन की अर्थशास्त्र में रुचि बचपन के दौरान गैरी, इंडियाना में जागी थी। महामंदी के दौरान बड़े होते हुए उन्होंने रोजमर्रा की जिंदगी पर आर्थिक उतार-चढ़ाव के प्रभाव को प्रत्यक्ष रूप से देखा। इस अनुभव ने अर्थव्यवस्था की कार्य-प्रणाली और आर्थिक संकटों के प्रबंधन में सरकार की भूमिका के बारे में उनकी जिज्ञासा जगाई।

सैमुएलसन ने शिकागो विश्वविद्यालय एवं हार्वर्ड विश्वविद्यालय में उच्च शिक्षा प्राप्त की, जहाँ उन्होंने आर्थिक सिद्धांत और मात्रात्मक तरीकों की गहरी समझ विकसित की।

आर्थिक सिद्धांत में योगदान

आर्थिक सिद्धांत में पॉल सैमुएलसन का पहला बड़ा योगदान सन् 1947 में उनकी पुस्तक 'फाउंडेशन ऑफ इकोनॉमिक एनालिसिस' के प्रकाशन के साथ आया। इस मौलिक कार्य में उन्होंने आधुनिक सूक्ष्म अर्थशास्त्र की नींव रखते

हुए गणितीय पद्धतियों को आर्थिक विश्लेषण में एकीकृत किया। उनके नवोन्मेषी दृष्टिकोण ने आर्थिक क्षेत्र में क्रांति ला दी और एक अग्रणी अर्थशास्त्री के रूप में उनकी स्थिति मजबूत हुई।

कीनेसियन क्रांति

पॉल सैमुएलसन ने ब्रिटिश अर्थशास्त्री जॉन मेनार्ड कींस के विचारों को संयुक्त राज्य अमेरिका में लोकप्रिय बनाने में महत्त्वपूर्ण भूमिका निभाई। उन्होंने मंदी या मुद्रास्फीति की अवधि के दौरान अर्थव्यवस्था को स्थिर करने के लिए सरकारी हस्तक्षेप और राजकोषीय नीतियों की वकालत करते हुए 'कीनेसियन अर्थशास्त्र' को अमेरिकी संदर्भ में अनुकूलित किया।

उनकी प्रभावशाली पाठ्य पुस्तक 'इकोनॉमिक्स : एन इंट्रोडक्टरी एनालिसिस' पहली बार सन् 1948 में प्रकाशित हुई, जिसने दुनिया भर के छात्रों की पीढ़ियों को 'केनेसियन अर्थशास्त्र' से परिचित कराया।

कुशल बाजार परिकल्पना

1960 के दशक में पॉल सैमुएलसन ने कुशल बाजार परिकल्पना (ई.एम. एच.) पर अपने कार्य के माध्यम से वित्त में महत्त्वपूर्ण योगदान दिया। उन्होंने इस विचार की खोज की कि वित्तीय बाजार कुशलतापूर्वक सभी उपलब्ध सूचनाओं को प्रतिबिंबित करते हैं, जिससे सक्रिय स्टॉक चयन के माध्यम से बाजार से लगातार बेहतर प्रदर्शन करना असंभव हो जाता है।

ई.एम.एच. ने निवेश उद्योग में क्रांति लाते हुए इंडेक्स फंड और निष्क्रिय निवेश के विकास की नींव रखी।

आर्थिक विज्ञान में 'नोबेल पुरस्कार'

सन् 1970 में पॉल सैमुएलसन को आर्थिक सिद्धांत में उनके योगदान और बाजार कैसे काम करते हैं, इसकी समझ को आगे बढ़ाने के लिए अल्फ्रेड नोबेल (आमतौर पर 'अर्थशास्त्र में नोबेल पुरस्कार' के रूप में जाना जाता है) की स्मृति में आर्थिक विज्ञान में 'स्वेरिजेस रिक्सबैंक पुरस्कार' से सम्मानित किया गया।

'नोबेल पुरस्कार' ने अपने समय के अग्रणी अर्थशास्त्रियों में से एक के रूप में उनकी प्रतिष्ठा को और मजबूत किया।

शिक्षण और मार्गदर्शन

अपने पूरे कॅरियर के दौरान पॉल सैमुएलसन अपनी असाधारण शिक्षण क्षमताओं के लिए प्रसिद्ध रहे। उन्होंने अनगिनत छात्रों को महत्त्वपूर्ण सोच कौशल और आर्थिक घटनाओं में गहरी अंतर्दृष्टि विकसित करने के लिए मार्गदर्शन करते हुए प्रेरित किया।

उनके कई छात्र उनकी बौद्धिक विरासत को आगे बढ़ाते हुए प्रमुख अर्थशास्त्री और वित्त पेशेवर बन गए।

तर्कसंगत नीति की वकालत

पॉल सैमुएलसन तर्कसंगत आर्थिक नीतियों के प्रबल समर्थक थे, जो स्थिरता और समृद्धि को बढ़ावा देते हैं। उन्होंने संयुक्त राज्य अमेरिका में आर्थिक नीतियों को आकार देने, सामाजिक सुरक्षा और चिकित्सा जैसे महत्त्वपूर्ण कार्यक्रमों के विकास में योगदान देने के लिए अपने प्रभाव का उपयोग किया।

अर्थशास्त्र के प्रति उनके व्यावहारिक दृष्टिकोण ने समाज की भलाई में सुधार के लिए आर्थिक नीतियों की भूमिका पर जोर दिया।

विरासत और प्रभाव

आर्थिक सिद्धांत और वित्त में पॉल सैमुएलसन के योगदान का क्षेत्र पर गहरा व स्थायी प्रभाव पड़ा है। 'कीनेसियन अर्थशास्त्र' और कुशल बाजार परिकल्पना पर उनका कार्य समकालीन आर्थिक विश्लेषण और निवेश रणनीतियों का आधार बना हुआ है।

वास्तविक दुनिया की समस्याओं के समाधान के लिए आर्थिक सिद्धांत का उपयोग करने के प्रति उनका समर्पण अर्थशास्त्रियों और शेयर बाजार पेशेवरों की भावी पीढ़ियों के लिए एक उदाहरण है।

इंडियाना में एक जिज्ञासु बच्चे से वैश्विक शीर्ष शेयर बाजार दिग्गज तक की पॉल सैमुएलसन की यात्रा बुद्धि, समर्पण और नवीनता की शक्ति का एक प्रमाण है। आर्थिक सिद्धांत और वित्त में उनका अग्रणी योगदान अर्थशास्त्र एवं निवेश की जटिल दुनिया को समझने तथा उनसे निपटने के हमारे उपायों को आकार देता है।

चूँकि निवेशक एवं वित्तीय पेशेवर पॉल सैमुएलसन के जीवन तथा कार्यों से प्रेरणा लेते रहेंगे, एक अग्रणी अर्थशास्त्री और शेयर बाजार प्रवर्तक के रूप में

उनकी विरासत आने वाली पीढ़ियों तक कायम रहेगी। वैश्विक वित्तीय परिदृश्य पर उनका गहरा प्रभाव अर्थशास्त्र और शेयर बाजार की गतिशीलता के क्षेत्र में सार्थक योगदान देने के इच्छुक लोगों के लिए एक मार्गदर्शक के रूप में कार्य करता है।

□

पीटर लिंच

पीटर लिंच, जिनका जन्म 19 जनवरी, 1944 को हुआ, एक प्रसिद्ध स्टॉक पिकर और शेयर बाजार गुरु हैं। म्यूचुअल फंड मैनेजर के रूप में अपनी उल्लेखनीय सफलता के लिए प्रसिद्ध लिंच को व्यापक रूप से मान्यता प्राप्त होने से पहले उत्कृष्ट कंपनियों की पहचान करने और उनमें निवेश करने की उनकी क्षमता के लिए जाना जाता है। निवेश समुदाय पर उनके गहरे प्रभाव और एक शीर्ष शेयर बाजार व्यक्ति के रूप में उनकी स्थायी विरासत ने वैश्विक वित्तीय परिदृश्य पर एक अमिट छाप छोड़ी है।

प्रारंभिक जीवन और शिक्षा

वित्त और निवेश में पीटर लिंच की रुचि उनके बचपन के दौरान न्यूटन, मैसाचुसेट्स में जागी थी। वित्तीय दायित्वों को महत्त्व देने वाले परिवार में पले-बढ़े लिंच ने कम उम्र में ही निवेश और बचत का महत्त्व सीख लिया।

लिंच ने बोस्टन कॉलेज में उच्च शिक्षा प्राप्त की, जहाँ उन्होंने वित्त में स्नातक की डिग्री हासिल की। निवेश और वित्तीय विश्लेषण के प्रति उनका जुनून उनके शैक्षणिक वर्षों के दौरान विकसित हुआ।

कॅरियर की शुरुआत

अपनी शिक्षा पूरी करने के बाद पीटर लिंच ने सन् 1969 में 'फिडेलिटी इन्वेस्टमेंट्स' में एक विश्लेषक के रूप में अपना कॅरियर शुरू किया। उनके असाधारण विश्लेषणात्मक कौशल और आशाजनक निवेश अवसरों की पहचान करने की क्षमता ने तुरंत फर्म के प्रबंधन का ध्यान आकर्षित किया।

सन् 1977 में लिंच को 'मैगलन फंड' के पोर्टफोलियो मैनेजर के रूप में नियुक्त किया गया, जो 'फिडेलिटी' के सबसे प्रमुख म्यूचुअल फंडों में से एक था।

मैगलन फंड युग

पीटर लिंच के नेतृत्व में 'मैगलन फंड' ने अभूतपूर्व वृद्धि और सफलता देखी। लिंच का निवेश के प्रति विरोधाभासी दृष्टिकोण और गहन अनुसंधान एवं विश्लेषण पर जोर ने उन्हें अपने साथियों से अलग कर दिया।

प्रबंधन के तहत फंड की संपत्ति बढ़ गई और यह इतिहास में सबसे अच्छा प्रदर्शन करने वाले म्यूचुअल फंड में से एक बन गया।

लिंच का निवेश दर्शन

पीटर लिंच के निवेश दर्शन को एक सरल मंत्र में संक्षेपित किया जा सकता है—"जो आप जानते हैं, उसमें निवेश करें।" उनका मानना था कि व्यक्तिगत निवेशक अपने आसपास की दुनिया को देखकर और अपने दैनिक जीवन में मिलने वाले उत्पादों एवं सेवाओं पर ध्यान देकर आशाजनक निवेश अवसरों की पहचान कर सकते हैं।

लिंच ने निवेश निर्णय लेने में व्यक्तिगत अनुभव और सामान्य ज्ञान के मूल्य की वकालत की।

स्टॉक्स चुनने की कला में महारत

स्टॉक्स चुनने के लिए पीटर लिंच की प्रतिभा अद्‍भुत थी। उनके पास 'टेन-बैगर्स' की पहचान करने की अद्‍भुत क्षमता थी—ऐसे स्टॉक्स, जिनकी कीमत दस गुना या उससे अधिक थी। लिंच के निवेश दृष्टिकोण में मजबूत विकास क्षमता और अपने उद्योग में प्रतिस्पर्धात्मक लाभ वाली कम मूल्य वाली कंपनियों की तलाश करना शामिल था।

लंबी अवधि पर उनका ध्यान और जीतने वाले शेयरों को बनाए रखने की उनकी इच्छा ने उनके असाधारण ट्रैक रिकॉर्ड में योगदान दिया।

निवेश संबंधी ज्ञान साझा करना

पीटर लिंच न केवल एक सफल निवेशक थे, बल्कि एक भावुक शिक्षक भी थे। उन्होंने 'वन अप ऑन वॉल स्ट्रीट' एवं 'बीटिंग द स्ट्रीट' सहित कई पुस्तकें लिखीं,

जो बेस्टसेलर बनीं और हजारों निवेशकों के लिए मार्गदर्शक के रूप में काम किया।

लिंच की सीधी और प्रासंगिक लेखन-शैली ने जटिल निवेश अवधारणाओं को आम जनता के लिए सुलभ बना दिया।

मैगलन फंड छोड़ना

सन् 1990 में 'मैगलन फंड' में अभूतपूर्व सफलता प्राप्त करने के बाद पीटर लिंच ने इसके पोर्टफोलियो मैनेजर के रूप में पद छोड़ने का फैसला किया। उनके जाने से एक युग का अंत हो गया; लेकिन निवेश उद्योग पर उनका प्रभाव बढ़ता रहा।

लिंच वित्तीय जगत् में शामिल रहे और अपनी निवेश अंतर्दृष्टि को जनता के साथ साझा करना जारी रखा।

लिंच प्रभाव

निवेश जगत् पर पीटर लिंच का प्रभाव मैगलन फंड में उनके कार्यकाल से कहीं आगे तक फैला हुआ है। उनका निवेश दर्शन और स्टॉक चयन की तकनीक प्रसिद्ध हो गई, जिसने दुनिया भर में अनगिनत निवेशकों और फंड मैनेजरों को प्रेरित किया।

'पीटर लिंच इफेक्ट' उस घटना को संदर्भित करता है, जहाँ साक्षात्कार या पुस्तकों में लिंच द्वारा उल्लिखित शेयरों में निवेशकों की रुचि और माँग में वृद्धि होती है।

विरासत

वित्त में रुचि रखने वाले एक युवा लड़के से वैश्विक शीर्ष शेयर बाजार दिग्गज तक पीटर लिंच की यात्रा जुनून, अनुशासन और निवेश की गहरी समझ की शक्ति का प्रमाण है। जीतने वाले शेयरों की पहचान करने की उनकी क्षमता, साथ ही निवेश ज्ञान साझा करने की उनकी प्रतिबद्धता ने वित्त जगत् में एक स्थायी विरासत छोड़ी है।

चूँकि निवेशक और वित्तीय पेशेवर पीटर लिंच के जीवन एवं निवेश दर्शन से प्रेरणा लेते रहेंगे, एक प्रसिद्ध स्टॉक पिकर और शेयर बाजार गुरु के रूप में उनकी विरासत आने वाली पीढ़ियों तक कायम रहेगी। वैश्विक वित्तीय परिदृश्य पर उनका गहरा प्रभाव वित्त और निवेश की गतिशील दुनिया में सफलता हासिल करने के इच्छुक लोगों के लिए एक मार्गदर्शक के रूप में कार्य करता है।

□

पोरिंजू वेलियाथ

चलाकुडी, त्रिशूर, केरल में 6 जून, 1962 को जनमे पोरिंजू वेलियाथ भारत के एक साहसी निवेशक और शेयर बाजार के असाधारण व्यक्ति हैं। अपनी साहसिक निवेश रणनीतियों और कम मूल्य वाले शेयरों पर गहरी नजर के लिए प्रसिद्ध वेलियाथ ने भारतीय शेयर बाजार में सबसे सफल निवेशकों में से एक के रूप में ख्याति अर्जित की है। छिपे हुए रत्नों की पहचान करने की उनकी असाधारण क्षमता और निवेश के प्रति उनके विरोधाभासी दृष्टिकोण ने उन्हें वैश्विक शीर्ष शेयर बाजार दिग्गजों में जगह दिलाई है।

प्रारंभिक जीवन और शिक्षा

पोरिंजू वेलियाथ की शेयर बाजार और निवेश में रुचि भारत में केरल में बीते बचपन के दौरान जागी थी। वित्तीय बाजारों में अपने पिता की रुचि से प्रेरित होकर उन्होंने कम उम्र से ही शेयर बाजार की गतिशीलता के प्रति आकर्षण विकसित कर लिया।

वेलियाथ ने वाणिज्य में उच्च शिक्षा हासिल की और बाद में वित्त में मास्टर डिग्री हासिल की, जिसने एक निवेशक के रूप में उनके भविष्य के कॅरियर की नींव रखी।

कॅरियर की शुरुआत

अपनी शिक्षा पूरी करने के बाद पोरिंजू वेलियाथ ने एक वित्तीय विश्लेषक के रूप में अपना कॅरियर शुरू किया और बाद में वित्तीय उद्योग में विभिन्न पदों पर काम किया। शेयर बाजार में उनके शुरुआती अनुभवों ने उन्हें इक्विटी निवेश की

जटिलताओं से अवगत कराया और उनमें स्टॉक चुनने का जुनून जगाया।

शेयर बाजार में वेलियाथ के शुरुआती संघर्षों ने उन्हें निवेश में परिश्रम और अनुसंधान के महत्त्व के बारे में मूल्यवान् सबक सिखाया।

इक्विटी इंटेलिजेंस के संस्थापक

वर्ष 2002 में पोरिंजू वेलियाथ ने एक पोर्टफोलियो प्रबंधन सेवा फर्म 'इक्विटी इंटेलिजेंस' की स्थापना की। उन्होंने निवेशकों को अनुशासित और अच्छी तरह से शोधित निवेश रणनीतियों के माध्यम से धन उत्पन्न करने में मदद करने के मिशन के साथ कंपनी की स्थापना की।

अपने ग्राहकों के लिए प्रभावशाली रिटर्न उत्पन्न करने की वेलियाथ की क्षमता ने उन्हें भारत में निवेशकों के बीच शीघ्र ही समर्पित अनुयायी बना दिया।

विरोधाभासी निवेश दृष्टिकोण

पोरिंजू वेलियाथ का निवेश के प्रति विरोधाभासी दृष्टिकोण उन्हें पारंपरिक निवेशकों से अलग करता है। वह मजबूत विकास क्षमता वाले कम मूल्य वाले शेयरों की तलाश करने के लिए जाने जाते हैं, अकसर उन कंपनियों में निवेश करते हैं, जो अस्थायी चुनौतियों का सामना कर रही हैं या बाजार द्वारा नजरअंदाज कर दी गई हैं।

आम सहमति के खिलाफ जाने और सोच-समझकर जोखिम लेने की उनकी इच्छा उनके निवेश की सफलता की पहचान रही है।

मल्टी-बैगर निवेश

अपने पूरे कॅरियर के दौरान पोरिंजू वेलियाथ ने कई मल्टी-बैगर निवेश किए हैं—ऐसे स्टॉक्स, जिनका मूल्य कई गुना बढ़ गया है। महत्त्वपूर्ण तेजी की संभावना वाले स्मॉल-कैप और मिड-कैप शेयरों की पहचान करने की उनकी क्षमता ने उन्हें निवेश समुदाय से प्रशंसा अर्जित करवाई है।

वेलियाथ के चतुराईपूर्ण स्टॉक चयन से उनके ग्राहकों और निवेशकों के लिए पर्याप्त धन का सृजन हुआ, जिन्होंने उनकी निवेश सिफारिशों का पालन किया।

बाजार की अस्थिरता को नियंत्रित करना

एक निवेशक के रूप में पोरिंजू वेलियाथ को विभिन्न बाजार-चक्रों और

अस्थिरता की अवधियों से गुजरना पड़ा है। बाजार के उतार-चढ़ाव के दौरान शांत और संयमित रहने की उनकी क्षमता एक निवेशक के रूप में उनकी सफलता में सहायक रही है।

वेलियाथ के दीर्घकालिक परिप्रेक्ष्य और उनके निवेश सिद्धांतों में दृढ़ विश्वास ने उन्हें बाजार की अनिश्चितताओं के बीच अपने लक्ष्यों पर ध्यान केंद्रित रखने में सक्षम बनाया है।

नैतिक निवेश को अपनाना

पोरिंजू वेलियाथ को नैतिक और जिम्मेदार निवेश की वकालत करने के लिए जाना जाता है। वह मजबूत कॉरपोरेट प्रशासन और नैतिक व्यावसायिक प्रथाओं वाली कंपनियों में निवेश के महत्त्व पर जोर देते हैं।

नैतिक निवेश के प्रति उनकी प्रतिबद्धता ने उन्हें निवेशकों और उद्योग हितधारकों से समान रूप से सम्मान दिलाया है।

निवेश संबंधी ज्ञान साझा करना

अपने सफल निवेश कॅरियर के अलावा पोरिंजू वेलियाथ अपने निवेश ज्ञान को जनता के साथ साझा करने के लिए समर्पित हैं। वह वित्तीय मीडिया में अकसर योगदान करते हैं और अकसर शेयर बाजार एवं व्यक्तिगत शेयरों पर अपने विचार साझा करते हैं।

वेलियाथ की अपने ज्ञान और अंतर्दृष्टि को साझा करने की इच्छा ने कई निवेशकों को सूचित निवेश निर्णय लेने के लिए सशक्त बनाया है।

विरासत

शेयर बाजार के प्रति जुनूनी एक युवा निवेशक से वैश्विक शीर्ष शेयर बाजार दिग्गज तक पोरिंजू वेलियाथ की यात्रा दृढ़ विश्वास, अनुसंधान और एक विरोधाभासी दृष्टिकोण की शक्ति का प्रमाण है। छिपे हुए अवसरों की पहचान करने और प्रभावशाली रिटर्न उत्पन्न करने की उनकी क्षमता ने उन्हें भारतीय निवेश समुदाय में एक प्रतिष्ठित व्यक्ति बना दिया है।

□

फिलिप फिशर

फिलिप आर्थर फिशर का जन्म 8 सितंबर, 1907 को हुआ। वे एक अग्रणी निवेशक और शेयर बाजार दूरदर्शी थे। अपने अग्रणी निवेश दर्शन और सूक्ष्म अनुसंधान के लिए प्रसिद्ध फिशर की अंतर्दृष्टि और बुद्धिमत्ता ने निवेश समुदाय पर एक स्थायी प्रभाव छोड़ा है। दीर्घकालिक विकास संभावनाओं वाली नवीन कंपनियों की पहचान करने की उनकी असाधारण क्षमता ने उन्हें वैश्विक शेयर बाजार के शीर्ष व्यक्तियों में जगह दिलाई।

प्रारंभिक जीवन और शिक्षा

फिलिप फिशर का निवेश के प्रति जुनून उनके बचपन के दौरान सैन फ्रांसिस्को, कैलिफोर्निया में जगमगा उठा था। शेयर बाजार में अपने पिता की भागीदारी से प्रेरित होकर उन्होंने वित्तीय बाजारों और व्यवसायों में रुचि विकसित करना शुरू कर दिया।

फिशर ने स्टैनफोर्ड विश्वविद्यालय में दाखिला लिया, जहाँ उन्होंने अर्थशास्त्र में डिग्री हासिल की तथा अपने निवेश कौशल को और निखारा।

कॅरियर की शुरुआत

अपनी शिक्षा पूरी करने के बाद फिलिप फिशर ने सन् 1928 में एंग्लो-लंदन बैंक में एक प्रतिभूति विश्लेषक के रूप में अपना निवेश कॅरियर शुरू किया। वित्तीय उद्योग में उनके शुरुआती अनुभवों ने स्टॉक विश्लेषण की उनकी समझ को गहरा किया और उन्हें बाजार की गतिशीलता में मूल्यवान् अंतर्दृष्टि प्रदान की।

एक निवेशक के रूप में फिशर के कॅरियर को महामंदी की उथल-पुथल

वाली घटनाओं ने महत्त्वपूर्ण रूप से आकार दिया, जिसने उनमें जोखिम-प्रबंधन और दीर्घकालिक निवेश पर जोर दिया।

फिशर का निवेश दर्शन

फिलिप फिशर के निवेश दर्शन को उनकी क्लासिक पुस्तक 'कॉमन स्टॉक्स एंड अनकॉमन प्रॉफिट्स' में संक्षेपित किया जा सकता है, जो पहली बार सन् 1958 में प्रकाशित हुई थी। पुस्तक में फिशर ने अपने 'फिफ्टीन पॉइंट्स' को रेखांकित किया—मानदंडों का एक सेट, जिसका उपयोग उन्होंने दीर्घकालिक विकास क्षमता वाली असाधारण कंपनियों की पहचान करने के लिए किया था।

फिशर मजबूत प्रतिस्पर्धी लाभ, बेहतर प्रबंधन टीमों और नवाचार एवं अनुसंधान पर ध्यान केंद्रित करने वाली कंपनियों में निवेश करने में विश्वास करते थे।

स्कटलबट विधि

फिलिप फिशर के निवेश दृष्टिकोण की एक पहचान 'स्कटलबट विधि' थी। इसमें किसी कंपनी के संचालन और विकास की संभावनाओं की व्यापक समझ हासिल करने के लिए उसके आपूर्तिकर्ताओं, ग्राहकों, कर्मचारियों एवं प्रतिस्पर्धियों से बात करके उस पर व्यापक शोध करना शामिल था।

'स्कटलबट पद्धति' उस समय क्रांतिकारी थी और इसने निवेश निर्णय लेने से पहले पूरी तरह से परिश्रम करने की आधुनिक प्रथा की नींव रखी।

दीर्घकालिक परिप्रेक्ष्य

फिलिप फिशर को दीर्घकालिक निवेश की शक्ति में दृढ़ता से विश्वास था। उन्होंने बाजार में उतार-चढ़ाव के दौरान भी मजबूत विकास क्षमता वाले गुणवत्तापूर्ण शेयरों को बनाए रखने के महत्त्व पर जोर दिया।

लंबी अवधि के प्रति उनकी अटूट प्रतिबद्धता और स्थायी प्रतिस्पर्धी लाभ वाले व्यवसायों की पहचान करने की उनकी क्षमता ने उनकी उल्लेखनीय निवेश सफलता में योगदान दिया।

प्रतिष्ठित निवेश

अपने पूरे कॅरियर के दौरान फिलिप फिशर ने कई प्रतिष्ठित निवेश किए, जो उनकी निवेश क्षमता को दरशाते हैं। विशेष रूप से, उभरते मोबाइल संचार उद्योग

में कंपनी की क्षमता को पहचानते हुए, उन्होंने 1950 के दशक की शुरुआत में मोटोरोला में निवेश किया।

मोटोरोला में उनका निवेश अत्यधिक लाभदायक साबित हुआ, जिससे एक दूरदर्शी निवेशक के रूप में उनकी प्रतिष्ठा और मजबूत हुई।

भविष्य के निवेशकों पर फिशर का प्रभाव

फिलिप फिशर की निवेश अंतर्दृष्टि और मेहनती अनुसंधान के प्रति उनकी प्रतिबद्धता का निवेश समुदाय पर गहरा प्रभाव पड़ा। दीर्घकालिक निवेश, उचित परिश्रम पर जोर और गुणवत्तापूर्ण व्यवसायों पर ध्यान देने के उनके सिद्धांत दुनिया भर के निवेशकों का मार्गदर्शन करते और प्रेरित करते रहे हैं।

वॉरेन बफे सहित कई सफल निवेशकों ने अपने निवेश दर्शन पर फिशर के प्रभाव को स्वीकार किया है।

फिशर एंड सन

फिलिप फिशर के बेटे केनेथ एल. फिशर भी अपने पिता की विरासत को आगे बढ़ाते हुए एक सफल निवेशक व लेखक बन गए। फिशर परिवार की निवेश विशेषज्ञता और अनुसंधान-संचालित निर्णय लेने के प्रति समर्पण ने उन्हें वित्त उद्योग में एक प्रमुख शक्ति बना दिया है।

विरासत

शेयर बाजार के प्रति जुनून रखने वाले एक युवा निवेशक से वैश्विक शीर्ष शेयर बाजार दिग्गज तक फिलिप फिशर की यात्रा कठोर अनुसंधान, नवीन सोच और दीर्घकालिक परिप्रेक्ष्य की शक्ति का प्रमाण है। उनके अग्रणी निवेश दर्शन और 'स्कटलबट पद्धति' ने निवेश उत्कृष्टता के लिए एक मानदंड स्थापित किया है।

चूँकि निवेशक एवं वित्तीय पेशेवर फिलिप फिशर के जीवन और निवेश दर्शन से प्रेरणा लेना जारी रखे हुए हैं, एक अग्रणी निवेशक तथा शेयर बाजार दूरदर्शी के रूप में उनकी विरासत आने वाली पीढ़ियों तक कायम रहेगी। वैश्विक वित्तीय परिदृश्य पर उनका गहरा प्रभाव वित्त और निवेश की गतिशील दुनिया में सफलता हासिल करने के इच्छुक लोगों के लिए एक मार्गदर्शक के रूप में कार्य करता है।

□

बिल एकमैन

बिल एकमैन वैश्विक शेयर बाजार में एक प्रसिद्ध व्यक्ति हैं। वे एक प्रमुख सक्रिय निवेशक, हेज फंड मैनेजर और 'पर्सिंग स्क्वायर कैपिटल मैनेजमेंट' के संस्थापक हैं। 11 मई, 1966 को न्यूयॉर्क शहर में जनमे एकमैन की अथक कार्यशीलता और रणनीतिक दूरदर्शिता ने उन्हें अपने समय के सबसे सफल व प्रभावशाली निवेशकों में जगह दिलाई।

प्रारंभिक जीवन और शिक्षा

एक मजबूत वित्तीय पृष्ठभूमि वाले परिवार में पले-बढ़े बिल एकमैन ने निवेश और वित्त में प्रारंभिक रुचि विकसित की। उन्होंने हार्वर्ड विश्वविद्यालय में दाखिला लिया, जहाँ उन्होंने सन् 1988 में इतिहास में स्नातक की डिग्री हासिल की। हार्वर्ड में अपने समय के दौरान निवेश के लिए एकमैन का जुनून बढ़ता रहा और उन्होंने पाठ्यक्रम एवं व्यावहारिक अनुभव के माध्यम से अपने कौशल को धार दी।

'पर्सिंग स्क्वायर कैपिटल मैनेजमेंट' की शुरुआत

सन् 2004 में बिल एकमैन ने न्यूयॉर्क शहर में स्थित एक हेज फंड (निवेशकों की एक सीमित साझेदारी, जो बड़े पूँजीगत लाभ प्राप्त करने की उम्मीद में उच्च जोखिम वाले तरीकों का उपयोग करती है, जैसे उधार ली गई धनराशि से निवेश करना) 'पर्सिंग स्क्वायर कैपिटल मैनेजमेंट' की स्थापना की। उन्होंने उच्च दृढ़ विश्वास वाले निवेशों के एक केंद्रित पोर्टफोलियो पर ध्यान केंद्रित करते हुए फंड लॉन्च किया। निवेश के प्रति एकमैन का दृष्टिकोण गहन अनुसंधान, संपूर्ण परिश्रम

और उन कंपनियों में महत्त्वपूर्ण पद लेने की इच्छा पर आधारित था, जिनके बारे में उनका मानना था कि उनका मूल्यांकन कम किया गया था।

सक्रिय निवेश की ओर

जबकि एकमैन ने शुरुआत में पारंपरिक और केवल दीर्घकालिक निवेश रणनीति अपनाई थी, बाद में वह एक सक्रिय निवेशक बनने की ओर स्थानांतरित हो गए। उनकी सक्रियता ने कॉरपोरेट प्रशासन के मुद्दों पर ध्यान आकर्षित किया और अन्य निवेशकों को कंपनियों के भीतर बदलाव की वकालत करने के लिए प्रेरित किया। एकमैन की सक्रियता में अकसर रणनीतिक एवं परिचालन सुधार, स्पिन-ऑफ, शेयर बायबैक और प्रबंधन में बदलाव पर जोर देना शामिल था।

मैकडॉनल्ड्स का शानदार बदलाव

एक सक्रिय निवेशक के रूप में बिल एकमैन की शुरुआती बड़ी सफलताओं में से एक वर्ष 2005 में आई, जब उन्होंने फास्ट फूड की दिग्गज कंपनी 'मैकडॉनल्ड्स' को निशाना बनाया। 'पर्सिंग स्क्वायर' ने 'मैकडॉनल्ड्स' में एक महत्त्वपूर्ण हिस्सेदारी अर्जित की और कंपनी के भीतर सकारात्मक बदलाव लाने के लिए एक सक्रिय अभियान में शामिल हो गया।

अपनी सक्रियता के माध्यम से एकमैन ने मैकडॉनल्ड्स से अपने कंपनी के स्वामित्व वाले रेस्तराँ को फ्रेंचाइजी को बेचने और अपनी मुख्य शक्तियों पर ध्यान केंद्रित करने का आग्रह किया। कंपनी ने उनकी सलाह पर ध्यान दिया और रणनीतिक कदम से मैकडॉनल्ड्स के व्यावसायिक प्रदर्शन में शानदार बदलाव आया, जिससे शेयरधारकों को अच्छा मुनाफा हुआ।

हर्बालाइफ के साथ लड़ाई

सन् 2012 में बिल एकमैन ने वैश्विक पोषण कंपनी 'हर्बालाइफ' पर अपनी हाई-प्रोफाइल शॉर्ट पोजीशन के लिए सुर्खियाँ बटोरीं। उन्होंने सार्वजनिक रूप से 'हर्बालाइफ' पर एक पिरामिड योजना होने का आरोप लगाया और कंपनी के स्टॉक में भारी कमी का खुलासा किया, जिससे उसके शेयरों की कीमत घटने की उम्मीद थी।

'हर्बालाइफ' पर उनकी छोटी स्थिति के कारण कार्ल इकान सहित अन्य प्रमुख निवेशकों के साथ अत्यधिक प्रचारित एवं विवादास्पद लड़ाई हुई, जिन्होंने

स्टॉक पर लंबे समय तक चलते हुए ट्रेड के विपरीत पक्ष लिया। हर्बालाइफ घटना ने मीडिया का ध्यान आकर्षित किया और एकमैन की लोकप्रियता और बढ़ गई।

रियल एस्टेट से भारी रिटर्न

बिल एकमैन का निवेश कौशल पारंपरिक शेयरों से कहीं आगे तक फैला हुआ है। उन्होंने कम कीमत वाली रियल एस्टेट परिसंपत्तियों पर भी गहरी नजर रखी। वर्ष 2013 में एकमैन ने प्रतिष्ठित रियल एस्टेट डेवलपर हॉवर्ड ह्यूजेस कॉरपोरेशन में बड़ी हिस्सेदारी हासिल करने के लिए निवेशकों के एक संघ का नेतृत्व किया।

एकमैन के मार्गदर्शन में हॉवर्ड ह्यूजेस कॉरपोरेशन ने एक रणनीतिक परिवर्तन किया, जिससे उसकी रियल एस्टेट होल्डिंग्स में महत्त्वपूर्ण मूल्य अनलॉक हो गया। निवेश उल्लेखनीय रूप से सफल रहा, जिससे 'पर्शिंग स्क्वायर' और उसके निवेशकों को पर्याप्त रिटर्न मिला।

वॉरेन बफे का प्रभाव

बिल एकमैन का निवेश दर्शन प्रसिद्ध निवेशक वॉरेन बफे से प्रभावित है। एकमैन ने बफे के दीर्घकालिक दृष्टिकोण, गुणवत्ता वाले व्यवसायों पर ध्यान केंद्रित करने और निवेश जगत् में नैतिक व्यवहार पर जोर देने की वकालत की।

कुछ निवेशों पर अलग-अलग दृष्टिकोण के बावजूद एकमैन ने बफे के कई सिद्धांतों में बुद्धिमत्ता को पहचाना और उन्हें अपनी निवेश शैली के अनुरूप अपनाया। बफे की बुद्धिमत्ता के प्रभाव ने एक चतुर व विचारशील निवेशक के रूप में एकमैन की प्रतिष्ठा को और मजबूत किया।

वैलेंट फार्मास्यूटिकल्स विवाद

सन् 2015 में बिल एकमैन को महत्त्वपूर्ण चुनौतियों का सामना करना पड़ा, जब वैलेंट फार्मास्यूटिकल्स में उनकी बड़ी स्थिति जाँच के दायरे में आ गई। वैलेंट, एक फार्मास्यूटिकल कंपनी, जो अपनी आक्रामक अधिग्रहण रणनीति के लिए जानी जाती है, को लेखांकन अनियमितताओं और मूल्य-निर्धारण प्रथाओं के आरोपों का सामना करना पड़ा।

वैलेंट से जुड़े विवादों का एकमैन के निवेश पर गंभीर प्रभाव पड़ा, जिसके परिणामस्वरूप 'पर्सिंग स्क्वायर' को बड़ा नुकसान हुआ। यह प्रकरण विपरीत

स्थितियों में शामिल जोखिमों और सावधानीपूर्वक उचित परिश्रम की आवश्यकता की याद दिलाता है।

परोपकार के प्रति प्रतिबद्धता

अपनी निवेश क्षमता के अलावा बिल एकमैन को परोपकार के प्रति अपनी प्रतिबद्धता के लिए भी जाना जाता है। वह और उनकी पत्नी करेन एकमैन शिक्षा, स्वास्थ्य एवं सामाजिक कार्यों पर ध्यान केंद्रित करते हुए धर्मार्थ पहल में सक्रिय हैं।

इस दंपती ने विभिन्न धर्मार्थ संगठनों को पर्याप्त मात्रा में दान दिया है और वॉरेन बफे तथा बिल एवं मेलिंडा गेट्स द्वारा शुरू की गई एक पहल 'गिविंग प्लेज' के माध्यम से अपनी अधिकांश संपत्ति देने का वादा किया है।

बिल एकमैन की विरासत

वैश्विक शेयर बाजार में बिल एकमैन की यात्रा रणनीतिक सोच, सक्रियता और दीर्घकालिक मूल्य-निर्माण के प्रति प्रतिबद्धता के प्रभाव के प्रमाण के रूप में कार्य करती है। उनकी सफलताओं और चुनौतियों ने दुनिया भर के निवेशकों के लिए मूल्यवान् अंतर्दृष्टि प्रदान की है। सक्रियता के प्रति उनके अभिनव दृष्टिकोण ने आधुनिक निवेश परिदृश्य में शेयरधारक सक्रियता को नया आकार दिया है।

एकमैन की विरासत दृढ़ संकल्प, लचीलेपन और निवेश के प्रति दूरदर्शी दृष्टिकोण में से एक है। एक प्रमुख सक्रिय निवेशक और हेज फंड मैनेजर के रूप में उनके योगदान ने वैश्विक शेयर बाजार पर एक स्थायी प्रभाव छोड़ा है, जिससे निवेशकों को धन-सृजन के लिए एक विचारशील और सैद्धांतिक दृष्टिकोण अपनाने के लिए प्रेरणा मिली है। उनके निवेश दर्शन और सक्रियता ने दुनिया भर के निवेशकों को प्रेरित किया है, जिससे वह वैश्विक शीर्ष शेयर बाजार दिग्गजों के इतिहास में एक प्रमुख व्यक्ति बन गए हैं।

□

बेंजामिन ग्राहम

बेंजामिन ग्राहम का जन्म 8 मई, 1894 को लंदन, इंग्लैंड में हुआ। वे वित्त और निवेश की दुनिया में एक अग्रणी व्यक्ति थे। उन्हें अकसर 'मूल्य निवेश के जनक' के रूप में जाना जाता है। वैश्विक शेयर बाजार पर ग्राहम का गहरा प्रभाव आज भी महसूस किया जा सकता है। उनके अभूतपूर्व निवेश सिद्धांतों एवं रणनीतियों ने आधुनिक मूल्य निवेश की नींव रखी और दुनिया भर में निवेशकों की पीढ़ियों को प्रेरित किया।

प्रारंभिक जीवन और शिक्षा

जब बेंजामिन एक वर्ष की उम्र के थे, उनका परिवार न्यूयॉर्क शहर में स्थानांतरित हो गया, जहाँ वे बड़े हुए और अपनी शिक्षा प्राप्त की। उन्होंने छोटी उम्र से ही गणित एवं वित्त में उल्लेखनीय योग्यता प्रदर्शित की, जिससे वित्तीय उद्योग में उनके उल्लेखनीय कॅरियर की नींव पड़ी।

उन्होंने कोलंबिया विश्वविद्यालय में दाखिला लिया, जहाँ उन्होंने सन् 1914 में स्नातक की डिग्री हासिल की और बाद में 1915 में मास्टर डिग्री हासिल की। वित्त के प्रति उनके जुनून ने उन्हें अपनी शिक्षा को आगे बढ़ाने और सन् 1927 में कोलंबिया विश्वविद्यालय से अर्थशास्त्र में पी-एच.डी. हासिल करने के लिए प्रेरित किया।

प्रारंभिक कॅरियर और वॉल स्ट्रीट

अपनी शैक्षणिक गतिविधियों के बाद बेंजामिन ग्राहम ने 'वॉल स्ट्रीट' पर अपनी पेशेवर यात्रा शुरू की। उन्होंने एक बॉण्ड सेल्समैन के रूप में एक पद हासिल किया और अपने गहन विश्लेषणात्मक कौशल तथा कम मूल्य वाली

प्रतिभूतियों की पहचान करने की क्षमता के साथ खुद को अलग कर लिया।

1920 के दशक के दौरान ग्राहम ने 'ग्राहम-न्यूमैन पार्टनरशिप' की स्थापना की, जो एक अभूतपूर्व निवेश फर्म थी। उनका निवेश दृष्टिकोण कंपनी के बुनियादी सिद्धांतों की जाँच करने, कम मूल्य वाले शेयरों की तलाश करने और दीर्घकालिक निवेश क्षितिज को अपनाने पर केंद्रित था।

'सिक्योरिटी एनालिसिस' का प्रकाशन

कोलंबिया विश्वविद्यालय में अपने समय के एक सहयोगी डेविड डोड के सहयोग से बेंजामिन ग्राहम ने सन् 1934 में मौलिक निवेश पुस्तक 'सिक्योरिटी एनालिसिस' लिखी। पुस्तक ने मौलिक विश्लेषण की अवधारणा पेश की और एक व्यवहार्य निवेश रणनीति के रूप में मूल्य निवेश के लिए आधार तैयार किया।

'सिक्योरिटी एनालिसिस' ने निवेशकों को वित्तीय विवरणों का मूल्यांकन करने, आंतरिक मूल्य की गणना करने और शेयर बाजार में संभावित निवेश अवसरों की पहचान करने के लिए एक व्यापक मार्गदर्शिका प्रदान की। यह पुस्तक तत्काल क्लासिक बन गई और अब भी इच्छुक निवेशकों के लिए एक मौलिक पाठ बनी हुई है।

वॉरेन बफे की सलाह

बेंजामिन ग्राहम के निवेश सिद्धांतों से प्रभावित कई व्यक्तियों में वॉरेन बफे नाम का एक युवा और महत्त्वाकांक्षी निवेशक भी था। बफे, जो बाद में सार्वकालिक (All time) सबसे सफल निवेशकों में से एक बन गए, ने अपने शुरुआती कॅरियर के दौरान ग्राहम से मार्गदर्शन और परामर्श माँगा।

ग्राहम की शिक्षाओं ने वॉरेन बफे के निवेश दर्शन पर एक अमिट प्रभाव छोड़ा, जो मूल्य निवेश और व्यवसायों के आंतरिक मूल्य पर ध्यान केंद्रित करता था। ग्राहम द्वारा दिए गए सिद्धांतों ने बफे की निवेश सफलता को आकार देने में महत्त्वपूर्ण भूमिका निभाई और ग्राहम को वैश्विक शेयर बाजार में एक सम्मानित व्यक्ति के रूप में स्थापित किया।

मूल्य निवेश का जन्म

बेंजामिन ग्राहम का निवेश दर्शन मूल्य निवेश की अवधारणा पर केंद्रित था, जो कम मूल्य वाले शेयरों को खरीदने और उन्हें लंबी अवधि के लिए रखने के

महत्त्व पर जोर देता है। उनका दृष्टिकोण उनके समय की प्रचलित बाजार भावना के विपरीत था, जो अकसर अटकलों और अल्पकालिक ट्रेड का पक्ष लेती थी।

किसी कंपनी के मौलिक मूल्य का विश्लेषण करने और निवेश में सुरक्षा का मार्जिन तलाशने पर ग्राहम के फोकस ने शेयर बाजार में निवेश के लिए एक अनुशासित और तर्कसंगत दृष्टिकोण की नींव रखी। उनके विचारों ने निवेश परिदृश्य में क्रांति ला दी और दुनिया भर के निवेशकों द्वारा उपयोग की जाने वाली मूल्य निवेश रणनीतियों का आधार बन गए।

'दि इंटेलिजेंट इन्वेस्टर' का प्रकाशन

सन् 1949 में बेंजामिन ग्राहम ने एक और मौलिक कृति 'दि इंटेलिजेंट इन्वेस्टर' लिखी। इस उत्कृष्ट कृति ने उनके निवेश दर्शन को व्यक्तिगत निवेशकों के लिए व्यावहारिक सलाह में बदल दिया, जिसमें धैर्य, अनुशासन और ठोस निर्णय के महत्त्व पर जोर दिया गया।

'दि इंटेलिजेंट इन्वेस्टर' ने मूल्य निवेश के लिए एक व्यापक मार्गदर्शिका प्रदान की और निवेश के मनोविज्ञान में मूल्यवान् अंतर्दृष्टि प्रदान की। ग्राहम ने भावनात्मक नियंत्रण के महत्त्व और बाजार के उतार-चढ़ाव का विरोध करने की आवश्यकता पर जोर दिया; एक सबक, जो शेयर बाजार की अस्थिर दुनिया में अत्यधिक प्रासंगिक बना हुआ है।

शेयर बाजार प्रतिभागियों पर ग्राहम का प्रभाव

बेंजामिन ग्राहम के निवेश सिद्धांतों एवं लेखन का उनके समय और उसके बाद की पीढ़ियों के शेयर बाजार सहभागियों पर गहरा प्रभाव पड़ा। उनके विचार निवेश के लिए अधिक तर्कसंगत और अनुशासित दृष्टिकोण चाहने वाले निवेशकों के साथ मेल खाते थे।

वॉरेन बफे सहित कई सफल निवेशकों ने अपने निवेश दर्शन पर महत्त्वपूर्ण प्रभाव के रूप में ग्राहम को श्रेय दिया है। ग्राहम के शाश्वत सिद्धांत दुनिया भर में निवेशकों को प्रेरित करते तथा मार्गदर्शन करते हैं, जोखिम-प्रबंधन, पोर्टफोलियो निर्माण और निवेश निर्णय लेने के लिए उनके दृष्टिकोण को आकार देते हैं।

बेंजामिन ग्राहम की विरासत

'मूल्य निवेश के जनक' के रूप में बेंजामिन ग्राहम की विरासत कायम है और

वैश्विक शेयर बाजार में उनके योगदान ने उन्हें वित्त में सबसे प्रभावशाली व्यक्तित्वों में जगह दिलाई है। उनका 'निवेश दर्शन' लगातार बदलते वित्तीय परिदृश्य में तर्कसंगतता और ज्ञान का प्रतीक बना हुआ है।

अपने पूरे जीवन में ग्राहम ने कोलंबिया विश्वविद्यालय में अध्यापन और अपने लेखन के माध्यम से अपना ज्ञान व अनुभव साझा किया। शिक्षा के प्रति उनके जुनून और निवेश-ज्ञान की उन्नति ने निवेशकों की पीढ़ियों के लिए उनकी अंतर्दृष्टि से लाभ उठाने का मार्ग प्रशस्त किया।

निष्कर्षतः, एक दूरदर्शी और क्रांतिकारी निवेशक के रूप में बेंजामिन ग्राहम की विरासत आधुनिक शेयर बाजार में फल-फूल रही है। मौलिक विश्लेषण, मूल्य निवेश और तर्कसंगत निर्णय लेने के प्रति उनके समर्पण ने निवेश समुदाय पर एक स्थायी प्रभाव छोड़ा है।

मूल्य निवेश के अग्रणी के रूप में ग्राहम की शिक्षाएँ समय से परे हैं और शेयर बाजार की जटिलताओं से निपटने के इच्छुक निवेशकों को अमूल्य सबक एवं मार्गदर्शक सिद्धांत प्रदान करती हैं। बौद्धिक कठोरता के प्रति उनकी अटूट प्रतिबद्धता और निवेशकों में अनुशासन एवं ज्ञान पैदा करने की उनकी क्षमता बेंजामिन ग्राहम को वैश्विक शेयर बाजार में एक किंवदंती बनाती है।

□

ब्रूस कॉवनेर

ब्रूस कॉवनेर वैश्विक शेयर बाजार की एक प्रसिद्ध हस्ती हैं। वे एक ट्रेडर, हेज फंड मैनेजर और परोपकारी के रूप में अपने असाधारण कौशल के लिए प्रसिद्ध हैं। 25 फरवरी, 1945 को ब्रुकलिन, न्यूयॉर्क में जनमे कॉवनेर की एक साधारण परवरिश से लेकर अपने समय के सबसे सफल एवं प्रभावशाली ट्रेडर्स में से एक बनने तक की यात्रा उनके दृढ़ संकल्प और असाधारण प्रतिभा का प्रमाण है।

प्रारंभिक जीवन और शिक्षा

एक मध्यम वर्गीय परिवार में पले-बढ़े ब्रूस कॉवनेर का वित्त और अर्थशास्त्र के प्रति जुनून छोटी उम्र से ही स्पष्ट हो गया था। उन्होंने प्रतिष्ठित जुइलियार्ड स्कूल ऑफ म्यूजिक में दाखिला लिया, जहाँ उन्होंने पियानो और रचना का अध्ययन किया। हालाँकि, कॉवनेर को अंततः अहसास हुआ कि उनकी असली पहचान वित्त की दुनिया में है।

वह हार्वर्ड विश्वविद्यालय में स्थानांतरित हो गए, जहाँ उन्होंने राजनीतिक अर्थव्यवस्था का अध्ययन किया और स्नातक की डिग्री हासिल की। हार्वर्ड में कठोर शैक्षणिक माहौल ने कॉवनेर के विश्लेषणात्मक कौशल को निखारा, जो बाद में शेयर बाजार में उनकी उल्लेखनीय सफलता की नींव के रूप में काम आया।

ट्रेडिंग कॅरियर की शुरुआत

अपनी शिक्षा पूरी करने के बाद ब्रूस कॉवनेर ने कमोडिटी बाजार में एक ट्रेडर के रूप में अपना कॅरियर शुरू किया। वह 'कमोडिटीज कॉरपोरेशन' में शामिल हो

गए, जो एक ट्रेडिंग फर्म है तथा वायदा कारोबार और जोखिम-प्रबंधन में विशेषज्ञ है।

कॉवनेर ने अपनी असाधारण ट्रेडिंग प्रवृत्ति और अस्थिर बाजार स्थितियों से निपटने की क्षमता के साथ जल्दी ही अपनी पहचान बना ली। वैश्विक आर्थिक रुझानों और कमोडिटी की कीमतों पर उनकी गहरी समझ ने उन्हें फर्म के लिए प्रभावशाली रिटर्न उत्पन्न करने में सक्षम बनाया।

कैक्सटन एसोसिएट्स के संस्थापक

सन् 1983 में ब्रूस कॉवनेर ने हेज फंड प्रबंधन फर्म 'कैक्सटन एसोसिएट्स' की स्थापना की। वर्षों के अनुभव और एक शानदार ट्रैक रिकॉर्ड के साथ कॉवनेर ने एक ऐसा फंड बनाने की योजना बनाई, जो वैश्विक आर्थिक रुझानों और राजनीतिक घटनाओं के आधार पर संज्ञान लेते हुए मैक्रो ट्रेडिंग रणनीति को तैयार करता है।

कॉवनेर के नेतृत्व में 'कैक्सटन एसोसिएट्स' फला-फूला और विश्व स्तर पर सबसे सफल हेज फंडों में से एक बन गया। फर्म के अनुशासित जोखिम-प्रबंधन और दीर्घकालिक पूँजी निवेश पर विशिष्टता ने निवेशकों का विश्वास व सम्मान हासिल किया और कैक्सटन को वैश्विक शेयर बाजार में एक प्रमुख खिलाड़ी के रूप में स्थापित किया।

ग्लोबल मैक्रो ट्रेडिंग में महारत

ब्रूस कॉवनेर की ट्रेडिंग शैली एक व्यापक आर्थिक दृष्टिकोण की विशेषता थी, जो वैश्विक रुझानों, ब्याज दरों और मुद्रा उतार-चढ़ावों पर ध्यान केंद्रित करती थी। उनके पास आर्थिक आँकड़ों एवं राजनीतिक घटनाओं की व्याख्या करने तथा वित्तीय बाजारों पर उनके प्रभाव का अनुमान लगाने की अद्भुत क्षमता थी।

वैश्विक मैक्रो ट्रेडिंग में कॉवनेर की विशेषज्ञता ने उन्हें विभिन्न बाजार चक्रों से सफलतापूर्वक निपटने की क्षमता प्रदान दी। उन्होंने बदलती बाजार स्थितियों के अनुरूप ढलने और उभरते अवसरों का लाभ उठाने की असाधारण क्षमता का प्रदर्शन किया।

जोखिम-प्रबंधन करना और बाजार-स्थितियों को अपनाना

जबकि ब्रूस कॉवनेर का ट्रेडिंग कौशल किसी से पीछे नहीं था, वह अपनी

कठोर जोखिम-प्रबंधन विधाओं के लिए भी प्रसिद्ध थे। उन्होंने पूँजी को संरक्षित करने और बड़ी गिरावट से बचने के महत्त्व पर जोर दिया, जिससे सफलता का ट्रैक रिकॉर्ड और अधिक सुसंगत हो गया।

1990 के दशक के दौरान कैक्सटन एसोसिएट्स ने वर्ष 1997 के एशियाई वित्तीय संकट और 'डॉट-कॉम बुलबुले' सहित अशांत बाजार-स्थितियों से सफलतापूर्वक पार पाया। कॉवनेर की अपनी ट्रेडिंग रणनीतियों को विभिन्न बाजार परिवेशों में अनुकूलित करने की क्षमता ने एक मास्टर ट्रेडर के रूप में उनके कौशल का प्रदर्शन किया।

परोपकार और नागरिक सहभागिता

शेयर बाजार में अपनी उपलब्धियों के अलावा ब्रूस कॉवनेर को उनके परोपकारी प्रयासों और नागरिक जुड़ाव के लिए भी पहचाना जाता है। उन्होंने 'कॉवनेर फाउंडेशन' की स्थापना की, जो शिक्षा, स्वास्थ्य देखभाल और कला सहित कई धर्मार्थ कार्यों का समर्थन करती है।

कॉवनेर विभिन्न शैक्षणिक संस्थानों में सक्रिय रूप से शामिल हैं, बोर्डों में सेवा दे रहे हैं और युवा लोगों के लिए शैक्षिक अवसरों को आगे बढ़ाने के लिए वित्तीय सहायता प्रदान कर रहे हैं। परोपकार के प्रति उनकी प्रतिबद्धता समाज को वापस लौटाने और सकारात्मक बदलाव लाने में उनके विश्वास को रेखांकित करती है।

सेवानिवृत्ति और विरासत

सन् 2011 में ब्रूस कॉवनेर ने 'कैक्सटन एसोसिएट्स' के सी.ई.ओ. के रूप में पद छोड़ने का फैसला किया और फर्म के अध्यक्ष के रूप में भूमिका निभाई। उनके निर्णय ने उन्हें परोपकार पर अधिक ध्यान केंद्रित करने और अन्य व्यक्तिगत हितों को आगे बढ़ाने का समय दिया।

एक युवा ट्रेडर से वैश्विक शेयर बाजार आइकन तक कॉवनेर की उल्लेखनीय यात्रा ने वित्तीय जगत् में एक स्थायी विरासत छोड़ी। उनकी निवेश क्षमता, अनुशासन और लगातार बदलती बाजार-स्थितियों के अनुकूल ढलने की क्षमता ने दुनिया भर के ट्रेडर्स और निवेशकों को प्रेरित किया।

'कॉवनेर प्रभाव'

वैश्विक शेयर बाजार पर ब्रूस कॉवनेर के प्रभाव को अकसर 'कॉवनेर प्रभाव'

कहा जाता है। एक ट्रेडर और हेज फंड मैनेजर के रूप में उनकी सफलता ने ट्रेडर्स की एक नई पीढ़ी को प्रभावित किया, जिनमें से कई ने अपने निवेश दृष्टिकोण में व्यापक आर्थिक रणनीतियों को अपनाया।

कॉवनेर द्वारा नियोजित सिद्धांत व रणनीतियाँ—जैसे कि अनुशासित जोखिम-प्रबंधन और वैश्विक मैक्रो परिप्रेक्ष्य का—वित्तीय बाजारों में सफलता प्राप्त करने के इच्छुक निवेशकों एवं ट्रेडर्स द्वारा अध्ययन और अनुकरण जारी है।

निष्कर्षतः, पियानो बजाने वाले हार्वर्ड स्नातक से वैश्विक शेयर बाजार आइकन तक ब्रूस कॉवनेर की यात्रा जुनून, दृढ़ता और अनुकूलनशीलता की शक्ति का एक प्रमाण है। उनके असाधारण ट्रेडिंग कौशल, जोखिम-प्रबंधन प्रथाओं और परोपकारी योगदान ने वित्तीय उद्योग पर एक अमिट छाप छोड़ी है।

वैश्विक मैक्रो ट्रेडिंग के मास्टर और एक दूरदर्शी हेज फंड मैनेजर के रूप में ब्रूस कॉवनेर की विरासत निवेशकों, ट्रेडर्स एवं परोपकारियों को समान रूप से प्रेरित करती और उनका मार्गदर्शन करती रहती है। उनकी विकास-यात्रा वित्त और परोपकार की दुनिया में उत्कृष्टता का एक कालातीत उदाहरण बनी हुई है, जिससे उन्हें वैश्विक शीर्ष शेयर बाजार दिग्गजों में जगह मिली है।

□

मधुसूदन केला

25 दिसंबर, 1965 को जनमे मधुसूदन केला भारत के एक दूरदर्शी निवेशक और शेयर बाजार विशेषज्ञ हैं। दशकों के कॅरियर के साथ केला भारतीय शेयर बाजार में एक प्रमुख व्यक्ति बन गए हैं और वैश्विक शीर्ष शेयर बाजार व्यक्ति के रूप में पहचान बना रहे हैं। उनके असाधारण निवेश कौशल, भारतीय अर्थव्यवस्था की गहरी समझ और वित्तीय शिक्षा के प्रति प्रतिबद्धता ने उन्हें दुनिया भर के निवेशकों के लिए आदर्श बना दिया है।

प्रारंभिक वर्ष और शिक्षा

मधुसूदन केला की वित्त और निवेश में रुचि छोटी उम्र से ही स्पष्ट हो गई थी। भारत के मुंबई में एक मध्यम वर्गीय परिवार में पले-बढ़े केला ने संख्याओं के प्रति आकर्षण और शेयर बाजार के बारे में एक सहज जिज्ञासा प्रदर्शित की।

वाणिज्य में अपनी स्नातक की डिग्री पूरी करने के बाद उन्होंने वित्त और अर्थशास्त्र में आगे की पढ़ाई की। साथ ही, शेयर बाजार में अपनी भविष्य की सफलता की नींव रखी।

शेयर बाजार में प्रवेश

मधुसूदन केला ने शेयर बाजार में अपनी यात्रा 1990 के दशक की शुरुआत में शुरू की, जब भारत महत्त्वपूर्ण आर्थिक सुधारों के दौर से गुजर रहा था। भारतीय अर्थव्यवस्था के उदारीकरण ने निवेशकों के लिए अपार अवसर प्रस्तुत किए और केला ने तुरंत ही इस क्षमता को पहचान लिया।

शेयर बाजार में उनका प्रारंभिक प्रवेश व्यवसायों और भारतीय अर्थव्यवस्था के व्यापक आर्थिक परिदृश्य को समझने में गहरी रुचि के कारण हुआ। केला का निवेश दृष्टिकोण गहन शोध एवं दीर्घकालिक परिप्रेक्ष्य पर आधारित था।

रैंकों के माध्यम से ऊपर उठना

कम मूल्य वाले शेयरों पर पैनी नजर और एक अनुशासित निवेश रणनीति के साथ मधुसूदन केला तेजी से शेयर बाजार में आगे बढ़े। वह अग्रणी वित्तीय संस्थानों से जुड़े और निवेश पोर्टफोलियो एवं म्यूचुअल फंड के प्रबंधन में महत्त्वपूर्ण भूमिका निभाई।

उभरते रुझानों को पहचानने और चतुर निवेश निर्णय लेने की उनकी क्षमता ने उन्हें एक कुशल निवेशक एवं फंड मैनेजर के रूप में प्रतिष्ठा दिलाई।

रिलायंस कैपिटल जर्नी

सन् 1997 में मधुसूदन केला मुख्य निवेश अधिकारी (सी.आई.ओ.) के रूप में भारत के एक प्रमुख वित्तीय सेवा समूह 'रिलायंस कैपिटल' में शामिल हो गए। उनके नेतृत्व में कंपनी का म्यूचुअल फंड व्यवसाय फला-फूला और भारत के सबसे बड़े तथा सबसे सफल फंड हाउसों में से एक बन गया।

केला की निवेश रणनीतियों और दूरदर्शिता ने रिलायंस म्यूचुअल फंड के विकास में महत्त्वपूर्ण योगदान दिया और शेयर बाजार के दिग्गज के रूप में उनकी स्थिति मजबूत की।

निवेश दर्शन और रणनीतियाँ

मधुसूदन केला का निवेश दर्शन गहन अनुसंधान, अनुशासित जोखिम-प्रबंधन और दीर्घकालिक दृष्टिकोण के इर्द-गिर्द घूमता है। वह सतत विकास-संभावनाओं वाले तथा उच्च गुणवत्ता वाले व्यवसायों में निवेश करने में विश्वास करते हैं।

वे अस्थिर बाजार-स्थितियों के दौरान अनुशासित रहने और एक संतुलित एवं विविध पोर्टफोलियो बनाए रखने के महत्त्व पर भी जोर देते हैं।

वित्तीय शिक्षा के माध्यम से निवेशकों को सशक्त बनाना

अपने निवेश कौशल के अलावा मधुसूदन केला को वित्तीय शिक्षा का भी शौक है। उनका दृढ़ विश्वास है कि निवेशकों को वित्तीय योजना और शेयर

बाजार की गतिशीलता के बारे में शिक्षित करना उनकी दीर्घकालिक सफलता के लिए महत्त्वपूर्ण है।

केला नियमित रूप से निवेश सेमिनारों, सम्मेलनों एवं शैक्षिक पहलों में भाग लेते हैं और व्यक्तियों को सूचित वित्तीय निर्णय लेने के लिए सशक्त बनाने के लिए अपने ज्ञान व अंतर्दृष्टि को साझा करते हैं।

मान्यता एवं पुरस्कार

शेयर बाजार एवं निवेश उद्योग में मधुसूदन केला के असाधारण योगदान ने उन्हें व्यापक पहचान दिलाई है और उन्होंने कई प्रशंसाएँ अर्जित की हैं। उन्हें प्रतिष्ठित वित्तीय मीडिया आउटलेट्स में दिखाया गया है और उनकी निवेश विशेषज्ञता के लिए कई पुरस्कारों से सम्मानित किया गया है।

भारतीय शेयर बाजार में मधुसूदन केला के प्रभाव और वित्तीय शिक्षा के प्रति उनकी प्रतिबद्धता ने निवेशकों एवं वित्तीय पेशेवरों पर समान रूप से स्थायी प्रभाव छोड़ा है।

चुनौतियों और बाजार की अस्थिरता पर काबू पाना

अपने पूरे कॅरियर के दौरान मधुसूदन केला को बाजार की अस्थिरता और आर्थिक अनिश्चितताओं से निपटने सहित विभिन्न चुनौतियों का सामना करना पड़ा। हालाँकि, दीर्घकालिक उद्देश्यों पर ध्यान केंद्रित रखने और बदलती बाजार स्थितियों के अनुसार अपनी रणनीतियों को अनुकूलित करने की उनकी क्षमता ने उन्हें लगातार सफलता हासिल करने की अनुमति दी।

चुनौतियों का सामना करने में उनका लचीलापन और दृढ़ संकल्प निवेशकों के लिए प्रेरणा का स्रोत रहा है, खासकर अशांत बाजार अवधि के दौरान।

मधुसूदन केला का भविष्य

भारतीय शेयर बाजार और निवेश समुदाय में एक प्रमुख व्यक्ति के रूप में मधुसूदन केला की यात्रा निवेश उद्योग को प्रेरित करने तथा आकार देने के लिए जारी है। अनुशासित निवेश, वित्तीय शिक्षा और निवेशकों को सशक्त बनाने के प्रति उनकी अटूट प्रतिबद्धता यह सुनिश्चित करती है कि वैश्विक शीर्ष शेयर बाजार व्यक्ति के रूप में उनकी विरासत आने वाले वर्षों तक कायम रहेगी।

अपने नेतृत्व, दूरदर्शिता और वित्त के प्रति जुनून के माध्यम से मधुसूदन

केला ने शेयर बाजार में उत्कृष्टता के लिए एक मानदंड स्थापित किया है और वित्त एवं निवेश की गतिशील दुनिया में सफलता चाहने वाले निवेशकों के लिए यह एक मार्गदर्शक के रूप में कार्य करता है।

□

माइकल स्टीनहार्ट

माइकल एच. स्टीनहार्ट, जिनका जन्म 7 दिसंबर, 1940 को हुआ, एक प्रसिद्ध निवेशक और शेयर बाजार के जादूगर हैं। हेज फंड उद्योग में सबसे प्रभावशाली व्यक्तित्वों में से एक के रूप में स्टीनहार्ट की अद्वितीय सफलता और निवेश कौशल ने उन्हें वैश्विक शीर्ष शेयर बाजार दिग्गजों में जगह दिलाई है। उनकी नवीन रणनीतियों, कठोर शोध और जोखिम लेने की क्षमता ने शेयर बाजार के अग्रणी के रूप में उनकी विरासत को मजबूत किया है।

प्रारंभिक जीवन और शिक्षा

माइकल स्टीनहार्ट का जन्म वॉल स्ट्रीट से मजबूत संबंध वाले परिवार में हुआ। उनके पिता सोल फ्रैंक स्टीनहार्ट एक प्रमुख निवेशक और ब्रोकरेज फर्म बियर, स्टर्न्स एंड कंपनी में भागीदार थे। एक युवा लड़के के रूप में स्टीनहार्ट को अपने पिता के प्रभाव ने वित्त और शेयर बाजार की गतिशीलता की दुनिया से अवगत कराया।

उन्होंने पेनसिल्वेनिया विश्वविद्यालय के व्हार्टन स्कूल में दाखिला लिया, जहाँ उन्होंने अर्थशास्त्र में डिग्री हासिल की तथा वित्त एवं निवेश के प्रति अपने जुनून को और विकसित किया।

वॉल स्ट्रीट की शुरुआत और प्रारंभिक सफलता

अपनी शिक्षा पूरी करने के बाद माइकल स्टीनहार्ट ने वॉल स्ट्रीट पर लोएब, रोड्स एंड कंपनी में एक इक्विटी विश्लेषक के रूप में अपना कॅरियर शुरू किया। उन्होंने जल्दी ही खुद को एक प्रतिभाशाली निवेशक के रूप में स्थापित कर लिया, जिससे फर्म और उसके ग्राहकों के लिए महत्त्वपूर्ण मुनाफा हुआ।

सन् 1967 में स्टीनहार्ट ने अपने हेज फंड 'स्टीनहार्ट पार्टनर्स' की स्थापना की, जो उद्योग में सबसे सफल और प्रभावशाली फंडों में से एक बन गया।

स्टीनहार्ट पार्टनर्स

माइकल स्टीनहार्ट के नेतृत्व में 'स्टीनहार्ट पार्टनर्स' ने कई नवीन निवेश रणनीतियों को नियोजित किया, जो इसे पारंपरिक निवेश फर्मों से अलग करती है। वह विकल्पों का लाभ उठाने और जोखिम को प्रभावी ढंग से प्रबंधित करने के लिए हेजिंग तकनीकों का उपयोग करने में अग्रणी थे।

स्टीनहार्ट के गहन शोध एवं विश्लेषणात्मक कौशल ने उन्हें कम मूल्य वाले शेयरों की पहचान करने और उल्लेखनीय सटीकता के साथ बाजार के अवसरों को भुनाने की अनुमति दी। फंड के लगातार और प्रभावशाली रिटर्न ने महत्त्वपूर्ण पूँजी को आकर्षित किया तथा स्टीनहार्ट को वॉल स्ट्रीट का दिग्गज बना दिया।

कॉण्ट्रेरियन निवेश और बाजार का समय

स्टीनहार्ट निवेश के प्रति अपने विरोधाभासी दृष्टिकोण के लिए प्रसिद्ध रहे। वह अकसर प्रचलित बाजार भावनाओं के खिलाफ जाते थे और अनिश्चितता की स्थिति में साहसिक रुख अपनाने का साहस रखते थे।

उनकी त्रुटिहीन मार्केट टाइमिंग, शेयर बाजार में विभक्ति बिंदुओं की पहचान करने की उनकी क्षमता के साथ मिलकर 'स्टीनहार्ट पार्टनर्स' के असाधारण प्रदर्शन में योगदान दिया।

जोखिम-प्रबंधन की कला

सोच-समझकर जोखिम लेने की इच्छा के बावजूद माइकल स्टीनहार्ट जोखिम-प्रबंधन में भी माहिर रहे। उन्होंने अस्थिर बाजार-स्थितियों के दौरान पूँजी को संरक्षित करने और घाटे को सीमित करने के महत्त्व पर जोर दिया।

जोखिम-प्रबंधन के लिए स्टीनहार्ट का दृष्टिकोण अनुशासन और दीर्घकालिक मूल्य-निर्माण पर ध्यान केंद्रित करने पर आधारित था, जो दुनिया भर के निवेशकों के लिए एक उदाहरण स्थापित करता है।

परोपकार और स्टीनहार्ट फाउंडेशन

शेयर बाजार में अपनी उपलब्धियों के अलावा माइकल स्टीनहार्ट परोपकार के प्रति गहराई से प्रतिबद्ध रहे हैं। सन् 1986 में उन्होंने यहूदी जीवन के लिए

'स्टीनहार्ट फाउंडेशन' की सह-स्थापना की, जो यहूदी समुदायों के लिए शैक्षिक, सांस्कृतिक और सांप्रदायिक कार्यक्रमों का समर्थन करता है।

परोपकार के प्रति उनके समर्पण और उनके धर्मार्थ प्रयासों के प्रभाव ने उन्हें शेयर बाजार क्षेत्र से परे भी प्रशंसा व सम्मान दिलाया।

'स्टीनहार्ट पार्टनर्स' की समाप्ति

सन् 1995 में माइकल स्टीनहार्ट ने हेज फंड उद्योग से सेवानिवृत्त होने का विकल्प चुनते हुए 'स्टीनहार्ट पार्टनर्स' को बंद करने का निर्णय लिया। हालाँकि, उनकी निवेश विरासत शेयर बाजार और निवेश समुदायों के बीच गूँजती रही।

उनके उल्लेखनीय ट्रैक रिकॉर्ड और हेज फंड उद्योग में उनके योगदान ने निवेशकों एवं फंड मैनेजरों की पीढ़ियों को प्रेरित किया है।

परोपकारी यात्रा

'स्टीनहार्ट पार्टनर्स' से सेवानिवृत्त होने के बाद माइकल स्टीनहार्ट परोपकार और विभिन्न शैक्षिक पहलों में सक्रिय रूप से शामिल रहे। उन्होंने कई संगठनों के बोर्डों में भी काम किया है और अपनी वित्तीय विशेषज्ञता का उपयोग उन मुद्दों का समर्थन करने के लिए किया है, जिनके बारे में वे भावुक हैं।

विरासत

वित्त के प्रति जुनूनी युवा से वॉल स्ट्रीट के दिग्गज और वैश्विक शीर्ष शेयर बाजार व्यक्ति तक की माइकल स्टीनहार्ट की यात्रा उनके अद्वितीय निवेश कौशल एवं दूरदर्शिता का प्रमाण है।

उनकी नवीन निवेश रणनीतियों, विरोधाभासी दृष्टिकोण और जोखिम लेने की क्षमता ने उन्हें हेज फंड उद्योग में एक सच्चे अग्रणी के रूप में स्थापित किया है। स्टीनहार्ट के परोपकारी प्रयास और वापस देने की प्रतिबद्धता समाज के प्रति जिम्मेदारी की भावना के साथ एक शेयर बाजार के दिग्गज के चरित्र का भी उदाहरण प्रस्तुत करती है।

चूँकि निवेशक और वित्तीय पेशेवर माइकल स्टीनहार्ट के जीवन एवं निवेश दर्शन से प्रेरणा लेना जारी रखते हैं, वॉल स्ट्रीट जादूगर और शेयर बाजार दूरदर्शी के रूप में उनकी विरासत निस्संदेह आने वाली पीढ़ियों तक कायम रहेगी।

□

मोहनीश पबराई

12 जून, 1964 को जनमे मोहनीश पबराई एक बेहद प्रशंसित निवेशक, लेखक और शेयर बाजार विशेषज्ञ हैं। अपने गहन मूल्य निवेश सिद्धांतों और चतुराईपूर्ण निर्णय लेने के लिए प्रसिद्ध पबराई ने वैश्विक शीर्ष शेयर बाजार दिग्गजों में विशिष्ट स्थान अर्जित किया है। वॉरेन बफे जैसे निवेश दिग्गजों से प्रेरित उनके अद्वितीय निवेश दृष्टिकोण ने उन्हें मूल्य निवेश विशेषज्ञ के रूप में व्यापक पहचान दिलाई है।

प्रारंभिक जीवन और शिक्षा

मोहनीश पबराई का जन्म मुंबई, भारत में शिक्षाविदों के एक परिवार में हुआ। उनके पिता एक प्रतिष्ठित प्रोफेसर और माँ एक शिक्षिका थीं। बड़े होते हुए पबराई की बौद्धिक जिज्ञासा का पोषण ऐसे माहौल में हुआ, जिसने सीखने और आलोचनात्मक सोच को प्रोत्साहित किया।

इंजीनियरिंग में अपनी स्नातक की पढ़ाई पूरी करने के बाद पबराई हार्वर्ड बिजनेस स्कूल से मास्टर ऑफ बिजनेस एडमिनिस्ट्रेशन (एम.बी.ए.) करने के लिए संयुक्त राज्य अमेरिका चले गए। हार्वर्ड में अपने समय के दौरान उनका सामना वॉरेन बफे और बेंजामिन ग्राहम जैसे दिग्गज निवेशकों के कार्यों से हुआ, जिसने उनके निवेश दर्शन को महत्त्वपूर्ण रूप से प्रभावित किया।

पबराई निधि की उत्पत्ति

एम.बी.ए. के बाद मोहनीश पबराई ने प्रौद्योगिकी में अपना कॅरियर शुरू किया और अपनी खुद की आई.टी. परामर्श फर्म 'ट्रांसटेक इंक.' की स्थापना की। कंपनी

सफल हो गई, जिससे पबराई की संपत्ति में महत्त्वपूर्ण बढ़ोतरी हुई।

सन् 1999 में पबराई ने पूर्णकालिक निवेश पर अपना ध्यान केंद्रित करने का निर्णय लिया और अपना निवेश कोष 'पबराई फंड्स' लॉन्च किया। उन्होंने अपने पैसे से शुरुआत की और बाद में बाहरी निवेशकों के लिए फंड खोल दिया, जो उनकी निवेश विशेषज्ञता से लाभ उठाना चाहते थे।

बफे कनेक्शन

मोहनीश पबराई का निवेश दृष्टिकोण वॉरेन बफे की शिक्षाओं और सिद्धांतों से काफी प्रभावित है। उन्होंने अकसर खुद को बफे की निवेश शैली का 'बेशर्म क्लोनर' कहा है।

पबराई ने 'बफे-मुंगेर' दृष्टिकोण अपनाया, जिसमें टिकाऊ प्रतिस्पर्धात्मक लाभप्रद उच्च गुणवत्ता वाली कंपनियों के शेयरों को उनके आंतरिक मूल्यों और महत्त्वपूर्ण छूट पर खरीदने पर ध्यान केंद्रित किया गया। उन्होंने बफे के 'खरीदो और पकड़ो' के दर्शन के साथ तालमेल बिठाते हुए धैर्य और दीर्घकालिक होल्डिंग अवधि के महत्त्व पर जोर दिया।

मूल्य निवेश के सिद्धांत

मोहनीश पबराई की निवेश रणनीति के मूल में मूल्य निवेश के सिद्धांत हैं। वह ऐसे व्यवसायों को खरीदने में विश्वास करते हैं, जो मौलिक रूप से मजबूत हैं, लेकिन बाजार की अक्षमताओं या अल्पकालिक चिंताओं के कारण अस्थायी रूप से कम मूल्यांकित हैं।

पबराई के व्यवसायों का व्यापक शोध और विश्लेषण उन्हें उन अवसरों की पहचान करने की अनुमति देता है, जहाँ शेयर की कीमत अंतर्निहित परिसंपत्तियों के वास्तविक मूल्य को प्रतिबिंबित नहीं करती है।

केंद्रित पोर्टफोलियो की शक्ति

कई शेयरों में विविधता लाने वाले कई फंडों के विपरीत पबराई एक केंद्रित पोर्टफोलियो बनाए रखने के लिए जाने जाते हैं। उनका मानना है कि सच्चा विश्वास कुछ चुनिंदा कंपनियों के गहन शोध और समझ से आता है।

पबराई की अपने पोर्टफोलियो को सीमित संख्या में उच्च विश्वास वाले विचारों पर केंद्रित करने की इच्छा उन्हें पारंपरिक फंड मैनेजरों से अलग करती है।

परोपकार और 'दक्षिणा फाउंडेशन'

शेयर बाजार में अपनी सफलता के अलावा मोहनीश पबराई परोपकार के लिए गहराई से प्रतिबद्ध हैं। सन् 2005 में उन्होंने 'दक्षिणा फाउंडेशन' की स्थापना की, जो एक गैर-लाभकारी संगठन है, जो भारत में वंचित बच्चों को शैक्षिक अवसर प्रदान करने के लिए समर्पित है।

फाउंडेशन का मिशन आर्थिक रूप से वंचित पृष्ठभूमि के प्रतिभाशाली छात्रों को प्रतिष्ठित भारतीय इंजीनियरिंग एवं मेडिकल स्कूलों में प्रवेश परीक्षाओं की तैयारी में मदद करना है।

पढ़ने और सतत सीखने की शक्ति

मोहनीश पबराई एक शौकीन पाठक हैं और निरंतर सीखने की शक्ति के प्रबल समर्थक हैं। वह अपने निवेश की सफलता का श्रेय अत्यधिक पढ़ने और सफल निवेशकों एवं ट्रेड नेताओं के लेखन से अंतर्दृष्टि प्राप्त करने की अपनी आदत को देते हैं।

दूसरों के अनुभवों और ज्ञान से सीखने की पबराई की प्रतिबद्धता ने एक शेयर बाजार विशेषज्ञ के रूप में उनकी सफलता में योगदान दिया है।

वैश्विक प्रतिष्ठा

इन वर्षों में मोहनीश पबराई के निवेश कौशल और शेयर बाजार कौशल ने उन्हें वैश्विक प्रतिष्ठा दिलाई है। वह निवेश सम्मेलनों में एक लोकप्रिय वक्ता हैं और उन्हें प्रमुख वित्तीय मीडिया आउटलेट्स में दिखाया गया है।

पबराई के निवेश ट्रैक रिकॉर्ड और मूल्य निवेश समुदाय में योगदान ने दुनिया के शीर्ष शेयर बाजार दिग्गजों में से एक के रूप में उनकी स्थिति को मजबूत किया है।

विरासत

भारत में एक इंजीनियरिंग छात्र से विश्व स्तर पर मान्यता प्राप्त मूल्य निवेश विशेषज्ञ तक मोहनीश पबराई की यात्रा दृढ़ विश्वास, अनुसंधान और मूल्य निवेश सिद्धांतों के पालन की शक्ति का एक प्रमाण है।

वॉरेन बफे जैसे निवेश के दिग्गजों से सीखने और उन सिद्धांतों को अपनी निवेश-यात्रा में लागू करने की उनकी क्षमता ने उन्हें शेयर बाजार का शौकीन बना

दिया है। 'दक्षिणा फाउंडेशन' के माध्यम से पबराई के परोपकारी प्रयास एक दयालु और जिम्मेदार निवेशक के रूप में उनके चरित्र का उदाहरण देते हैं।

चूँकि निवेशक एवं वित्तीय पेशेवर मोहनीश पबराई के जीवन और निवेश दर्शन से प्रेरणा चाहते हैं, वैश्विक शीर्ष शेयर बाजार व्यक्ति के रूप में उनकी विरासत निस्संदेह दुनिया भर में मूल्य निवेशकों की पीढ़ियों को प्रेरित करती रहेगी।

□

यूजीन क्लिनर

12 मई, 1923 को ऑस्ट्रिया के विएना में पैदा हुए यूजीन क्लिनर एक अग्रणी उद्यम पूँजीपति और शेयर बाजार दूरदर्शी थे। दुनिया की अग्रणी उद्यम पूँजी फर्मों में से एक 'क्लिनर पर्किंस' के सह-संस्थापक के रूप में क्लिनर ने प्रौद्योगिकी परिदृश्य को आकार देने और नवोन्मेषी स्टार्टअप के विकास को बढ़ावा देने में महत्त्वपूर्ण भूमिका निभाई, जो भावी वैश्विक दिग्गज बने।

प्रारंभिक जीवन और नाजी जर्मनी से पलायन

यूजीन क्लिनर का प्रारंभिक जीवन द्वितीय विश्व युद्ध की उथल-पुथल से चिह्नित था। नाजी जर्मनी के उदय से भागकर उनका परिवार सन् 1938 में संयुक्त राज्य अमेरिका में आ गया। न्यूयॉर्क शहर में बसने के बाद क्लिनर की सफलता की यात्रा तेजी से बदलती दुनिया की पृष्ठभूमि में शुरू हुई।

शिक्षा और सेमीकंडक्टर कंपनी की स्थापना

सन् 1948 में सिटी कॉलेज ऑफ न्यूयॉर्क से इलेक्ट्रिकल इंजीनियरिंग में स्नातक की डिग्री हासिल करने के बाद यूजीन क्लिनर ने मैसाचुसेट्स इंस्टीट्यूट ऑफ टेक्नोलॉजी (एम.आई.टी.) में स्नातक की पढ़ाई की। वहाँ उनकी मुलाकात ट्रांजिस्टर के सह-आविष्कारक विलियम शॉक्ले से हुई और सात अन्य इंजीनियरों के साथ मिलकर उन्होंने 'शॉक्ले सेमीकंडक्टर लैब' की सह-स्थापना की।

सिलिकॉन वैली का जन्म

'शॉक्ले सेमीकंडक्टर' में यूजीन क्लिनर और उनके सहयोगियों के अग्रणी

काम ने सिलिकॉन वैली बनाने की नींव रखी। हालाँकि, शॉक्ले की प्रबंधन शैली से असंतोष के कारण सन् 1957 में क्लिनर सहित 'देशद्रोही आठ' इंजीनियरों को कंपनी छोड़नी पड़ी।

क्लिनर-पर्किंस का गठन

सन् 1972 में यूजीन क्लिनर ने साथी इंजीनियर टॉम पर्किंस के साथ एक उद्यम पूँजी फर्म 'क्लिनर-पर्किंस' की सह-स्थापना की। प्रारंभिक चरण के प्रौद्योगिकी स्टार्टअप की क्षमता को पहचानते हुए उन्होंने नवाचार और शेयर बाजार विकास को बढ़ावा देने के लिए आवश्यक पूँजी तथा समर्थन प्रदान करने की माँग की।

'क्लिनर-पर्किंस' ने अपने दूरदर्शितापूर्ण निवेश और सफल स्टार्टअप के पोर्टफोलियो के लिए तेजी से ख्याति प्राप्त की और दुनिया की सबसे प्रभावशाली उद्यम पूँजी फर्मों में से एक बन गई।

प्रौद्योगिकी स्टार्टअप में अभूतपूर्व निवेश

यूजीन क्लिनर के नेतृत्व में 'क्लिनर-पर्किंस' ने इतिहास की कुछ सबसे प्रतिष्ठित प्रौद्योगिकी कंपनियों में अभूतपूर्व निवेश की एक श्रृंखला बनाई। विशेष रूप से, कंपनी टेंडेम कंप्यूटर्स, जेनेंटेक और अमेरिका ऑनलाइन (ए.ओ.एल.) में शुरुआती निवेशक थी।

इन स्टार्टअप्स की क्षमता को पहचानने में क्लिनर की दूरदर्शिता ने उन्हें उद्योग का नेता बनने में मदद की, जिससे वैश्विक शीर्ष शेयर बाजार व्यक्ति के रूप में उनकी स्थिति मान्य हुई।

'डॉट-कॉम बबल' और उसके बाद

1990 के दशक के उत्तरार्ध के दौरान 'डॉट-कॉम बुलबुले' ने प्रौद्योगिकी कंपनियों के शेयर बाजार मूल्यांकन में अभूतपूर्व वृद्धि देखी। प्रचार के बावजूद यूजीन क्लिनर सतर्क रहे, उन्होंने ओवर वैल्यूएशन और अस्थिर ट्रेड मॉडल के खिलाफ सलाह दी।

2000 के दशक की शुरुआत में बुलबुला फूटने के बाद 'क्लिनर-पर्किंस' ने मजबूत बुनियादी सिद्धांतों वाली कंपनियों का समर्थन करके अपना लचीलापन साबित किया, जिससे लगातार विकसित हो रहे शेयर बाजार परिदृश्य में निरंतर सफलता सुनिश्चित हुई।

स्वच्छ ऊर्जा और स्थिरता में निवेश

यूजीन क्लिनर स्वच्छ ऊर्जा और स्थिरता पहल में निवेश के प्रबल समर्थक थे। 'क्लिनर-पर्किंस' ने नवीकरणीय ऊर्जा, इलेक्ट्रिक वाहनों और पर्यावरण के प्रति जागरूक प्रौद्योगिकियों पर काम करने वाली कई कंपनियों का समर्थन किया।

इन निवेशों ने न केवल स्वच्छ ऊर्जा क्षेत्र के विकास में योगदान दिया, बल्कि वैश्विक चुनौतियों का समाधान करने और समाज पर सकारात्मक प्रभाव डालने के लिए क्लिनर की प्रतिबद्धता को भी प्रतिबिंबित किया।

यूजीन क्लिनर की विरासत

एक दूरदर्शी उद्यम पूँजीपति और शेयर बाजार के शौकीन के रूप में यूजीन क्लिनर की विरासत सिलिकॉन वैली और प्रौद्योगिकी उद्योग में उनके योगदान के माध्यम से कायम है। विघटनकारी नवाचारों की पहचान करने और परिवर्तनकारी स्टार्टअप्स में निवेश करने की उनकी क्षमता ने शेयर बाजार को नया आकार दिया और दुनिया भर में प्रौद्योगिकी के विकास को प्रेरित किया।

अनगिनत उद्यमियों एवं निवेशकों के लिए एक मार्गदर्शक के रूप में क्लिनर का मार्गदर्शन शेयर बाजार के नेताओं और स्टार्टअप्स संस्थापकों की नई पीढ़ियों को प्रेरित करता रहेगा।

उत्पीड़न से बचने वाले एक आप्रवासी से एक दूरदर्शी उद्यम पूँजीपति तक की यूजीन क्लिनर की यात्रा लचीलेपन, दूरदर्शिता और नवाचार के प्रति प्रतिबद्धता की शक्ति को दरशाती है। 'क्लिनर-पर्किंस' के सह-संस्थापक के रूप में प्रौद्योगिकी स्टार्टअप में उनके रणनीतिक निवेश ने आधुनिक शेयर बाजार परिदृश्य को आकार देने और प्रौद्योगिकी के भविष्य को परिभाषित करने में मदद की।

वैश्विक शीर्ष शेयर बाजार व्यक्तित्व के रूप में क्लिनर की विरासत उद्यम पूँजी और शेयर बाजार के इतिहास में मजबूती से स्थापित है। उद्यमियों को सशक्त बनाने के प्रति उनकी अग्रणी भावना एवं समर्पण आने वाले वर्षों तक तकनीकी प्रगति और नवाचार को बढ़ावा देता रहेगा।

□

राकेश झुनझुनवाला

भारतीय शेयर बाजार के 'बिग बुल' के नाम से मशहूर राकेश झुनझुनवाला भारत के एक प्रसिद्ध निवेशक और अरबपति थे। 5 जुलाई, 1960 को हैदराबाद में जनमे झुनझुनवाला का पालन-पोषण मुंबई में एक राजस्थानी मारवाड़ी परिवार में हुआ। झुनझुनवाला की उल्लेखनीय निवेश यात्रा ने उन्हें भारतीय वित्तीय परिदृश्य में सबसे सम्मानित और प्रभावशाली शख्सियतों में से एक बना दिया। अपने असाधारण स्टॉक्स चयन कौशल और दूरदर्शी निवेश रणनीतियों के लिए प्रसिद्ध झुनझुनवाला की सफलता ने उन्हें वैश्विक शीर्ष शेयर बाजार दिग्गजों में स्थान दिलाया।

आरंभिक जीवन और शिक्षा

वित्त और निवेश में राकेश झुनझुनवाला की रुचि कम उम्र से ही विकसित हो गई थी। मुंबई में एक मध्यम वर्गीय परिवार में पले-बढ़े झुनझुनवाला को अपने पिता, जो एक आय कर अधिकारी थे, से शेयर बाजार के बारे में जानकारी मिली।

झुनझुनवाला ने वाणिज्य में उच्च शिक्षा प्राप्त की और बाद में अपनी चार्टर्ड अकाउंटेंसी (सी.ए.) योग्यता पूरी की, जिसने उन्हें वित्त एवं लेखांकन में एक मजबूत आधार प्रदान किया।

कॅरियर की शुरुआत

अपनी सी.ए. योग्यता पूरी करने के बाद राकेश झुनझुनवाला ने एक वित्तीय विश्लेषक के रूप में अपना कॅरियर शुरू किया और बाद में शेयर बाजार में निवेश की ओर रुख किया। 1980 के दशक की शुरुआत में उन्होंने भारतीय शेयर बाजार

में ट्रेड तथा निवेश करना शुरू किया, जहाँ उन्होंने अपने निवेश कौशल को निखारा और अपना अनूठा निवेश दर्शन विकसित किया।

झुनझुनवाला के शुरुआती अनुभवों ने उन्हें निवेश में धैर्य, अनुशासन और व्यापक शोध का मूल्य सिखाया।

अरबपति बनने का सफर

राकेश झुनझुनवाला के अरबपति बनने का सफर स्मार्ट निवेश निर्णयों और बाजार की गहरी समझ के साथ शुरू हुआ। उन्होंने विशेष रूप से भारतीय शेयर बाजार के शुरुआती विकास चरण में कुछ दूरदर्शितापूर्ण निवेश किए।

झुनझुनवाला की मल्टीबैगर स्टॉक्स, महत्त्वपूर्ण वृद्धि की संभावना वाली कंपनियों, की पहचान करने की क्षमता ने उन्हें संपत्ति बनाने में महत्त्वपूर्ण भूमिका निभाई।

विरोधाभासी निवेश के मास्टर

राकेश झुनझुनवाला की प्रमुख शक्तियों में से एक, निवेश के प्रति उनका विरोधाभासी दृष्टिकोण है। वह अकसर उन कंपनियों में निवेश करते थे, जो चुनौतियों का सामना कर रही थीं या अस्थायी कठिनाइयों से गुजर रही थीं; लेकिन उनके बुनियादी सिद्धांत और विकास की संभावनाएँ मजबूत थीं।

झुनझुनवाला के विरोधाभासी रुख और दीर्घकालिक परिप्रेक्ष्य के कारण उनके निवेश पोर्टफोलियो में पर्याप्त लाभ हुआ।

मल्टीबैगर स्टॉक्स की पसंद

अपने निवेश कॅरियर के दौरान राकेश झुनझुनवाला ने कई मल्टीबैगर स्टॉक्स चुने, जिससे उन्हें भारतीय शेयर बाजार के 'बिग बुल' की प्रतिष्ठा मिली। उनकी निवेश पसंद में विभिन्न क्षेत्रों की प्रसिद्ध भारतीय कंपनियाँ शामिल रहीं।

टाइटन कंपनी, ल्यूपिन और टाटा मोटर्स जैसी कंपनियों में झुनझुनवाला के निवेश से महत्त्वपूर्ण रिटर्न मिला, जिससे बाजार के जादूगर के रूप में उनकी स्थिति मजबूत हुई।

मूल्य निवेशक का दर्शन

राकेश झुनझुनवाला का निवेश दर्शन मूल्य निवेश सिद्धांतों में निहित रहा। वह

मजबूत बुनियादी सिद्धांतों, सक्षम प्रबंधन टीमों और स्थायी प्रतिस्पर्धी लाभ वाली कंपनियों की तलाश करते थे।

दीर्घकालिक विकास संभावनाओं पर उनका ध्यान और छिपे हुए रत्नों को पहचानने की उनकी क्षमता ने उनके निवेश की सफलता में महत्त्वपूर्ण भूमिका निभाई।

धैर्य और दृढ़ विश्वास की भूमिका

एक निवेशक के रूप में राकेश झुनझुनवाला धैर्य और दृढ़ विश्वास को बहुत महत्त्व देते थे। वह बाजार में अस्थिरता के दौरान भी अपने निवेश सिद्धांतों को कार्यान्वित करने के लिए समय देने में विश्वास करते थे।

अपने निवेश निर्णयों में झुनझुनवाला के अटूट विश्वास ने अच्छा परिणाम दिया, जिससे वह कई निवेशकों के लिए एक आदर्श बन गए।

शेयर बाजार से परे

राकेश झुनझुनवाला का प्रभाव शेयर बाजार से परे तक फैला हुआ है। वह परोपकारी पहलों में सक्रिय भागीदार रहे तथा शिक्षा और स्वास्थ्य सहित विभिन्न धर्मार्थ कार्यों में योगदान देते रहे।

विरासत

शेयर बाजार के प्रति जुनूनी एक युवा निवेशक से वैश्विक शीर्ष शेयर बाजार दिग्गज तक राकेश झुनझुनवाला की यात्रा समर्पण, अनुसंधान और एक विरोधाभासी दृष्टिकोण की शक्ति का प्रमाण रही।

उनका कहना था कि कंपनी के शेयर की कीमत यह तय नहीं करती कि आपको उसमें निवेश करना चाहिए या नहीं, बल्कि कंपनी की वैल्यू ज्यादा महत्त्व रखती है; और छोटी अवधि में ही मुनाफा कमाने के बजाय निवेश को कई गुना बढ़ने के लिए समय देना चाहिए। बाजार में पैसे को मैच्योर होने का समय दें। थोड़ा इंतजार जरूर करना पड़ेगा, लेकिन रिटर्न निश्चित मिलेगा।

14 अगस्त, 2022 को उनका असामयिक निधन हो गया। उनके असाधारण निवेश कौशल और दूरदर्शी रणनीतियों ने उन्हें भारतीय निवेश समुदाय में एक प्रतिष्ठित व्यक्ति बना दिया।

□

राधाकिशन दमानी

राधाकिशन दमानी का जन्म 9 मार्च, 1954 को हुआ। वह एक रिटेल किंग और शेयर बाजार विशेषज्ञ हैं। एक निवेशक और उद्यमी के रूप में अपनी असाधारण सफलता के लिए प्रसिद्ध दमानी को उनके त्रुटिहीन स्टॉक्स चयन कौशल और चतुर व्यावसायिक कौशल के लिए जाना जाता है। कम मूल्य वाले शेयरों की पहचान करने और सफल खुदरा व्यवसाय बनाने की उनकी असाधारण क्षमता ने उन्हें वैश्विक शीर्ष शेयर बाजार दिग्गजों में जगह दिलाई है।

प्रारंभिक जीवन और उद्यमशीलता उद्यम

राधाकिशन दमानी का जन्म बीकानेर में एक मारवाड़ी परिवार में हुआ। छोटी उम्र से ही उन्होंने व्यवसाय और उद्यमिता में गहरी रुचि प्रदर्शित की। उन्होंने मुंबई विश्वविद्यालय से वाणिज्य में उच्च शिक्षा प्राप्त की और बाद में व्यवसाय की दुनिया में बहुमूल्य अनुभव प्राप्त करते हुए विभिन्न उद्यमशील उद्यमों में लगे रहे।

दमानी के शुरुआती अनुभवों ने उन्हें लचीलेपन का महत्त्व और असफलताओं से सीखने का महत्त्व सिखाया।

शेयर बाजार में शुरुआत

राधाकिशन दमानी का शेयर बाजार से जुड़ाव 1980 के दशक की शुरुआत में हुआ, जब उन्होंने भारतीय शेयर बाजार में निवेश करना शुरू किया। उनका निवेश दृष्टिकोण मूल्य निवेश के सिद्धांतों से प्रभावित था, जिसमें मजबूत विकास क्षमता वाले कम मूल्य वाले शेयरों पर ध्यान केंद्रित किया गया था।

दमानी की अनुशासित निवेश रणनीति और सूक्ष्म शोध से जल्द ही प्रभावशाली रिटर्न मिलना शुरू हो गया।

'डी-मार्ट' की स्थापना

सन् 2002 में राधाकिशन दमानी ने 'एवेन्यू सुपरमार्ट्स लिमिटेड' की स्थापना की, जिसे 'डी-मार्ट' के नाम से जाना जाता है। उनके नेतृत्व में 'डी-मार्ट' भारत में सबसे सफल खुदरा श्रृंखलाओं में से एक बन गया, जो किफायती कीमतों पर उत्पादों की एक विस्तृत श्रृंखला पेश करता है।

'डी-मार्ट' की उल्लेखनीय सफलता का श्रेय दमानी की उपभोक्ता प्राथमिकताओं को पहचानने की क्षमता और ग्राहकों को मूल्य प्रदान करने की उनकी प्रतिबद्धता को दिया जा सकता है।

सतर्क और धैर्यवान् निवेशक

राधाकिशन दमानी अपने सतर्क और धैर्यपूर्ण निवेश दृष्टिकोण के लिए जाने जाते हैं। वह कोई भी निर्णय लेने से पहले निवेश के अवसरों का सावधानीपूर्वक विश्लेषण करते हुए परिकलित जोखिम लेते हैं।

धैर्य बनाए रखने और सही अवसरों की प्रतीक्षा करने की उनकी क्षमता ने उनके निवेश की सफलता में महत्त्वपूर्ण भूमिका निभाई है।

मल्टीबैगर स्टॉक्स की पसंद

अपने पूरे कॅरियर के दौरान राधाकिशन दमानी ने कई मल्टीबैगर स्टॉक्स चुने हैं—ऐसे स्टॉक्स, जिनका मूल्य कई गुना बढ़ गया है। छिपे हुए रत्नों को पहचानने और मजबूत बुनियादी सिद्धांतों वाली कंपनियों में निवेश करने की उनकी क्षमता ने निवेश समुदाय से प्रशंसा अर्जित की है।

दमानी के स्टॉक्स चयन में विभिन्न प्रसिद्ध भारतीय कंपनियाँ शामिल हैं, जिन्होंने निवेशकों को उल्लेखनीय रिटर्न दिया है।

विरोधाभासी निवेश की कला

एक निवेशक के रूप में राधाकिशन दमानी अकसर विरोधाभासी दृष्टिकोण अपनाते हैं। उन्हें उन कंपनियों में निवेश करने के लिए जाना जाता है, जो चुनौतीपूर्ण समय से गुजर रही हैं, लेकिन उनमें वापसी करने की क्षमता है।

उनका विरोधाभासी रुख और बदलाव के अवसरों को पहचानने की क्षमता उनकी निवेश सफलता के लिए महत्त्वपूर्ण रही है।

निम्न प्रोफाइल, उच्च प्रभाव

अपनी उल्लेखनीय सफलता के बावजूद राधाकिशन दमानी को निम्न प्रोफाइल बनाए रखने के लिए जाना जाता है। वह शायद ही कभी मीडिया से बातचीत करते हैं या सार्वजनिक रूप से सामने आते हैं। वह अपने कार्यों को खुद बोलने देना पसंद करते हैं।

दमानी के परिणामों पर ध्यान और अपने काम के प्रति समर्पण ने उन्हें ट्रेडिंग और निवेश समुदाय में बहुत सम्मान दिलाया है।

परोपकारी प्रयास

राधाकिशन दमानी शिक्षा, स्वास्थ्य और ग्रामीण विकास पर ध्यान केंद्रित करते हुए परोपकारी पहलों में सक्रिय रूप से शामिल हैं। समाज को वापस लौटाने के प्रति उनका समर्पण अपने धन का उपयोग व्यापक भलाई के लिए करने में उनके विश्वास को दरशाता है।

विरासत

एक युवा उद्यमी से वैश्विक शीर्ष शेयर बाजार दिग्गज तक राधाकिशन दमानी की यात्रा दृढ़ता, चतुराईपूर्ण निर्णय लेने की शक्ति और एक मजबूत व्यावसायिक कौशल का प्रमाण है। उनके असाधारण निवेश कौशल और भारत की सबसे सफल खुदरा शृंखलाओं में से एक 'डी-मार्ट' के निर्माण में उनकी सफलता ने उन्हें भारतीय शेयर बाजार में एक प्रमुख स्थान दिलाया है।

चूँकि निवेशक एवं वित्तीय पेशेवर राधाकिशन दमानी के जीवन और निवेश दर्शन से प्रेरणा लेते रहेंगे, रिटेल किंग और शेयर बाजार के दिग्गज के रूप में उनकी विरासत आने वाली पीढ़ियों तक कायम रहेगी।

□

रामदेव अग्रवाल

रायपुर, छत्तीसगढ़ में 5 अप्रैल, 1957 को जनमे रामदेव अग्रवाल भारत के एक दूरदर्शी निवेशक और शेयर बाजार के दिग्गज हैं। अपने असाधारण निवेश कौशल और वित्तीय बाजारों की गहरी समझ के लिए प्रसिद्ध रामदेव अग्रवाल ने भारतीय शेयर बाजार पर एक अमिट छाप छोड़ी है। मूल्य निवेश, व्यावहारिक अनुसंधान और दीर्घकालिक परिप्रेक्ष्य के प्रति उनकी अटूट प्रतिबद्धता ने उन्हें वैश्विक शीर्ष शेयर बाजार दिग्गजों में स्थान दिलाया है।

आरंभिक जीवन और शिक्षा

वित्त और निवेश में रामदेव अग्रवाल की रुचि उनके बचपन के दौरान मुंबई शहर में जागी। शेयर बाजार में अपने परिवार की भागीदारी से प्रेरित होकर उनमें कम उम्र से ही इक्विटी निवेश के प्रति आकर्षण विकसित होने लगा।

अग्रवाल ने वाणिज्य में उच्च शिक्षा प्राप्त की और बाद में बिजनेस एडमिनिस्ट्रेशन में मास्टर डिग्री हासिल की, जिसने एक निवेशक के रूप में उनके भविष्य के कॅरियर की नींव रखी।

कॅरियर की शुरुआत

अपनी शिक्षा पूरी करने के बाद रामदेव अग्रवाल ने एक वित्तीय विश्लेषक के रूप में अपना कॅरियर शुरू किया और बाद में वित्तीय उद्योग में विभिन्न भूमिकाओं में काम किया। शेयर बाजार में उनके शुरुआती अनुभवों ने उन्हें इक्विटी अनुसंधान और स्टॉक चयन में मूल्यवान् अंतर्दृष्टि प्रदान की।

मूल्य निवेश के प्रति श्री अग्रवाल का जुनून और निवेशकों के लिए दीर्घकालिक संपत्ति बनाने की उनकी इच्छा उनके कॅरियर के पीछे प्रेरक शक्ति बन गई।

मोतीलाल ओसवाल फाइनेंशियल सर्विसेज के सह-संस्थापक

सन् 1987 में रामदेव अग्रवाल ने भारत की अग्रणी वित्तीय सेवा फर्म 'मोतीलाल ओसवाल फाइनेंशियल सर्विसेज' की सह-स्थापना की। कंपनी ने एक छोटी स्टॉक ब्रोकिंग फर्म के रूप में शुरुआत की और अंततः धन प्रबंधन, परिसंपत्ति प्रबंधन तथा निवेश बैंकिंग सहित विभिन्न वित्तीय सेवाओं में विस्तार किया।

गुणवत्तापूर्ण अनुसंधान और निवेश सलाहकार सेवाएँ प्रदान करने के लिए रामदेव अग्रवाल की प्रतिबद्धता फर्म की सफलता में सहायक रही है।

मूल्य निवेश दृष्टिकोण

रामदेव अग्रवाल का निवेश दर्शन मूल्य निवेश सिद्धांतों में गहराई से निहित है। वह मजबूत विकास क्षमता वाले कम मूल्य वाले शेयरों की पहचान करने और उन्हें लंबी अवधि के लिए रखने में विश्वास करते हैं।

श्री अग्रवाल सूचित निवेश निर्णय लेने के लिए गहन शोध और मौलिक विश्लेषण करने के महत्त्व पर जोर देते हैं।

सफल स्टॉक चयन

अपने पूरे कॅरियर के दौरान रामदेव अग्रवाल ने कई सफल स्टॉक्स चयन किए हैं, जिससे उनके ग्राहकों और निवेशकों के लिए महत्त्वपूर्ण धन उत्पन्न हुआ है। छिपे हुए रत्नों को पहचानने और स्थायी प्रतिस्पर्धी लाभ वाली कंपनियों में निवेश करने की उनकी क्षमता ने निवेश समुदाय से प्रशंसा अर्जित की है।

अग्रवाल की निवेश पसंद में विभिन्न प्रसिद्ध भारतीय कंपनियाँ शामिल हैं, जो प्रमुख धन निर्माता बन गई हैं।

धैर्य की कला

एक मूल्य निवेशक के रूप में रामदेव अग्रवाल धैर्य और अनुशासन को बहुत महत्त्व देते हैं। वह अपने निवेश सिद्धांतों को कार्यान्वित करने के लिए समय देने और चक्रवृद्धि की शक्ति को अपनी हिस्सेदारी के पक्ष में काम करने की अनुमति देने में विश्वास करते हैं।

बाजार में उतार-चढ़ाव के दौरान धैर्य बनाए रखने की अग्रवाल की क्षमता उनके निवेश की सफलता में एक महत्त्वपूर्ण कारक रही है।

निवेश संबंधी ज्ञान साझा करना

अपने सफल निवेश कॅरियर के अलावा रामदेव अग्रवाल अपने निवेश ज्ञान को जनता के साथ साझा करने के लिए समर्पित हैं। वह विभिन्न निवेश सम्मेलनों व मंचों पर एक शानदार वक्ता हैं, जहाँ वह निवेश और धन-सृजन पर बहुमूल्य अंतर्दृष्टि प्रदान करते हैं।

अपने ज्ञान और अनुभवों को साझा करने की श्री अग्रवाल की इच्छा ने कई निवेशकों को निवेश के लिए मूल्य-उन्मुख दृष्टिकोण अपनाने के लिए प्रेरित किया है।

परोपकारी योगदान

रामदेव अग्रवाल अपने परोपकारी प्रयासों के लिए भी जाने जाते हैं। वह शिक्षा, स्वास्थ्य और ग्रामीण विकास पर ध्यान देने के साथ विभिन्न सामाजिक पहलों और धर्मार्थ कार्यों में भी सक्रिय रूप से शामिल रहे हैं।

समाज को वापस लौटाने की उनकी प्रतिबद्धता दूसरों की भलाई के लिए धन का उपयोग करने में उनके विश्वास को दरशाती है।

विरासत

शेयर बाजार के प्रति जुनून रखने वाले एक युवा निवेशक से लेकर वैश्विक शीर्ष शेयर बाजार दिग्गज तक का रामदेव अग्रवाल का सफर मूल्य निवेश, धैर्य और दीर्घकालिक परिप्रेक्ष्य की शक्ति का एक प्रमाण है। उनके असाधारण निवेश कौशल और नैतिक व जिम्मेदार निवेश के प्रति समर्पण ने उन्हें भारतीय निवेश समुदाय में एक प्रतिष्ठित व्यक्ति बना दिया है। भारतीय शेयर बाजार पर उनका गहरा प्रभाव और उनके परोपकारी योगदान वित्त एवं निवेश की गतिशील दुनिया में सफलता हासिल करने के इच्छुक लोगों के लिए एक मार्गदर्शक के रूप में काम करते हैं।

□

रॉबर्ट डब्ल्यू. विल्सन

रॉबर्ट वार्न विल्सन का जन्म 3 नवंबर, 1926 को डेट्रॉयट, मिशिगन, अमेरिका में हुआ। वह एक मनमौजी हेज फंड मैनेजर, निवेशक और परोपकारी व्यक्ति थे। अपने असाधारण निवेश कौशल और विरोधाभासी दृष्टिकोण के लिए प्रसिद्ध रॉबर्ट विल्सन ने वित्तीय दुनिया पर एक महत्त्वपूर्ण प्रभाव छोड़ा। वैश्विक शीर्ष शेयर बाजार दिग्गज के रूप में उनकी उल्लेखनीय सफलता और उनके परोपकारी योगदान के साथ उन्हें व्यापक प्रशंसा व सम्मान मिला।

आरंभिक जीवन और शिक्षा

रॉबर्ट डब्ल्यू. विल्सन का पालन-पोषण रोचेस्टर, न्यूयॉर्क में एक साधारण परिवार में हुआ। उन्होंने छोटी उम्र से ही वित्त में गहरी रुचि दिखाई और शेयर बाजार के कामकाज के प्रति आकर्षण विकसित किया।

अपनी शिक्षा पूरी करने के बाद विल्सन ने वित्तीय उद्योग में अपनी पहचान बनाने के लिए दृढ़ संकल्प के साथ वित्त एवं निवेश में अपना कॅरियर शुरू किया।

विल्सन एंड एसोसिएट्स का जन्म

सन् 1969 में रॉबर्ट डब्ल्यू. विल्सन ने 'विल्सन एंड एसोसिएट्स' की स्थापना की; एक हेज फंड, जो उनके निवेश कौशल के लिए मंच बन गया। उन्होंने अपनी चतुराईपूर्ण निवेश रणनीतियों और साहसिक निर्णय लेने के लिए शीघ्र ही ख्याति प्राप्त कर ली।

विल्सन के हेज फंड ने उनके निवेशकों को उल्लेखनीय रिटर्न दिया, जिससे उन्हें अपने समय के शीर्ष हेज फंड मैनेजरों में जगह मिल गई।

विरोधाभासी निवेश की कला

एक निवेशक के रूप में रॉबर्ट विल्सन की प्रमुख शक्तियों में से एक उनका विरोधाभासी दृष्टिकोण था। उन्होंने अकसर उन कंपनियों या क्षेत्रों में निवेश किया, जो उनके कम मूल्यांकन की वजह से बाजार के अनुकूल नहीं समझे जाते थे।

विल्सन के विरोधाभासी रुख के कारण उनके हेज फंड को कई सफल निवेश और प्रभावशाली रिटर्न मिले।

शॉर्ट सेलिंग की कला में महारत

रॉबर्ट विल्सन शॉर्ट सेलिंग में माहिर थे। एक ऐसी रणनीति, जहाँ एक निवेशक कीमत में गिरावट की प्रत्याशा में उधार लिये गए शेयर बेचता है। उन्होंने कुशलतापूर्वक ओवरवैल्यूड शेयरों की पहचान की और सही समय पर छोटे ट्रेडों को अंजाम दिया, जिससे उनके हेज फंड के लिए पर्याप्त मुनाफा हुआ।

शॉर्ट सेलिंग में विल्सन की कुशलता ने उन्हें बाजार में एक मजबूत ताकत के रूप में ख्याति दिलाई।

परोपकारी यात्रा

अपने सफल कॅरियर के दौरान रॉबर्ट डब्ल्यू. विल्सन ने परोपकार के प्रति गहरी प्रतिबद्धता भी प्रदर्शित की। वह पर्यावरणीय मुद्दों, शिक्षा और वन्य जीव संरक्षण के प्रबल समर्थक थे। समाज को वापस लौटाने के प्रति विल्सन का समर्पण विभिन्न धर्मार्थ संगठनों को उनके उदार दान के माध्यम से स्पष्ट था। विल्सन के परोपकारी प्रयासों में 'विश्व वन्य जीव कोष' और 'पर्यावरण रक्षा कोष' जैसे संगठनों में महत्त्वपूर्ण योगदान शामिल था।

सन् 1987 : स्टॉक मार्केट क्रैश का प्रभाव

सन् 1987 में रॉबर्ट डब्ल्यू. विल्सन को एक महत्त्वपूर्ण चुनौती का सामना करना पड़ा, जब शेयर बाजार में भारी गिरावट आई। उन्होंने लचीलेपन के साथ बाजार की उथल-पुथल से निपटा और रणनीतिक निवेश निर्णय लिये, जिससे उनके फंड की पूँजी को संरक्षित करने में मदद मिली।

तूफान का सामना करने और बाजार की मंदी से उबरने की विल्सन की क्षमता ने उनके उल्लेखनीय जोखिम-प्रबंधन कौशल को प्रदर्शित किया।

निवेशक की मानसिकता

रॉबर्ट डब्ल्यू. विल्सन के पास अनुशासन, धैर्य और दीर्घकालिक परिप्रेक्ष्य की विशेषता वाली एक अद्वितीय निवेशक मानसिकता थी। वह निवेश के अवसरों पर गहन शोध करने और एक विविध पोर्टफोलियो बनाए रखने में विश्वास करते थे।

विल्सन के निवेश दर्शन ने कई निवेशकों को अपनी निवेश रणनीतियों के लिए अनुशासित और विचारशील दृष्टिकोण अपनाने के लिए प्रेरित किया।

विरासत और प्रभाव

रॉबर्ट डब्ल्यू. विल्सन की विरासत दुनिया भर के निवेशकों और परोपकारियों को प्रेरित करती रही है। उनकी निवेश सफलता, परोपकारी योगदान और पर्यावरणीय कारणों के प्रति प्रतिबद्धता ने वित्तीय एवं परोपकारी समुदायों पर स्थायी प्रभाव छोड़ा है।

उनके विपरीत निवेश दृष्टिकोण और वापस देने के समर्पण ने उन्हें वैश्विक वित्तीय परिदृश्य में एक प्रतिष्ठित व्यक्ति बनाए रखा है।

पारिवारिक उथल-पुथल के चलते 87 वर्ष की आयु में 23 दिसंबर, 2013 को विल्सन ने मैनहट्टन में 16वीं मंजिल पर अपने अपार्टमेंट से छलाँग लगाकर अपनी जीवन-लीला समाप्त कर ली।

□

रिचर्ड डेनिस

रिचर्ड जे. डेनिस, जिनका जन्म 9 जनवरी, 1949 को हुआ, एक प्रसिद्ध कमोडिटी ट्रेडर और 'टर्टल ट्रेडिंग प्रयोग' के अग्रणी थे। अपने असाधारण ट्रेडिंग कौशल और बाजारों के प्रति नवीन दृष्टिकोण के लिए प्रसिद्ध डेनिस ने कमोडिटी ट्रेड की दुनिया पर गहरा प्रभाव डाला तथा वैश्विक वित्तीय परिदृश्य में एक स्थायी विरासत छोड़ी। एक ट्रेडर और दूसरों के सलाहकार के रूप में उनकी असाधारण सफलता ने उन्हें वैश्विक शीर्ष शेयर बाजार दिग्गजों में स्थान दिलाया।

आरंभिक जीवन

रिचर्ड डेनिस शिकागो, इलिनोइस में पले-बढ़े और उन्होंने वित्तीय बाजारों में शुरुआती रुचि दिखाई। हाई स्कूल में रहते हुए उन्होंने ट्रेडिंग और निवेश पर पुस्तकें पढ़ना शुरू कर दिया, जो बाजारों द्वारा प्रस्तुत संभावित पुरस्कारों एवं चुनौतियों से आकर्षित हुए।

हाई स्कूल की पढ़ाई पूरी करने के बाद डेनिस ने मुख्य रूप से कमोडिटी वायदा बाजारों पर ध्यान केंद्रित करते हुए अपने दम पर ट्रेड करना शुरू कर दिया।

ट्रेंड फॉलोइंग की अवधारणा

रिचर्ड डेनिस की ट्रेडिंग शैली के परिभाषित पहलुओं में से एक 'ट्रेंड फॉलोइंग' में उनका विश्वास था। उनका मानना था कि बाजार स्पष्ट रुझान प्रदर्शित करते हैं, जिन्हें पहचाना जा सकता है और महत्त्वपूर्ण लाभ प्राप्त करने के लिए उनका पूँजीकरण किया जा सकता है।

डेनिस के दृष्टिकोण में रुझानों की पहचान करने और उसके अनुसार खुद को

स्थापित करने के लिए तकनीकी विश्लेषण का उपयोग करना शामिल था।

टर्टल ट्रेडिंग प्रयोग

1980 के दशक की शुरुआत में रिचर्ड डेनिस ने यह परीक्षण करने के लिए एक प्रयोग किया कि क्या सफल ट्रेडिंग को जन्मजात प्रतिभा के बजाय सिखाया जा सकता है ? उन्होंने नौसिखियों के एक समूह को भरती किया, जिन्हें 'कछुए' के नाम से जाना जाता था और उन्हें अपने ट्रेडिंग नियम एवं कार्य-प्रणाली प्रदान की।

'टर्टल ट्रेडिंग प्रयोग' एक जबरदस्त सफलता थी, जिसमें कई 'कछुओं' ने अपने ट्रेडिंग कॅरियर में उल्लेखनीय सफलता हासिल की।

कमोडिटी किंग

रिचर्ड डेनिस ने शिकागो के कमोडिटी ट्रेडिंग पिट्स में अपने कौशल के लिए 'द प्रिंस ऑफ द पिट' उपनाम अर्जित किया। वह बड़े पद लेने में अपनी निडरता और दबाव में शांत रहने की क्षमता के लिए जाने जाते थे।

डेनिस के असाधारण ट्रेडिंग कौशल ने उन्हें अपने समय के सबसे सफल कमोडिटी ट्रेडर्स में से एक के रूप में ख्याति दिलाई।

ट्रेडिंग दर्शन और जोखिम-प्रबंधन

रिचर्ड डेनिस का ट्रेडिंग के प्रति एक अनुशासित दृष्टिकोण था, जिसमें सख्त जोखिम-प्रबंधन प्रथाएँ शामिल थीं। उन्होंने घाटे को कम करने और विजेताओं को आगे बढ़ने देने के महत्त्व पर जोर दिया, जो सफल ट्रेंड का एक प्रमुख सिद्धांत है।

एक ट्रेडर के रूप में डेनिस की जोखिम-प्रबंधन तकनीक उनकी दीर्घकालिक सफलता में एक महत्त्वपूर्ण कारक थी।

बाजार के जादूगरों का साक्षात्कार

रिचर्ड डेनिस को जैक डी. श्वागर की प्रसिद्ध पुस्तक 'मार्केट विजाड्‌र्स' में चित्रित किया गया है, जहाँ उन्होंने एक सफल ट्रेडर के रूप में अपनी अंतर्दृष्टि और अनुभव साझा किए। पुस्तक में डेनिस ने इच्छुक ट्रेडर्स को बहुमूल्य सलाह दी, जिसमें अनुशासन की आवश्यकता और एक ट्रेडिंग योजना पर टिके रहने पर जोर दिया गया।

'मार्केट विजाड्‌र्स' में उनके साक्षात्कार ने एक ट्रेडिंग दिग्गज के रूप में उनकी स्थिति को और मजबूत कर दिया।

परोपकारी योगदान

अपनी ट्रेडिंग सफलता के अलावा रिचर्ड डेनिस एक परोपकारी व्यक्ति थे, जो शिक्षा और वन्य जीव संरक्षण सहित विभिन्न धर्मार्थ कार्यों का समर्थन करते थे। वह समाज को वापस लौटाने और दुनिया पर सकारात्मक प्रभाव डालने के लिए अपने धन का उपयोग करने में विश्वास करते थे।

रिचर्ड डेनिस की विरासत

रिचर्ड डेनिस की विरासत दुनिया भर के ट्रेडर्स और निवेशकों को प्रभावित कर रही है। 'ट्रेंड फॉलोइंग' के क्षेत्र में उनके योगदान और 'टर्टल ट्रेडिंग प्रयोग' की सफलता ने अनगिनत व्यक्तियों को ट्रेडिंग में कॅरियर बनाने के लिए प्रेरित किया है।

उनका ट्रेडिंग दर्शन और जोखिम-प्रबंधन सिद्धांत सफल ट्रेडिंग रणनीतियों के आवश्यक स्तंभ बने हुए हैं। वित्तीय बाजारों के प्रति जुनून रखने वाले एक युवा ट्रेडर से लेकर वैश्विक शीर्ष शेयर बाजार दिग्गज तक रिचर्ड डेनिस की यात्रा नवाचार, अनुशासन और बाजार की गतिशीलता की गहरी समझ की शक्ति का प्रमाण है। उनके असाधारण ट्रेडिंग कौशल और 'टर्टल ट्रेडिंग प्रयोग' के साथ अभूतपूर्व कार्य ने उन्हें वैश्विक वित्तीय समुदाय में एक प्रतिष्ठित व्यक्ति बना दिया है।

□

रे डेलियो

रे डेलियो, जिनका जन्म 8 अगस्त, 1949 को हुआ था, एक दूरदर्शी निवेशक, हेज फंड मैनेजर और 'ब्रिजवाटर एसोसिएट्स' के संस्थापक हैं, जो दुनिया के सबसे बड़े और सबसे सफल हेज फंडों में से एक है। मैक्रो निवेश में अपने अग्रणी काम और अपने अद्वितीय निवेश सिद्धांतों के लिए प्रसिद्ध डेलियो ने वैश्विक वित्तीय परिदृश्य पर एक अमिट छाप छोड़ी है। आर्थिक चक्रों और बाजार के रुझानों की उनकी असाधारण समझ ने उन्हें वैश्विक शेयर बाजार के शीर्ष व्यक्तियों में स्थान दिलाया है।

आरंभिक जीवन और शिक्षा

वित्त एवं निवेश में रे डेलियो की रुचि उनके बचपन के दौरान जैक्सन हाइट्स, न्यूयॉर्क में जागी। अपने जैज संगीतकार पिता से प्रभावित होकर डेलियो में दुनिया की कार्य-प्रणाली को समझने का जुनून और गणित एवं तर्क के प्रति प्रेम विकसित हुआ।

डेलियो ने लॉन्ग आइलैंड यूनिवर्सिटी से उच्च शिक्षा हासिल की और बाद में हार्वर्ड बिजनेस स्कूल से एम.बी.ए. की डिग्री हासिल की, जहाँ उन्होंने वित्त एवं निवेश रणनीतियों का गहराई से अध्ययन किया।

कॅरियर की शुरुआत

अपनी शिक्षा पूरी करने के बाद रे डेलियो ने वॉल स्ट्रीट पर अपना कॅरियर शुरू किया। उन्होंने शियरसन हेडन स्टोन और डोमिनिक एंड डोमिनिक सहित कई वित्तीय फर्मों में कार्य करके अनुभव प्राप्त किया। इस दौरान उन्होंने अपने

निवेश कौशल को निखारा और वैश्विक व्यापक आर्थिक रुझानों में गहरी रुचि विकसित की।

वित्तीय उद्योग में डेलियो के शुरुआती अनुभवों ने उन्हें बाजारों की कार्य-प्रणाली और आर्थिक चक्रों को समझने के महत्त्व के बारे में बहुमूल्य अंतर्दृष्टि प्रदान की।

'ब्रिजवाटर एसोसिएट्स' का जन्म

सन् 1975 में रे डेलियो ने न्यूयॉर्क शहर में दो बेडरूम वाले अपार्टमेंट में 'ब्रिजवाटर एसोसिएट्स' की स्थापना की। प्रारंभ में फर्म ने मुद्रा एवं ब्याज दर ट्रेड पर ध्यान केंद्रित किया। इन वर्षों में 'ब्रिजवाटर' एक वैश्विक मैक्रो हेज फंड के रूप में विकसित हुआ, जो निवेश और जोखिम-प्रबंधन के लिए व्यवस्थित दृष्टिकोण के लिए जाना जाता है।

डेलियो के नेतृत्व में 'ब्रिजवाटर' आर्थिक चक्रों से निपटते हुए और डेटा-संचालित रणनीतियों का उपयोग करते हुए मैक्रो निवेश में अग्रणी बन गया।

सफलता के सिद्धांत

रे डेलियो की निवेश सफलता उन सिद्धांतों पर आधारित है, जो उनके निर्णय लेने और जोखिम-प्रबंधन का मार्गदर्शन करते हैं। उनकी पुस्तक 'प्रिंसिपल्स' में दिए गए ये सिद्धांत मौलिक पारदर्शिता, योग्यता और सीखने के लिए खुले दिमाग वाले दृष्टिकोण के महत्त्व पर जोर देते हैं।

इन सिद्धांतों का पालन करने के लिए डेलियो की प्रतिबद्धता ने 'ब्रिजवाटर' के विकास और सफलता में महत्त्वपूर्ण भूमिका निभाई है।

ऑल-वेदर पोर्टफोलियो

निवेश में रे डेलियो का सबसे महत्त्वपूर्ण योगदान 'ऑल-वेदर पोर्टफोलियो' का विकास है। यह विविध निवेश रणनीति एवं विभिन्न आर्थिक परिवेशों में अच्छा प्रदर्शन करने के लिए डिजाइन की गई है, जो इसे स्थिरता और लगातार रिटर्न चाहने वाले निवेशकों के लिए एक मजबूत विकल्प बनाती है।

'ऑल-वेदर पोर्टफोलियो' को विश्व स्तर पर निवेशकों द्वारा व्यापक रूप से मान्यता प्राप्त और कार्यान्वित किया गया है।

ब्रिजवाटर की सफलता

रे डेलियो के नेतृत्व में 'ब्रिजवाटर एसोसिएट्स' दुनिया के सबसे बड़े हेज फंडों में से एक बन गया है, जो संस्थागत ग्राहकों और उच्च निवल मूल्य वाले व्यक्तियों के लिए अरबों डॉलर की संपत्ति का प्रबंधन करता है।

'ब्रिजवाटर' की सफलता डेलियो के निवेश कौशल और अनुसंधान एवं जोखिम-प्रबंधन के प्रति उनकी टीम के समर्पण का प्रमाण है।

आर्थिक मंदी से निपटना

निवेश के प्रति रे डेलियो का दृष्टिकोण आर्थिक मंदी से निपटने में लचीला साबित हुआ है। बाजार के रुझानों का पूर्वानुमान लगाने और जोखिम-प्रबंधन करने की उनकी क्षमता ने 'ब्रिजवाटर' को विभिन्न आर्थिक संकटों का सफलतापूर्वक सामना करने में सक्षम बनाया।

वर्ष 2008 के वैश्विक वित्तीय संकट के दौरान डेलियो की अंतर्दृष्टि ने उन्हें निवेश समुदाय में और अधिक पहचान दिलाई।

परामर्श और ज्ञान साझा करना

रे डेलियो ज्ञान साझा करने और मार्गदर्शन के प्रबल समर्थक हैं। वह अपने लेखन, भाषण की व्यस्तताओं और शैक्षिक पहलों के माध्यम से जनता के साथ सक्रिय रूप से जुड़े रहते हैं।

अंतर्दृष्टि साझा करने और सीखने को प्रोत्साहित करने की उनकी प्रतिबद्धता ने उन्हें वित्तीय जगत् में एक सम्मानित व्यक्ति बना दिया है।

परोपकारी प्रयास

अपनी निवेश सफलता के अलावा रे डेलियो परोपकारी पहलों में भी सक्रिय रूप से शामिल हैं। अपनी पत्नी बारबरा के साथ उन्होंने शिक्षा, स्वास्थ्य और विभिन्न धर्मार्थ कार्यों का समर्थन करने के लिए महत्त्वपूर्ण धनराशि का दान किया है। समाज को वापस लौटाने के प्रति डेलियो का समर्पण दूसरों की भलाई के लिए धन का उपयोग करने में उनके विश्वास को दरशाता है।

विरासत

दुनिया की कार्य-प्रणाली को समझने के जुनून के साथ एक युवा निवेशक

से वैश्विक शीर्ष शेयर बाजार दिग्गज तक की रे डेलियो की यात्रा नवीन सोच, अनुसंधान और व्यापक आर्थिक रुझानों की गहरी समझ की शक्ति का एक प्रमाण है। उनके असाधारण निवेश कौशल और मैक्रो निवेश के लिए अग्रणी दृष्टिकोण ने उन्हें वैश्विक वित्तीय समुदाय में एक प्रतिष्ठित व्यक्ति बना दिया है। निवेशक एवं वित्तीय पेशेवर रे डेलियो के जीवन और निवेश दर्शन से प्रेरणा लेना जारी रखे हुए हैं। मैक्रो निवेश के मास्टर और 'ब्रिजवाटर एसोसिएट्स' के संस्थापक के रूप में उनकी विरासत आने वाली पीढ़ियों तक कायम रहेगी।

□

वॉरेन बफे

30 अगस्त, 1930 को जनमे वॉरेन एडवर्ड बफे को इतिहास के सबसे सफल और प्रभावशाली निवेशकों में से एक माना जाता है। 'ओरेकल ऑफ ओमाहा' के नाम से मशहूर वॉरेन बफे ज्ञान, अनुशासन और दीर्घकालिक मूल्य निवेश का प्रतीक बन गए हैं। अपने असाधारण निवेश कौशल और शेयर बाजार में उल्लेखनीय सफलता के लिए प्रसिद्ध उन्होंने वैश्विक वित्तीय परिदृश्य पर एक अमिट छाप छोड़ी है। उनकी असाधारण कॅरियर उपलब्धियों और निवेश उद्योग में योगदान ने उन्हें वैश्विक शीर्ष शेयर बाजार दिग्गजों में स्थान दिलाया है।

आरंभिक जीवन और शिक्षा

वॉरेन बफे का जन्म ओमाहा, नेब्रास्का, अमेरिका में एक मजबूत उद्यमशील भावना वाले परिवार में हुआ। छोटी उम्र से ही उन्होंने ट्रेडिंग और निवेश में अद्‍भुत रुचि प्रदर्शित की। हाई स्कूल की पढ़ाई पूरी करने के बाद उन्होंने नेब्रास्का विश्वविद्यालय से बिजनेस एडमिनिस्ट्रेशन में स्नातक की डिग्री हासिल की।

व्यापार जगत् में उनके शुरुआती अनुभव और वित्त में शिक्षा ने एक निवेश दिग्गज के रूप में उनके भविष्य के कॅरियर की नींव रखी।

कॅरियर की शुरुआत

अपनी शिक्षा पूरी करने के बाद वॉरेन बफे ने एक निवेश विक्रेता के रूप में वित्त में अपना कॅरियर शुरू किया। हालाँकि, निवेश के प्रति उनके जुनून ने उन्हें कोलंबिया बिजनेस स्कूल में पाठ्यक्रमों में दाखिला लेने के लिए प्रेरित किया, जहाँ उन्हें एक प्रसिद्ध मूल्य निवेशक बेंजामिन ग्राहम द्वारा मार्गदर्शन दिया गया था।

ग्राहम की शिक्षाओं और दर्शन ने बफे के निवेश दृष्टिकोण को गहराई से प्रभावित किया।

'बर्कशायर हैथवे' का गठन

सन् 1962 में वॉरेन बफे ने एक कपड़ा कंपनी 'बर्कशायर हैथवे' के शेयरों का अधिग्रहण शुरू किया। समय के साथ उन्होंने विभिन्न उद्योगों के व्यवसायों में हिस्सेदारी हासिल करने पर ध्यान केंद्रित करते हुए कंपनी को एक निवेश होल्डिंग फर्म में बदल दिया।

उनके नेतृत्व में 'बर्कशायर हैथवे' सफल कंपनियों के विविध पोर्टफोलियो वाले समूह में बदल गया।

मूल्य निवेश की कला

एक निवेशक के रूप में वॉरेन बफे की प्रमुख शक्तियों में से एक मूल्य निवेश में उनकी महारत है। वह मजबूत बुनियादी सिद्धांतों वाली एवं उच्च गुणवत्ता वाली कंपनियों की पहचान करने और उनके शेयरों को रियायती मूल्य पर खरीदने में विश्वास करते हैं।

बफे का आंतरिक मूल्य और दीर्घकालिक निवेश पर जोर उनके निवेश दर्शन की आधारशिला रहा है।

दीर्घकालिक दृष्टि और धैर्य

उनकी दीर्घकालिक दृष्टि और धैर्य उन्हें कई अन्य निवेशकों से अलग करते हैं। उन्हें बाजार में अस्थिरता के दौरान भी दशकों तक अपने निवेश को बरकरार रखने के लिए जाना जाता है।

निवेश के प्रति उनके धैर्यपूर्ण दृष्टिकोण ने उन्हें अपने निवेश के चक्रवृद्धि प्रभाव से लाभ उठाने की अनुमति दी है।

विरोधाभासी सोच की शक्ति

वह एक विरोधाभासी निवेशक हैं, जो बाजार के निराशावादी होने पर अवसरों की तलाश में रहते हैं। वह अल्पकालिक बाजार भावनाओं से प्रभावित नहीं होते और कम मूल्य वाली परिसंपत्तियों में पूँजी लगाने की कोशिश करते हैं, जिसे अन्य लोग नजरअंदाज कर सकते हैं।

उनकी विरोधाभासी सोच ने उन्हें चुनौतीपूर्ण आर्थिक समय के दौरान लाभदायक निवेश करने में सक्षम बनाया है।

ओमाहा के निवेश सिद्धांतों के संत

वर्षों से वॉरेन बफे ने अपने निवेश सिद्धांतों को दुनिया के साथ साझा किया है। वह गहन शोध करने और जिस व्यवसाय में वह निवेश करते हैं, उसे समझने तथा सुरक्षा का मार्जिन बनाए रखने में विश्वास करते हैं।

उनके निवेश सिद्धांत दुनिया भर के निवेशकों के लिए मार्गदर्शक बन गए हैं।

परोपकारी प्रयास

अपनी निवेश सफलता के अलावा वॉरेन बफे परोपकार के प्रति गहराई से प्रतिबद्ध हैं। सन् 2006 में उन्होंने 'बिल एंड मेलिंडा गेट्स फाउंडेशन' और अन्य फाउंडेशनों के माध्यम से अपनी अधिकांश संपत्ति धर्मार्थ कार्यों के लिए दान करने का संकल्प लिया।

परोपकार के प्रति उनका समर्पण समाज पर सकारात्मक प्रभाव डालने के लिए अपने धन का उपयोग करने में उनके विश्वास को दरशाता है।

वॉरेन बफे का प्रभाव

वॉरेन बफे की निवेश रणनीतियों एवं सिद्धांतों ने निवेशकों और वित्तीय पेशेवरों की पीढ़ियों को प्रभावित किया है। मूल्य निवेश, दीर्घकालिक परिप्रेक्ष्य और विरोधाभासी सोच पर उनका ध्यान निवेश परिदृश्य को आकार देना जारी रखे है।

अंतर्दृष्टि तथा मार्गदर्शन साझा करने की उनकी इच्छा ने एक निवेश किंवदंती के रूप में उनकी स्थिति को और मजबूत किया है।

विरासत

वित्त के प्रति जुनूनी एक युवा निवेशक से वैश्विक शीर्ष शेयर बाजार व्यक्तित्व तक वॉरेन बफे की यात्रा अनुशासन, धैर्य और बाजार की गतिशीलता की गहरी समझ की शक्ति का प्रमाण है। उनके असाधारण निवेश कौशल और दूरदर्शी दृष्टिकोण ने उन्हें ओमाहा की देववाणी के रूप में अच्छी-खासी प्रतिष्ठा दिलाई है।

चूँकि निवेशक और वित्तीय पेशेवर वॉरेन बफे के जीवन एवं निवेश दर्शन से प्रेरणा लेना जारी रखते हैं, एक निवेश किंवदंती और परोपकारी के रूप में उनकी

विरासत आने वाली पीढ़ियों तक कायम रहेगी। वैश्विक शेयर बाजार पर उनका गहरा प्रभाव और दीर्घकालिक मूल्य प्रदान करने के प्रति उनका समर्पण वित्त एवं निवेश की गतिशील और हमेशा बदलती दुनिया में सफलता व पूर्णता चाहने वालों के लिए एक मार्गदर्शक प्रकाश के रूप में काम करता है।

□

विजय केडिया

5 नवंबर, 1964 को जनमे विजय केडिया शेयर बाजार के जादूगर और मास्टर निवेशक हैं, जो अपनी असाधारण स्टॉक्स-चयन क्षमताओं और नवीन निवेश रणनीतियों के लिए जाने जाते हैं। भारतीय शेयर बाजार में अपनी उल्लेखनीय सफलता के लिए प्रसिद्ध केडिया ने वैश्विक वित्तीय परिदृश्य पर एक अमिट छाप छोड़ी है। उनकी असाधारण कॅरियर उपलब्धियों और निवेश उद्योग में योगदान ने उन्हें वैश्विक शीर्ष शेयर बाजार दिग्गजों में स्थान दिलाया है।

आरंभिक जीवन और शिक्षा

विजय केडिया का जन्म और पालन-पोषण कलकत्ता, भारत में हुआ। छोटी उम्र से ही उन्होंने वित्त एवं निवेश में असाधारण रुचि प्रदर्शित की। अपनी स्कूली शिक्षा पूरी करने के बाद उन्होंने कलकत्ता विश्वविद्यालय से वाणिज्य में स्नातक की डिग्री हासिल की।

उनकी शैक्षिक पृष्ठभूमि ने उन्हें वित्त और लेखांकन में एक मजबूत आधार प्रदान किया।

कॅरियर की शुरुआत

अपनी शिक्षा पूरी करने के बाद विजय केडिया ने बॉम्बे स्टॉक एक्सचेंज (बी. एस.ई.) में स्टॉक ब्रोकर के रूप में अपना कॅरियर शुरू किया। शुरुआती वर्षों में उन्होंने विभिन्न ब्रोकरेज फर्मों के लिए काम किया और शेयर बाजार के कामकाज में बहुमूल्य अनुभव एवं अंतर्दृष्टि प्राप्त की।

शेयर बाजार में केडिया के शुरुआती अनुभवों ने एक निवेशक के रूप में उनकी भविष्य की सफलता की नींव रखी।

'केडिया सिक्योरिटीज' का उदय

सन् 1990 में विजय केडिया ने अपनी खुद की स्टॉक ब्रोकिंग फर्म 'केडिया सिक्योरिटीज' की स्थापना की। फर्म ने अपनी व्यक्तिगत सेवा और आशाजनक निवेश अवसरों की पहचान करने में विशेषज्ञता के लिए तेजी से प्रसिद्धि प्राप्त की।

केडिया के नेतृत्व में कंपनी ने भारतीय शेयर बाजार में अपनी अलग पहचान बनाई।

दीर्घकालिक निवेश की कला

एक निवेशक के रूप में विजय केडिया की प्रमुख शक्तियों में से एक दीर्घकालिक निवेश में उनकी महारत है। वह मजबूत बुनियादी सिद्धांतों वाली उच्च-विकास वाली कंपनियों की पहचान करने और उनकी विकास क्षमता से लाभ उठाने के लिए उन्हें लंबी अवधि तक बनाए रखने में विश्वास करते हैं।

केडिया का दीर्घकालिक मूल्य-सृजन पर ध्यान उन्हें एक मास्टर निवेशक के रूप में अलग करता है।

मल्टीबैगर स्टॉक्स की पसंद

विजय केडिया मल्टीबैगर स्टॉक्स चुनने की अपनी क्षमता के लिए प्रसिद्ध हैं, यानी ऐसे स्टॉक्स, जो समय के साथ पर्याप्त रिटर्न देते हैं। उनके पास भविष्य में महत्त्वपूर्ण वृद्धि की संभावना वाली कम मूल्य वाली कंपनियों की पहचान करने की अद्‌भुत समझ है।

केडिया के मल्टीबैगर स्टॉक्स चयन ने निवेशकों और ट्रेडर्स की समान रूप से प्रशंसा अर्जित की है।

बाजार की अस्थिरता से पार पाना

अपने पूरे कॅरियर के दौरान विजय केडिया ने बाजार की अस्थिरता और आर्थिक उतार-चढ़ाव से निपटने की असाधारण क्षमता का प्रदर्शन किया है। जोखिम-प्रबंधन के प्रति उनके अनुशासित दृष्टिकोण और उनके निवेश विकल्पों में अटूट विश्वास ने उन्हें बाजार के तूफानों से निपटने में मदद की है।

चुनौतीपूर्ण बाजार स्थितियों में फलने-फूलने की केडिया की क्षमता शेयर बाजार के जादूगर के रूप में उनकी स्थिति को और मजबूत करती है।

दृढ़ विश्वास की शक्ति

विजय केडिया भरोसे की शक्ति में दृढ़ विश्वास रखते हैं। वह अपने निवेश निर्णयों पर कायम हैं और अल्पकालिक बाजार के उतार-चढ़ाव या लोकप्रिय रुझानों के आगे नहीं झुकते। अपने स्टॉक्स चयन में उनका अटूट विश्वास उनके निवेश दर्शन की पहचान है।

'धंधो इन्वेस्टिंग' का दर्शन

विजय केडिया का निवेश दृष्टिकोण 'धंधो इन्वेस्टिंग' के सिद्धांतों से प्रेरित है। यह शब्द एक अन्य प्रसिद्ध निवेशक मोहनीश पबराई द्वारा गढ़ा गया है। 'धंधो इन्वेस्टिंग' में संयुक्त राज्य अमेरिका में भारतीय समुदाय के सफल निवेशकों की निवेश रणनीतियों का पालन करना शामिल है।

केडिया के 'धंधो इन्वेस्टिंग सिद्धांतों' को अपनाने ने उनकी निवेश सफलता में योगदान दिया है।

'धंधो फ्रेमवर्क' का पहला नियम यह है कि ऐसे बिजनेस को खरीदें, जो पहले से हो; क्योंकि किसी भी बिजनेस को शुरू करने में सबसे ज्यादा समय और मेहनत लगती है। अगर आपको इतनी मेहनत लगी तो भी गारंटी नहीं कि वह बिजनेस सफल हो ही जाएगा।

परोपकारी प्रयास

अपनी निवेश सफलता के अलावा विजय केडिया परोपकारी पहलों में भी सक्रिय रूप से शामिल हैं। वह समाज को वापस लौटाने के लिए समर्पित हैं और उन्होंने धर्मार्थ कार्यों में महत्त्वपूर्ण योगदान दिया है, विशेष रूप से शिक्षा, स्वास्थ्य एवं गरीबी-उन्मूलन के क्षेत्र में।

परोपकार के प्रति केडिया की प्रतिबद्धता दूसरों के जीवन पर सकारात्मक प्रभाव डालने के लिए अपनी सफलता का उपयोग करने में उनके विश्वास को दरशाती है।

विजय केडिया का प्रभाव

विजय केडिया की निवेश रणनीतियों और स्टॉक चुनने की क्षमता ने वैश्विक स्तर पर निवेशकों और वित्तीय पेशेवरों को प्रभावित किया है। लंबी अवधि के निवेश, मल्टीबैगर स्टॉक चयन और दृढ़ विश्वास-संचालित दृष्टिकोण पर उनका ध्यान निवेश परिदृश्य को आकार देने के लिए जारी है।

अंतर्दृष्टि और मार्गदर्शन साझा करने की उनकी इच्छा ने 'शेयर बाजार के जादूगर' के रूप में उनकी स्थिति को और मजबूत कर दिया है।

विरासत

वित्त के प्रति जुनून रखने वाले एक युवा निवेशक से लेकर वैश्विक शीर्ष शेयर बाजार दिग्गज तक विजय केडिया की यात्रा दृढ़ता, अटूट विश्वास और बाजार की गतिशीलता की गहरी समझ की शक्ति का प्रमाण है। उनके असाधारण निवेश कौशल और नवीन निवेश रणनीतियों ने उन्हें एक मास्टर निवेशक के रूप में अच्छी प्रतिष्ठा दिलाई है।

चूँकि निवेशक एवं वित्तीय पेशेवर विजय केडिया के जीवन और निवेश दर्शन से प्रेरणा लेते रहेंगे, शेयर बाजार के जादूगर व परोपकारी के रूप में उनकी विरासत आने वाली पीढ़ियों तक कायम रहेगी। वैश्विक शेयर बाजार पर उनका गहरा प्रभाव और सकारात्मक बदलाव लाने के प्रति उनका समर्पण वित्त एवं निवेश की गतिशील और हमेशा बदलती दुनिया में सफलता व पूर्णता चाहने वालों के लिए एक मार्गदर्शक के रूप में काम करता है।

□

विलियम डेलबर्ट गैन

विलियम डेलबर्ट गैन, जिनका जन्म 6 जून, 1878 को हुआ, एक प्रसिद्ध ट्रेडर, बाजार भविष्यवक्ता और तकनीकी विश्लेषण की दुनिया में सबसे प्रभावशाली शख्सियतों में से एक थे। अपने असाधारण ट्रेडिंग कौशल और अद्वितीय पूर्वानुमान विधियों के लिए प्रसिद्ध गैन ने वैश्विक वित्तीय परिदृश्य पर एक अमिट छाप छोड़ी है। उनकी उल्लेखनीय कॅरियर उपलब्धियों और शेयर बाजार में अग्रणी योगदान ने उन्हें वैश्विक शीर्ष शेयर बाजार दिग्गजों में स्थान दिलाया है।

आरंभिक जीवन और शिक्षा

विलियम डेलबर्ट गैन का जन्म टेक्सास के लुफ्किन में एक कपास किसान के घर हुआ। छोटी उम्र से ही उन्होंने गणित के प्रति आकर्षण प्रदर्शित किया, जो बाद में उनकी बाजार विश्लेषण तकनीकों का आधार बना। गैन ने केवल एक सीमित औपचारिक शिक्षा प्राप्त की; लेकिन ज्यामिति और खगोल विज्ञान सहित विभिन्न विषयों का अध्ययन जारी रखा, जिसने उनकी ट्रेडिंग पद्धतियों को बहुत प्रभावित किया।

कॅरियर की शुरुआत

अपने शुरुआती कॅरियर में गैन ने एक कमोडिटी ट्रेडर के रूप में काम किया और वित्तीय बाजारों की कार्य-प्रणाली में अंतर्दृष्टि प्राप्त की। उन्होंने सफलताओं व असफलताओं—दोनों का अनुभव किया, जिससे लाभदायक ट्रेड के रहस्यों को उजागर करने के उनके दृढ़ संकल्प को और बढ़ावा मिला।

शेयर बाजार में गैन के शुरुआती अनुभवों ने एक ट्रेडर और बाजार भविष्यवक्ता के रूप में उनकी भविष्य की सफलता के लिए आधार तैयार किया।

गैन कोण और समय-चक्र

विलियम डेलबर्ट गैन शायद अपनी अनूठी पूर्वानुमान तकनीकों के लिए जाने जाते हैं, जिनमें 'गैन कोण' और 'समय-चक्र' शामिल हैं। 'गैन कोण' में मूल्य उतार-चढ़ावों का विश्लेषण करने के लिए विशिष्ट कोणों पर ट्रेंड लाइनें खींचना शामिल है, जबकि 'समय-चक्र' समय अंतराल के आधार पर महत्त्वपूर्ण बाजार मोड़ बिंदुओं की पहचान करने पर ध्यान केंद्रित करता है।

गैन की अभूतपूर्व तकनीकों ने उन्हें तकनीकी विश्लेषण में अग्रणी के रूप में स्थापित किया।

बाजार मनोविज्ञान की महारत

एक ट्रेडर के रूप में विलियम डेलबर्ट गैन की प्रमुख शक्तियों में से एक बाजार मनोविज्ञान की उनकी गहरी समझ थी। उनका मानना था कि भय और लालच जैसी भावनाओं ने बाजार की गतिविधियों को काफी प्रभावित किया।

बाजार मनोविज्ञान में गैन की महारत ने उन्हें प्रमुख बाजार बदलावों का अनुमान लगाने और लाभदायक ट्रेड करने की अनुमति दी।

प्रमुख बाजार घटनाओं का पूर्वानुमान

गैन प्रमुख बाजार घटनाओं के सफल पूर्वानुमान के लिए प्रसिद्ध हैं। उन्होंने अपनी अनूठी विश्लेषण तकनीकों के आधार पर शेयर बाजार में महत्त्वपूर्ण मोड़ों की सटीक भविष्यवाणी की, जिसमें सन् 1929 का स्टॉक मार्केट क्रैश भी शामिल था।

प्रमुख बाजार घटनाओं की भविष्यवाणी करने की उनकी क्षमता ने उन्हें एक उत्कृष्ट बाजार भविष्यवक्ता के रूप में ख्याति दिलाई।

गैन की सफलता का रहस्य

एक ट्रेडर और बाजार भविष्यवक्ता के रूप में विलियम डेलबर्ट गैन की सफलता का श्रेय उनके अटूट अनुशासन और उनके ट्रेडिंग नियमों के पालन को दिया जा सकता है। वह अपनी ट्रेडिंग का विस्तृत रिकॉर्ड रखने और अपनी

सफलताओं व असफलताओं से सीखने के महत्त्व में विश्वास करते थे।

गैन का अपनी कला के प्रति समर्पण और सीखने के प्रति प्रतिबद्धता ने उन्हें एक ट्रेडिंग किंवदंती के रूप में अलग कर दिया।

गैन की विरासत

अपने पूरे कॅरियर के दौरान विलियम डेलबर्ट गैन ने अपनी ट्रेडिंग पद्धतियों का विवरण देते हुए कई पुस्तकें और पाठ्यक्रम प्रकाशित किए। दुनिया भर के ट्रेडर्स और विश्लेषकों द्वारा इन प्रकाशनों का अध्ययन व सम्मान जारी है।

गैन की विरासत उनकी तकनीकी विश्लेषण तकनीकों और ट्रेडिंग सिद्धांतों के निरंतर अनुप्रयोग के माध्यम से जीवित है।

तकनीकी विश्लेषण पर गैन का प्रभाव

तकनीकी विश्लेषण में विलियम डेलबर्ट गैन के अद्वितीय योगदान ने ट्रेडर्स और विश्लेषकों की पीढ़ियों को प्रभावित किया है। बाजार विश्लेषण में कोणों, ज्यामितीय पैटर्न और समय-चक्रों का उनका अग्रणी उपयोग आधुनिक तकनीकी विश्लेषण का एक अभिन्न अंग बन गया है।

तकनीकी विश्लेषण पर गैन का प्रभाव ट्रेडिंग रणनीतियों और निर्णय लेने की प्रक्रियाओं को आकार देना जारी रखता है।

गैन के सिद्धांतों की सतत प्रासंगिकता

विलियम डेलबर्ट गैन द्वारा विकसित सिद्धांत और तकनीक आज के शेयर बाजार में भी प्रासंगिक बने हुए हैं। ट्रेडर व विश्लेषक बाजार की गतिविधियों के बारे में जानकारी हासिल करने और सूचित ट्रेडिंग निर्णय लेने के लिए उनके तरीकों का अध्ययन व अनुप्रयोग करना जारी रखे हुए हैं।

गैन के स्थायी सिद्धांत शेयर बाजार की जटिलताओं से निपटने के इच्छुक ट्रेडर्स के लिए एक मार्गदर्शक के रूप में काम करते हैं। एक स्व-शिक्षित ट्रेडर से वैश्विक शीर्ष शेयर बाजार व्यक्ति तक विलियम डेलबर्ट गैन की यात्रा समर्पण, अनुशासन और बाजार की गतिशीलता की गहरी समझ की शक्ति का एक प्रमाण है। उनके असाधारण ट्रेडिंग कौशल और नवीन पूर्वानुमान तकनीकों ने उन्हें एक ट्रेडिंग दिग्गज के रूप में अच्छी प्रतिष्ठा दिलाई है।

चूँकि ट्रेडर और विश्लेषक गैन के जीवन एवं ट्रेडिंग दर्शन से प्रेरणा लेते रहेंगे,

तकनीकी विश्लेषण और बाजार पूर्वानुमान में अग्रणी के रूप में उनकी विरासत आने वाली पीढ़ियों तक कायम रहेगी। वैश्विक शेयर बाजार पर उनका गहरा प्रभाव और बाजार की गतिविधियों के रहस्यों को खोलने के प्रति उनका समर्पण वित्त एवं निवेश की गतिशील और हमेशा बदलती दुनिया में सफलता व पूर्णता चाहने वालों के लिए एक मार्गदर्शक प्रकाश के रूप में काम करता है।

□

सुनील सिंघानिया

28 नवंबर, 1966 को जनमे सुनील सिंघानिया एक दूरदर्शी निवेशक, पोर्टफोलियो मैनेजर और बाजार विशेषज्ञ हैं। अपने असाधारण स्टॉक चयन कौशल और चतुर बाजार अंतर्दृष्टि के लिए प्रसिद्ध सिंघानिया ने भारतीय वित्तीय परिदृश्य पर एक अमिट छाप छोड़ी है। उनके असाधारण निवेश कौशल और नवीन रणनीतियों ने उन्हें वैश्विक शीर्ष शेयर बाजार दिग्गजों में स्थान दिलाया है।

प्रारंभिक जीवन और शिक्षा

सुनील सिंघानिया का पालन-पोषण मुंबई, भारत में एक मध्यम वर्गीय परिवार में हुआ। छोटी उम्र से ही उन्होंने वित्त और शेयर बाजार में गहरी रुचि प्रदर्शित की। अपनी स्कूली शिक्षा पूरी करने के बाद सिंघानिया ने मुंबई विश्वविद्यालय से वाणिज्य में स्नातक की डिग्री हासिल की।

उनकी शैक्षिक पृष्ठभूमि ने उन्हें वित्त और लेखांकन में एक मजबूत आधार प्रदान किया।

कॅरियर की शुरुआत

अपनी शिक्षा पूरी करने के बाद सुनील सिंघानिया ने वित्तीय उद्योग में अपना कॅरियर शुरू किया। वह एक प्रतिष्ठित वित्तीय संस्थान के निवेश प्रबंधन प्रभाग में शामिल हो गए और विभिन्न परिसंपत्ति वर्गों का विश्लेषण एवं शोध करके अपने निवेश कौशल को निखारा।

वित्तीय उद्योग में सिंघानिया के शुरुआती अनुभवों ने एक निवेशक के रूप में उनकी भविष्य की सफलता के लिए आधार तैयार किया।

रिलायंस म्यूचुअल फंड का उदय

सन् 1995 में सुनील सिंघानिया एक फंड मैनेजर के रूप में 'रिलायंस कैपिटल' की सहायक कंपनी 'रिलायंस म्यूचुअल फंड' में शामिल हुए। उनके नेतृत्व में फंड ने तेजी से भारत के अग्रणी म्यूचुअल फंडों में से एक के रूप में प्रसिद्धि प्राप्त की।

सिंघानिया की अनूठी निवेश रणनीतियों और आशाजनक निवेश अवसरों की पहचान करने की आदत ने फंड के शानदार प्रदर्शन में योगदान दिया।

विरोधाभासी निवेश की कला में महारत हासिल करना

एक निवेशक के रूप में सुनील सिंघानिया की प्रमुख शक्तियों में से एक विपरीत निवेश में उनकी महारत है। उनके पास बाजार द्वारा नजरअंदाज की गई कम मूल्य वाली परिसंपत्तियों की पहचान करने और विकास की उनकी क्षमता का लाभ उठाने की उल्लेखनीय क्षमता है।

सिंघानिया के विरोधाभासी दृष्टिकोण ने उन्हें असाधारण रिटर्न हासिल करने और एक मजबूत निवेश पोर्टफोलियो बनाने में मदद की है।

बाजार की अस्थिरता से पार पाना

अपने पूरे कॅरियर के दौरान सुनील सिंघानिया ने बाजार की अस्थिरता और आर्थिक मंदी से निपटने की अपनी क्षमता का प्रदर्शन किया है। जोखिम-प्रबंधन के प्रति उनके अनुशासित दृष्टिकोण और दीर्घकालिक परिप्रेक्ष्य ने उन्हें चुनौतीपूर्ण बाजार स्थितियों का सामना करने की अनुमति दी है।

अशांत समय में आगे बढ़ने की सिंघानिया की क्षमता एक बाजार विशेषज्ञ के रूप में उनकी स्थिति को और मजबूत करती है।

एबेकस एसेट मैनेजमेंट का शुभारंभ

सन् 2018 में सुनील सिंघानिया ने एक परिसंपत्ति प्रबंधन कंपनी 'एबेकस एसेट मैनेजमेंट' की स्थापना की, जिसका उद्देश्य निवेशकों को बेहतर जोखिम-समायोजित रिटर्न प्रदान करना है। संस्थापक एवं सी.आई.ओ. के रूप में सिंघानिया फर्म की निवेश रणनीतियों की देखरेख करते हैं और अपने ग्राहकों के लिए प्रभावशाली परिणाम देना जारी रखे हुए हैं।

विषयगत निवेश की कला

निवेश परिदृश्य में सुनील सिंघानिया के उल्लेखनीय योगदानों में से एक

'विषयगत निवेश' पर उनका जोर है। वह उन दीर्घकालिक विषयों व रुझानों की पहचान करने में विश्वास करते हैं, जिनमें आर्थिक विकास और समृद्धि को बढ़ावा देने की क्षमता है।

सिंघानिया के 'विषयगत निवेश दृष्टिकोण' ने उन्हें विभिन्न क्षेत्रों और उद्योगों में आकर्षक अवसरों का लाभ उठाने की अनुमति दी है।

निवेशक शिक्षा के प्रति प्रतिबद्धता

अपनी निवेश सफलता के अलावा सुनील सिंघानिया को निवेशक शिक्षा का शौक है। वह अपनी बाजार अंतर्दृष्टि और निवेश दर्शन को साझा करने के लिए सेमिनारों, कार्यशालाओं और मीडिया उपस्थिति के माध्यम से जनता के साथ सक्रिय रूप से जुड़ते हैं।

निवेशक शिक्षा के प्रति सिंघानिया की प्रतिबद्धता का उद्देश्य व्यक्तियों को सूचित वित्तीय निर्णय लेने के लिए सशक्त बनाना है।

परोपकारी प्रयास

सुनील सिंघानिया शिक्षा, स्वास्थ्य और सामाजिक कल्याण पर केंद्रित परोपकारी पहलों में सक्रिय रूप से शामिल हैं। वह समाज को वापस लौटाने में विश्वास रखते हैं और उन्होंने धर्मार्थ कार्यों में महत्त्वपूर्ण योगदान दिया है।

परोपकार के प्रति सिंघानिया का समर्पण दूसरों के जीवन पर सकारात्मक प्रभाव डालने के लिए अपनी सफलता का उपयोग करने में उनके विश्वास को दरशाता है।

सुनील सिंघानिया का प्रभाव

सुनील सिंघानिया की निवेश रणनीतियों और बाजार कौशल ने वैश्विक स्तर पर निवेशकों एवं वित्तीय पेशेवरों को प्रभावित किया है। विरोधाभासी निवेश, विषयगत विश्लेषण और अनुशासित जोखिम-प्रबंधन पर उनका ध्यान निवेश समुदाय में कई लोगों के दृष्टिकोण को आकार देना जारी रखता है।

सलाह देने और ज्ञान साझा करने की उनकी इच्छा ने एक दूरदर्शी निवेशक के रूप में उनकी स्थिति को और मजबूत कर दिया है। उनके असाधारण निवेश कौशल और नवीन रणनीतियों ने उन्हें एक दूरदर्शी निवेशक के रूप में अच्छी प्रतिष्ठा दिलाई है।

□

स्टीव कोहेन

11 जून, 1956 को जनमे स्टीव कोहेन एक हेज फंड टायकून हैं और वित्तीय बाजारों के इतिहास में सबसे सफल ट्रेडर्स में से एक हैं। अपनी असाधारण निवेश क्षमता और तीव्र ट्रेडिंग कौशल के लिए प्रसिद्ध कोहेन ने वैश्विक वित्तीय परिदृश्य पर एक अमिट छाप छोड़ी है। लगातार रिटर्न उत्पन्न करने और एक मजबूत हेज फंड साम्राज्य बनाने की उनकी असाधारण क्षमता ने उन्हें वैश्विक शीर्ष शेयर बाजार दिग्गजों में जगह दिलाई है।

आरंभिक जीवन और शिक्षा

स्टीव कोहेन का जन्म और पालन-पोषण ग्रेट नेक, न्यूयॉर्क में हुआ। कम उम्र से ही उन्होंने वित्तीय जगत् में गहरी रुचि प्रदर्शित की। हाई स्कूल की पढ़ाई पूरी करने के बाद कोहेन ने पेनसिल्वेनिया विश्वविद्यालय के व्हार्टन स्कूल में दाखिला लिया, जहाँ उन्होंने अर्थशास्त्र और वित्त का अध्ययन किया।

उनकी शिक्षा ने एक 'वित्तीय जादूगर' के रूप में उनके भविष्य के कॅरियर की नींव रखी।

कॅरियर की शुरुआत

अपनी शिक्षा पूरी करने के बाद स्टीव कोहेन ने वॉल स्ट्रीट पर एक ट्रेडर के रूप में अपना कॅरियर शुरू किया। सन् 1992 में अपनी खुद की ट्रेडिंग फर्म 'एस.ए.सी. कैपिटल एडवाइजर्स' की स्थापना से पहले उन्होंने शुरुआत में कई ब्रोकरेज फर्मों के लिए काम किया।

ट्रेडिंग एवं निवेश में कोहेन के शुरुआती अनुभवों ने उन्हें मूल्यवान् अंतर्दृष्टि और बाजार की गतिशीलता की समझ प्रदान की।

एस.ए.सी. कैपिटल एडवाइजर्स का उदय

स्टीव कोहेन के नेतृत्व में 'एस.ए.सी. कैपिटल एडवाइजर्स' तेजी से दुनिया के सबसे सफल और लाभदायक हेज फंडों में से एक के रूप में प्रमुखता से उभरी। कोहेन की अनूठी ट्रेडिंग रणनीतियों के साथ-साथ बाजार के रुझानों को पहचानने की उनकी क्षमता के कारण उनके निवेशकों को पर्याप्त रिटर्न मिला।

'एस.ए.सी. कैपिटल एडवाइजर्स' के प्रभावशाली प्रदर्शन ने कोहेन को 'ट्रेडिंग गुरु' के रूप में व्यापक पहचान दिलाई।

मात्रात्मक ट्रेड की कला

एक ट्रेडर के रूप में स्टीव कोहेन की प्रमुख शक्तियों में से एक मात्रात्मक ट्रेड में उनकी महारत थी। उन्होंने बड़ी मात्रा में बाजार डेटा का विश्लेषण करने और लाभदायक ट्रेडिंग अवसरों की पहचान करने के लिए परिष्कृत कंप्यूटर-संचालित मॉडल एवं एल्गोरिदम का उपयोग किया।

ट्रेडिंग के प्रति कोहेन का 'मात्रात्मक दृष्टिकोण' एक अभूतपूर्व नवाचार था, जिसने हेज फंड उद्योग में क्रांति ला दी।

अशांत बाजारों को नेविगेट करना

अपने पूरे कॅरियर के दौरान स्टीव कोहेन ने अशांत बाजार स्थितियों से निपटने की असाधारण क्षमता का प्रदर्शन किया। बाजार में गिरावट के दौरान उन्होंने लगातार बेहतर प्रदर्शन किया और वह अपनी अनुशासित जोखिम-प्रबंधन रणनीतियों के लिए जाने जाते हैं।

चुनौतीपूर्ण बाजार परिवेश में फलने-फूलने की कोहेन की क्षमता ने एक ट्रेडिंग दिग्गज के रूप में उनकी प्रतिष्ठा को और मजबूत किया।

अंदरूनी ट्रेड जाँच

सन् 2013 में 'एस.ए.सी. कैपिटल एडवाइजर्स' अमेरिकी सिक्योरिटीज एंड एक्सचेंज कमीशन (एस.ई.सी.) द्वारा एक हाई-प्रोफाइल इनसाइडर ट्रेडिंग जाँच का फोकस बन गया। व्यक्तिगत रूप से कभी भी आरोप नहीं लगाए जाने के

बावजूद जाँच के परिणामस्वरूप एक समझौता हुआ, जिसके लिए 'एस.ए.सी. कैपिटल' को पर्याप्त जुर्माना देना पड़ा और बाहरी पूँजी का प्रबंधन बंद करना पड़ा।

अंदरूनी ट्रेड की जाँच स्टीव कोहेन और उनकी फर्म के लिए एक चुनौतीपूर्ण अवधि थी।

पॉइंट 72 एसेट मैनेजमेंट में परिवर्तन

एस.ई.सी. के साथ समझौते के बाद स्टीव कोहेन ने 'एस.ए.सी. कैपिटल एडवाइजर्स' को 'पॉइंट 72 एसेट मैनेजमेंट' नामक एक पारिवारिक कार्यालय में बदल दिया। नई इकाई ने पूरी तरह से कोहेन की व्यक्तिगत संपत्ति और निवेश के प्रबंधन पर ध्यान केंद्रित किया।

'पॉइंट 72 एसेट मैनेजमेंट' के तहत कोहेन ने मजबूत रिटर्न देना जारी रखा और एक ट्रेडिंग गुरु के रूप में अपनी स्थिति बनाए रखी।

वापसी और पुनरुत्थान

'प्वाइंट 72 एसेट मैनेजमेंट' में परिवर्तन के बाद स्टीव कोहेन ने एक निवेशक और ट्रेडर के रूप में उत्कृष्टता हासिल करना जारी रखा। उन्होंने सफल वापसी की और खुद को हेज फंड उद्योग में एक अग्रणी व्यक्ति के रूप में फिर से स्थापित किया।

चुनौतियों के सामने अनुकूलन और नव-प्रवर्तन करने की कोहेन की क्षमता ने एक निवेशक के रूप में उनके लचीलेपन को प्रदर्शित किया।

परोपकार के प्रति प्रतिबद्धता

अपनी निवेश सफलता के अलावा स्टीव कोहेन परोपकारी पहलों में भी सक्रिय रूप से शामिल हैं। वह शिक्षा, स्वास्थ्य और कला पर विशेष ध्यान देने के साथ विभिन्न धर्मार्थ कार्यों के समर्पित समर्थक हैं।

परोपकार के प्रति कोहेन की प्रतिबद्धता समाज को वापस लौटाने और दुनिया पर सकारात्मक प्रभाव डालने में उनके विश्वास को दरशाती है।

स्टीव कोहेन का प्रभाव

स्टीव कोहेन की निवेश रणनीतियों और ट्रेडिंग तकनीकों ने निवेशकों व ट्रेडर्स की पीढ़ियों को प्रभावित किया है। मात्रात्मक विश्लेषण, जोखिम-प्रबंधन और

अनुकूलनशीलता पर उनका ध्यान कई वित्तीय पेशेवरों के दृष्टिकोण को आकार देता रहता है।

अंतर्दृष्टि और मार्गदर्शन साझा करने की उनकी इच्छा ने एक ट्रेडिंग गुरु के रूप में उनकी स्थिति को और मजबूत किया है। स्टीव कोहेन की यात्रा नवाचार, अनुशासन और बाजार की गतिशीलता की गहरी समझ की शक्ति का प्रमाण है।

□

स्टैनली एफ. ड्रकनमिलर

स्टैनली फ्रीमैन ड्रकनमिलर, जिनका जन्म 14 जून, 1953 को हुआ, एक प्रसिद्ध निवेशक और हेज फंड मैनेजर हैं। अपने असाधारण ट्रैक रिकॉर्ड और बाजार से लगातार बेहतर प्रदर्शन करने की क्षमता के लिए प्रसिद्ध ड्रकनमिलर को अपनी पीढ़ी के सबसे सफल निवेशकों में से एक माना जाता है। उनके असाधारण निवेश कौशल और नवीन रणनीतियों ने उन्हें वैश्विक शीर्ष शेयर बाजार दिग्गजों में स्थान दिलाया है।

आरंभिक जीवन और शिक्षा

स्टैनली ड्रकनमिलर का पालन-पोषण पेनसिल्वेनिया के पिट्सबर्ग में एक मध्यम वर्गीय परिवार में हुआ। उन्होंने वित्त एवं निवेश में प्रारंभिक रुचि दिखाई और अकसर छोटी उम्र से ही शेयर बाजार पर बारीकी से नजर रखी।

हाई स्कूल की पढ़ाई पूरी करने के बाद ड्रकनमिलर ने बॉडॉइन कॉलेज में दाखिला लिया, जहाँ उन्होंने अंग्रेजी और अर्थशास्त्र का अध्ययन किया। बाद में उन्होंने पेनसिल्वेनिया विश्वविद्यालय के व्हार्टन स्कूल से एम.बी.ए. की डिग्री हासिल की।

कॅरियर की शुरुआत

अपनी शिक्षा पूरी करने के बाद स्टैनली ड्रकनमिलर 'पिट्सबर्ग नेशनल बैंक' के इक्विटी अनुसंधान विभाग में शामिल हो गए। इसी दौरान उनका परिचय ट्रेडिंग और निवेश प्रबंधन की दुनिया से हुआ।

वित्तीय उद्योग में उनके शुरुआती अनुभवों ने एक निवेशक के रूप में उनकी भविष्य की सफलता की नींव रखी।

जॉर्ज सोरोस से परामर्श

स्टैनली ड्रकनमिलर के कॅरियर में महत्त्वपूर्ण क्षणों में से एक वह था, जब वह 'क्वांटम फंड' में शामिल हुए, जो कि प्रसिद्ध निवेशक जॉर्ज सोरोस द्वारा प्रबंधित एक हेज फंड था। ड्रकनमिलर तेजी से आगे बढ़े और 'क्वांटम फंड' के प्रमुख पोर्टफोलियो मैनेजर बन गए।

सोरोस के साथ मिलकर काम करते हुए ड्रकनमिलर ने व्यापक आर्थिक रुझानों और वैश्विक निवेश में मूल्यवान् अंतर्दृष्टि सीखी।

मैक्रो निवेश की कला

स्टैनली ड्रकनमिलर की निवेश सफलता का श्रेय मैक्रो निवेश में उनकी महारत को दिया जा सकता है। उन्हें व्यापक आर्थिक रुझानों और वित्तीय बाजारों पर उनके प्रभाव की पहचान करने की क्षमता के लिए जाना जाता है।

ड्रकनमिलर की आर्थिक चक्रों की गहरी समझ और उसके अनुसार अपनी निवेश रणनीति को समायोजित करने की क्षमता ने उन्हें एक निवेश दिग्गज के रूप में अलग पहचान दी।

'क्वांटम फंड' की सफलता

स्टैनली ड्रकनमिलर के प्रबंधन के तहत 'क्वांटम फंड' ने बाजार से बेहतर प्रदर्शन करते हुए उल्लेखनीय रिटर्न हासिल किया। उनके साहसिक निवेश निर्णयों और अनुशासित जोखिम-प्रबंधन ने फंड की सफलता में योगदान दिया।

'क्वांटम फंड' के प्रभावशाली प्रदर्शन ने शीर्ष स्तरीय हेज फंड मैनेजर के रूप में ड्रकनमिलर की प्रतिष्ठा को मजबूत किया।

ड्यूक्सने कैपिटल युग

सन् 1988 में स्टैनली ड्रकनमिलर ने एक हेज फंड 'ड्यूक्सने कैपिटल मैनेजमेंट' की स्थापना की, जिसने सफल निवेश की उनकी विरासत को जारी रखा। फंड के प्रदर्शन ने उन्हें व्यापक पहचान दिलाई और संस्थागत एवं उच्च-

निवल मूल्य वाले निवेशकों से महत्त्वपूर्ण संपत्ति आकर्षित की।

ड्रकनमिलर के निवेश कौशल और विरोधाभासी दृष्टिकोण ने 'ड्यूक्सने कैपिटल' की सफलता को आगे बढ़ाया।

जोखिम-प्रबंधन की कला

स्टैनली ड्रकनमिलर जोखिम-प्रबंधन के प्रति अपने अनुशासित दृष्टिकोण के लिए जाने जाते थे। वह घाटे को कम करने और विजेताओं को आगे बढ़ने देने में विश्वास करते थे। यह एक प्रमुख सिद्धांत था, जिसने उनके प्रभावशाली दीर्घकालिक रिटर्न में योगदान दिया।

जोखिम-प्रबंधन पर उनके जोर ने अशांत बाजार स्थितियों के दौरान उनके फंड की पूँजी की रक्षा करने में मदद की।

मुद्रा बाजार में महारत

स्टैनली ड्रकनमिलर की सबसे उल्लेखनीय उपलब्धियों में से एक मुद्रा व्यापार में उनकी सफलता थी। उनके पास विदेशी मुद्रा बाजार की जटिलताओं से निबटने और अपने मुद्रा व्यापार से पर्याप्त मुनाफा कमाने की अद्वितीय क्षमता थी।

मुद्रा व्यापार में उनकी कुशलता ने उन्हें वित्तीय समुदाय में एक लोकप्रिय विशेषज्ञ बना दिया।

वापस देने की कला

अपनी निवेश सफलता के अलावा स्टैनली ड्रकनमिलर परोपकारी पहलों में सक्रिय रूप से शामिल रहे हैं। वह समाज को वापस लौटाने के लिए प्रतिबद्ध हैं और उन्होंने विभिन्न धर्मार्थ कार्यों, विशेष रूप से शिक्षा एवं चिकित्सा अनुसंधान के क्षेत्र में पर्याप्त मात्रा में दान दिया है।

परोपकार के प्रति उनका समर्पण दुनिया पर सकारात्मक प्रभाव डालने के लिए धन का उपयोग करने में उनके विश्वास को दरशाता है।

स्टैनली ड्रकनमिलर का प्रभाव

स्टैनली ड्रकनमिलर के निवेश दर्शन एवं सफलता ने निवेशकों और पोर्टफोलियो प्रबंधकों की पीढ़ियों को प्रभावित किया है। मैक्रो निवेश, जोखिम-

प्रबंधन और विरोधाभासी सोच पर उनका जोर दुनिया भर के वित्तीय पेशेवरों को प्रेरित करता रहता है।

अंतर्दृष्टि एवं मार्गदर्शन साझा करने की उनकी इच्छा ने एक निवेश दिग्गज के रूप में उनकी स्थिति को और मजबूत किया है।

□

उपसंहार

'शेयर बाजार के जादूगरों की कहानियाँ' पुस्तक के निष्कर्ष पर पहुँचकर हम खुद को वित्त एवं निवेश की दुनिया के कुछ सबसे असाधारण व्यक्तियों के ज्ञान, अंतर्दृष्टि और अनुभवों से समृद्ध पाते हैं। इन दिग्गजों की कहानियों ने शेयर बाजार के बारे में हमारी समझ को उजागर किया और दृढ़ता, अनुशासन एवं बाजार की गतिशीलता की गहरी समझ की शक्ति का प्रदर्शन किया।

इस पूरी यात्रा के दौरान हमने दूरदर्शी निवेशकों, ट्रेडर्स और बाजार के जादूगरों का उदय देखा, जिन्होंने वैश्विक वित्तीय परिदृश्य पर एक अमिट छाप छोड़ी है। वॉरेन बफे के कालातीत मूल्य निवेश सिद्धांतों से लेकर जॉर्ज सोरोस की बाजार के रुझानों का अनुमान लगाने की उल्लेखनीय क्षमता तक, प्रत्येक वैश्विक शीर्ष शेयर बाजार दिग्गज ने वित्त की दुनिया में अपने अद्वितीय दृष्टिकोण और रणनीतियों का योगदान दिया है।

हालाँकि, उनके दृष्टिकोण भिन्न हो सकते हैं, एक सामान्य सूत्र इन दिग्गजों को एकजुट करता है—ज्ञान की निरंतर खोज और सीखने का जुनून! चाहे उनकी पृष्ठभूमि कुछ भी हो या वे जिस भी उद्योग में काम करते हों, निरंतर शिक्षा के प्रति उनकी प्रतिबद्धता और समझ की तलाश उन्हें अपनी कला के सच्चे स्वामी के रूप में अलग करती है।

दृढ़ विश्वास की शक्ति

इन वैश्विक शीर्ष शेयर बाजार दिग्गजों की एक उल्लेखनीय विशेषता उनके निवेश निर्णयों में उनका अटूट विश्वास रही है। उन्होंने अनिश्चितता और बाजार की उथल-पुथल के बावजूद अपने विश्वास पर कायम रहने का साहस दिखाया है।

उनका दृढ़ संकल्प उनकी सफलता में एक मार्गदर्शक सिद्धांत रहा है, जिससे उन्हें बाजार के तूफानों का सामना करने और मजबूत होकर उभरने में मदद मिली है।

दीर्घकालिक दृष्टिकोण

उनके निवेश दर्शन का एक अन्य महत्त्वपूर्ण पहलू दीर्घकालिक दृष्टिकोण पर ध्यान केंद्रित करना है। इन दिग्गजों ने लगातार अल्पकालिक लाभ से परे सोचने और निवेश के लिए धैर्यपूर्ण दृष्टिकोण अपनाने के महत्त्व पर जोर दिया है। मजबूत बुनियादी सिद्धांतों और दीर्घकालिक विकास क्षमता वाली कंपनियों की पहचान करने की उनकी क्षमता ने उन्हें समझौते की शक्ति का उपयोग करने तथा उल्लेखनीय सफलता हासिल करने की शक्ति दी।

विपरीत सोच

वैश्विक स्तर पर शीर्ष शेयर बाजार से जुड़े लोग अकसर विरोधाभासी मानसिकता का प्रदर्शन करते हैं, पारंपरिक ज्ञान को चुनौती देते हैं और उस समय अवसरों की तलाश करते हैं, जब दूसरे भयभीत हो सकते हैं। उनमें वहाँ मूल्य देखने की अद्वितीय क्षमता होती है, जहाँ अन्य नहीं देखते हैं, जिससे वे साहसिक निवेश निर्णय लेने में सक्षम होते हैं, जो समय के साथ महत्त्वपूर्ण रिटर्न देते हैं।

बाजार मनोविज्ञान को समझना

बाजार मनोविज्ञान शेयर बाजार में एक महत्त्वपूर्ण भूमिका निभाता है और इन दिग्गजों ने मानवीय भावनाओं एवं व्यवहार को समझने की कला में महारत हासिल की है। वे बाजार की गतिविधियों पर भय, लालच और झुंड की मानसिकता के प्रभाव को पहचानने में माहिर हैं और इस ज्ञान का उपयोग करके निवेश संबंधी निर्णय लेते हैं।

पूर्वानुमान और तकनीकी विश्लेषण

विलियम डेलबर्ट गैन एवं जिम सिमंस जैसे कुछ वैश्विक शीर्ष शेयर बाजार दिग्गज तकनीकी विश्लेषण और बाजार पूर्वानुमान में अग्रणी रहे हैं। गैन एंगल्स, टाइम साइकल और एल्गोरिथम ट्रेडिंग जैसे उनके नवोन्मेषी दृष्टिकोण ने बाजार के रुझानों और महत्त्वपूर्ण मोड़ों में अमूल्य अंतर्दृष्टि प्रदान की है।

परोपकार की विरासत

अपनी वित्तीय उपलब्धियों से परे, इनमें से कई दिग्गजों ने परोपकार को अपनी विरासत के अभिन्न अंग के रूप में अपनाया है। उन्होंने धर्मार्थ कार्यों, शिक्षा, स्वास्थ्य, गरीबी-उन्मूलन और पर्यावरण संरक्षण के लिए महत्त्वपूर्ण संसाधन समर्पित किए हैं। समाज को वापस लौटाने की उनकी प्रतिबद्धता सफलता के वास्तविक माप को रेखांकित करती है—दूसरों के जीवन में सकारात्मक प्रभाव उत्पन्न करना।

परिवर्तन के अनुरूप ढलना

वित्त की दुनिया हमेशा बदलती रहती है और इन वैश्विक शीर्ष शेयर बाजार के व्यक्तियों ने अनुकूलन क्षमता के महत्त्व को प्रदर्शित किया है। उन्होंने तकनीकी प्रगति, उभरते बाजार की गतिशीलता एवं वैश्विक आर्थिक बदलावों को अपनाया है तथा इन परिवर्तनों का अपने लाभ के लिए उपयोग किया है और तेजी से गतिशील परिदृश्य में आज भी प्रासंगिक बने हुए हैं।

इच्छुक निवेशकों के लिए सबक

इन दिग्गजों की कहानियाँ महत्त्वाकांक्षी निवेशकों और वित्तीय पेशेवरों के लिए मूल्यवान् सबक प्रदान करती हैं। कठोर अनुसंधान एवं विश्लेषण के महत्त्व से लेकर अनुशासन और भावनात्मक नियंत्रण बनाए रखने के महत्त्व तक वैश्विक शीर्ष शेयर बाजार के व्यक्तियों की यात्राएँ शेयर बाजार की जटिलताओं से निपटने के लिए एक रोडमैप प्रदान करती हैं।

भविष्य के लिए निवेश

जैसे ही हम वैश्विक शीर्ष शेयर बाजार दिग्गजों की विरासत पर विचार करते हैं, हमें वित्तीय जगत् पर उनके स्थायी प्रभाव की याद आती है। शेयर बाजार में उनके योगदान ने निवेश उद्योग को आकार दिया है और निवेशकों की भावी पीढ़ियों के लिए एक आधार प्रदान किया है।

अंत में, इन विभूतियों का जीवन और उपलब्धियाँ हम सभी के लिए प्रेरणा का काम करती हैं। उनकी कहानियाँ केवल वित्तीय सफलता की कहानियाँ नहीं हैं, बल्कि दृढ़ संकल्प, जुनून और वैश्विक वित्तीय बाजारों की गहरी समझ की शक्ति का भी प्रमाण हैं।

इस पुस्तक में साझा किया गया ज्ञान आपको वैश्विक वित्त एवं निवेश की गतिशील और रोमांचक दुनिया में अपनी सफलता की ओर प्रेरित करेगा। जैसे ही हम इस यात्रा को अलविदा कह रहे हैं, हम आशा करते हैं कि इन दिग्गजों से सीखे गए सबक वित्तीय समृद्धि और व्यक्तिगत पूर्ति के लिए आपके मार्ग पर एक मार्गदर्शक के रूप में काम करेंगे।

□

शेयर बाजार : तकनीकी शब्दावली

- 52-सप्ताह का उच्चतम/निम्नतम : पिछले वर्ष में कोई स्टॉक उच्चतम और निम्नतम कीमतों पर पहुँचा है।
- अस्थिरता सूचकांक : भविष्य की अस्थिरता के लिए बाजार की उम्मीदों का एक माप, जिसे अकसर 'फियर गेज' के रूप में जाना जाता है।
- अस्थिरता : समय के साथ स्टॉक की कीमत में भिन्नता की डिग्री; एक अत्यधिक अस्थिर स्टॉक बड़े मूल्य में उतार-चढ़ाव का अनुभव करता है।
- आई.पी.ओ. (इनीशियल पब्लिक ऑफरिंग) : पहली बार किसी कंपनी के शेयरों को निवेश के लिए जनता के सामने पेश किया जाता है।
- आर.एस.आई. (रिलेटिव स्ट्रेंथ इंडेक्स) : एक मोमेंटम ऑसिलेटर, जो प्राइस के उतार-चढ़ाव की गति और परिवर्तन को मापता है।
- आस्क प्राइस : वह कीमत, जिस पर विक्रेता स्टॉक बेचने को तैयार होता है।
- इंट्राडे ट्रेडिंग : ओवरनाइट पोजीशन बनाए रखे बिना एक ही ट्रेडिंग दिन के भीतर प्रतिभूतियों को खरीदना और बेचना।
- इक्विटी पर रिटर्न (आर.ओ.ई.) : किसी कंपनी की उसके शेयरधारकों की इक्विटी के सापेक्ष लाभप्रदता का माप।
- लीवरेज : संभावित रिटर्न को बढ़ाने के लिए उधार ली गई धनराशि का उपयोग करना, लेकिन नुकसान के जोखिम को भी बढ़ाना।
- एक्सचेंज ट्रेडेड फंड (ई.टी.एफ.) : एक फंड, जो स्टॉक की तरह एक्सचेंज पर कारोबार करता है और परिसंपत्तियों के विविध पोर्टफोलियो का प्रतिनिधित्व करता है।
- एम.ए.सी.डी. (मूविंग एवरेज कन्वर्जेंस डाइवर्जेंस) : एक ट्रेंड-फॉलोइंग संकेतक, जो दो मूविंग एवरेज के बीच संबंध दिखाता है।
- कैंडलस्टिक चार्ट : एक चार्ट, जो एक विशिष्ट समय सीमा में किसी सुरक्षा की खुली, उच्च, निम्न और बंद कीमतों को प्रदर्शित करता है।

- गैपिंग अप : जब किसी शेयर की कीमत उसके पिछले दिन के समापन मूल्य से काफी अधिक पर खुलती है।
- गैपिंग डाउन : जब किसी शेयर की कीमत उसके पिछले दिन के समापन मूल्य से काफी कम पर खुलती है।
- गोल्डन क्रॉस : एक तेजी का संकेत, जब एक अल्पकालिक मूविंग एवरेज दीर्घकालिक मूविंग एवरेज से ऊपर हो जाता है।
- पॉइजन पिल : शत्रुतापूर्ण अधिग्रहण को हतोत्साहित करने के लिए कंपनियों द्वारा इस्तेमाल की जाने वाली एक रक्षा रणनीति।
- ट्रिपल टॉप : लगभग समान मूल्य स्तर पर लगातार तीन शिखरों द्वारा गठित एक मंदी का उलट पैटर्न।
- ट्रिपल बॉटम : लगभग समान मूल्य स्तर पर लगातार तीन गर्तों द्वारा गठित एक तेजी से उलट पैटर्न।
- ट्रेंड लाइन : स्टॉक चार्ट पर उच्च निम्न (अपट्रेंड) या निम्न ऊँचाई (डाउनट्रेंड) की शृंखला को जोड़ने वाली एक रेखा।
- डार्क क्लाउड कवर : एक मंदी कैंडलस्टिक पैटर्न तब बनता है, जब एक लंबी लाल मोमबत्ती एक लंबी हरी मोमबत्ती का अनुसरण करती है।
- डार्क पूल : निजी व्यापार स्थल, जहाँ बड़े संस्थागत निवेशक सार्वजनिक रूप से अपने ऑर्डर प्रदर्शित किए बिना ट्रेड कर सकते हैं।
- डार्क स्टार : एक मंदी वाला कैंडलस्टिक पैटर्न तब बनता है, जब शुरुआती कीमत दिन की उच्चतम कीमत होती है।
- डे ट्रेडिंग : अल्पकालिक मूल्य उतार-चढ़ाव से लाभ प्राप्त करने के लिए एक ही ट्रेडिंग दिन के भीतर प्रतिभूतियों को खरीदना और बेचना।
- डेड कैट बाउंस : गिरते स्टॉक में एक अस्थायी सुधार, जिसके बाद अकसर और गिरावट आती है।
- डेड क्रॉस : एक मंदी का संकेत, जब एक अल्पकालिक मूविंग एवरेज दीर्घकालिक मूविंग एवरेज से नीचे चली जाती है।
- डॉलर-लागत औसत : बाजार की स्थिति की परवाह किए बिना नियमित अंतराल पर एक निश्चित राशि का निवेश करना।
- तकनीकी विश्लेषण : भविष्य के स्टॉक मूल्य उतार-चढ़ाव की भविष्यवाणी करने के लिए ऐतिहासिक मूल्य और वॉल्यूम डेटा का विश्लेषण करना।
- तरलता जोखिम : उचित मूल्य पर किसी संपत्ति को जल्दी से खरीदने या बेचने में सक्षम नहीं होने का जोखिम।

- तरलता : वह आसानी, जिसके साथ किसी परिसंपत्ति को, महत्त्वपूर्ण मूल्य में उतार–चढ़ाव के बिना, बाजार में खरीदा या बेचा जा सकता है।
- द्वितीयक प्रवृत्ति : प्राथमिक प्रवृत्ति के भीतर होने वाली छोटी कीमत की गतिविधियाँ।
- निविदा प्रस्ताव : किसी कंपनी के शेयर सीधे उसके शेयरधारकों से एक निर्दिष्ट मूल्य पर खरीदने का प्रस्ताव।
- निवेश पर रिटर्न (आर.ओ.आई.) : किसी निवेश से उसकी लागत के सापेक्ष उत्पन्न लाभ या हानि का माप।
- नेकेड शॉर्ट सेलिंग : शेयरों को पहले उधार लिये बिना बेचना, डिलीवरी होने से पहले उन्हें कम कीमत पर वापस खरीदने की उम्मीद करना।
- पी/ई अनुपात (मूल्य–से–आय अनुपात) : किसी कंपनी के स्टॉक मूल्य और उसकी प्रति शेयर आय का अनुपात, किसी स्टॉक के मूल्यांकन का मूल्यांकन करने के लिए उपयोग किया जाता है।
- पूँजीगत लाभ : किसी सुरक्षा को उसके खरीद मूल्य से अधिक कीमत पर बेचने से हुआ लाभ।
- पेगिंग : किसी शेयर की कीमत को एक निश्चित स्तर पर या एक विशिष्ट सीमा के भीतर रखने के लिए उसमें हेर–फेर करना।
- पेनी स्टॉक्स : छोटे बाजार पूँजीकरण वाले, कम कीमत वाले स्टॉक, अकसर अत्यधिक सट्टेबाजी वाले माने जाते हैं।
- पोर्टफोलियो : किसी व्यक्ति या संस्था द्वारा रखे गए स्टॉक, बॉण्ड और अन्य परिसंपत्तियों सहित निवेश का संग्रह।
- प्रति शेयर आय (ई.पी.एस.) : किसी कंपनी की शुद्ध कमाई को बकाया शेयरों की संख्या से विभाजित किया जाता है, जो लाभप्रदता दरशाता है।
- प्रतिरोध : एक मूल्य स्तर, जिस पर किसी शेयर को बिकवाली के दबाव का सामना करना पड़ता है, जो आगे बढ़ने से रोकता है।
- प्राथमिक रुझान : किसी विस्तारित अवधि में स्टॉक की कीमत में उतार–चढ़ाव की मुख्य दिशा।
- फाइबोनैचि एक्सटेंशन : प्रारंभिक प्रवृत्ति से परे संभावित मूल्य लक्ष्य को प्रोजेक्ट करने के लिए उपयोग किया जाने वाला एक उपकरण।
- फाइबोनैचि रिट्रेसमेंट : फाइबोनैचि अनुक्रम के आधार पर संभावित समर्थन और प्रतिरोध स्तरों की पहचान करने के लिए उपयोग किया जाने वाला उपकरण।

- फ्रंट रनिंग : एक अनैतिक प्रथा, जहाँ एक ट्रेडर ग्राहक के ऑर्डर से पहले गैर-सार्वजनिक जानकारी के आधार पर ट्रेड करता है।
- मार्केट ऑर्डर डेप्थ : विभिन्न मूल्य स्तरों पर खरीद व बिक्री ऑर्डर की मात्रा।
- बाजार का समय : खरीदने या बेचने का निर्णय लेने के लिए भविष्य की बाजार गतिविधियों की भविष्यवाणी करने का प्रयास करना।
- बाजार की भावना : बाजार या किसी विशिष्ट स्टॉक के प्रति निवेशकों का समग्र रवैया।
- बाजार निर्माता : एक दलाल या डीलर, जो प्रतिभूतियों को खरीद व बेचकर तरलता प्रदान करता है।
- बाजार पूँजीकरण : किसी कंपनी के बकाया शेयरों का कुल मूल्य, स्टॉक मूल्य को शेयरों की संख्या से गुणा करके गणना की जाती है।
- बायबैक : किसी कंपनी द्वारा खुले बाजार से अपने बकाया शेयरों की पुनर्खरीद।
- बियर ट्रैप : एक गलत संकेत, जो बाजार के नीचे की ओर पलटने और उसके बाद तेजी का संकेत देता है।
- बियर फ्लैग : एक मंदी चार्ट पैटर्न, जो एक महत्त्वपूर्ण मूल्य गिरावट के बाद एक छोटे आयत या पेनांट द्वारा चित्रित होता है।
- बियर मार्केट : शेयर की गिरती कीमतों और निराशावादी निवेशक भावना वाला बाजार।
- बीटा : बाजार की गतिविधियों के प्रति स्टॉक की संवेदनशीलता का एक माप।
- बुक वैल्यू : किसी कंपनी की शुद्ध संपत्ति मूल्य। संपत्ति से देनदारियों को घटाकर गणना की जाती है।
- बुल ट्रैप : एक गलत संकेत, जो बाजार में उलट-फेर और उसके बाद गिरावट का संकेत देता है।
- बुल फ्लैग : एक महत्त्वपूर्ण मूल्य-वृद्धि के बाद एक छोटे आयत या पेनांट द्वारा चित्रित एक तेजी चार्ट पैटर्न।
- बुल मार्केट : शेयर की बढ़ती कीमतों और आशावादी निवेशक भावना वाला बाजार।
- बुलिश एनगल्फिंग पैटर्न : एक कैंडलस्टिक पैटर्न, जो संभावित रुझान को ऊपर की ओर उलटने का संकेत देता है।
- बेयरिश एनगल्फिंग पैटर्न : एक कैंडलस्टिक पैटर्न, जो संभावित रुझान को नकारात्मक दिशा में उलटने का संकेत देता है।
- बोली मूल्य : वह मूल्य, जिस पर कोई खरीदार स्टॉक खरीदने को तैयार है।

- ब्रेकआउट : एक महत्त्वपूर्ण मूल्य उतार-चढ़ाव, जो एक प्रमुख समर्थन या प्रतिरोध स्तर को तोड़ता है।
- ब्लू चिप स्टॉक : विश्वसनीय प्रदर्शन के इतिहास वाली बड़ी, अच्छी तरह से स्थापित और वित्तीय रूप से स्थिर कंपनियों के स्टॉक्स।
- ब्लैक स्वान : बाजार के लिए गंभीर और व्यापक परिणामों वाली एक अप्रत्याशित घटना।
- मार्केट ऑर्डर असंतुलन : जब किसी स्टॉक के लिए उपलब्ध शेयरों की तुलना में काफी अधिक खरीद या बिक्री के ऑर्डर होते हैं।
- मार्केट कैप वेटेज : किसी कंपनी के बाजार पूँजीकरण के आधार पर सूचकांक वेटेज।
- मार्जिन कॉल : जब किसी खाते का मूल्य एक निश्चित स्तर से नीचे चला जाता है तो ब्रोकर की ओर से अतिरिक्त धनराशि या संपार्श्विक की माँग की जाती है।
- मार्जिन : मौजूदा निवेश को संपार्श्विक के रूप में उपयोग करके प्रतिभूतियाँ खरीदने के लिए ब्रोकर से धन उधार लेना।
- मूविंग एवरेज क्रॉसओवर : जब दो मूविंग एवरेज एक-दूसरे को काटते हैं तो एक तेजी या मंदी का संकेत उत्पन्न होता है।
- मूविंग एवरेज : एक विशिष्ट अवधि में स्टॉक की कीमतों का औसत, रुझानों की पहचान करने के लिए उपयोग किया जाता है।
- मौलिक विश्लेषण : किसी कंपनी के वित्तीय स्वास्थ्य और उसके आंतरिक मूल्य का आकलन करने की संभावनाओं का मूल्यांकन करना।
- लंबी स्थिति : इस उम्मीद के साथ किसी शेयर का मालिक होना कि इसकी कीमत बढ़ जाएगी।
- लाभांश : किसी कंपनी द्वारा अपने शेयरधारकों को आमतौर पर अपने मुनाफे से किया गया भुगतान।
- वायदा : भविष्य की तारीख पर एक निर्दिष्ट मूल्य पर किसी संपत्ति को खरीदने या बेचने का अनुबंध।
- विकल्प : वित्तीय डेरिवेटिव, जो खरीदार को पूर्व निर्धारित मूल्य पर संपत्ति खरीदने या बेचने का अधिकार देते हैं, लेकिन दायित्व नहीं।
- विविधीकरण : जोखिम को कम करने के लिए विभिन्न परिसंपत्तियों में निवेश फैलाना।
- वॉल्यूम : किसी निश्चित अवधि के दौरान किसी सुरक्षा में कारोबार किए गए शेयरों या अनुबंधों की संख्या।

- व्हिपसॉ : तीव्र और अप्रत्याशित मूल्य आंदोलनों के परिणामस्वरूप गलत ट्रेडिंग संकेत मिलते हैं।
- शॉर्ट कवरिंग : शॉर्ट पोजीशन को बंद करने के लिए उधार लिये गए शेयरों को वापस खरीदना।
- शॉर्ट सेलिंग : स्टॉक मूल्य में गिरावट से लाभ के लिए उधार लिये गए शेयरों को बाद में कम कीमत पर वापस खरीदने की उम्मीद में बेचना।
- समर्थन : एक मूल्य स्तर, जिस पर किसी शेयर में खरीदारी की दिलचस्पी पैदा होती है, जिससे आगे की गिरावट को रोका जा सकता है।
- सर्किट ब्रेकर : एक तंत्र, जो तीव्र गिरावट को रोकने के लिए अत्यधिक बाजार अस्थिरता की अवधि के दौरान ट्रेड को अस्थायी रूप से रोक देता है।
- सीमा आदेश : किसी विशिष्ट मूल्य या उससे बेहतर मूल्य पर सुरक्षा खरीदने या बेचने का आदेश।
- सूचकांक : बाजार में शेयरों के एक विशिष्ट समूह के प्रदर्शन को मापने के लिए उपयोग किया जाने वाला एक बेंचमार्क।
- सेक्टर रोटेशन : आर्थिक या बाजार स्थितियों के आधार पर विभिन्न क्षेत्रों के बीच निवेश को स्थानांतरित करना।
- सेक्टर : एक ही उद्योग या व्यवसाय क्षेत्र की कंपनियों का समूह।
- स्टॉक एक्सचेंज : एक बाजार, जहाँ स्टॉक और अन्य प्रतिभूतियाँ खरीदी व बेची जाती हैं।
- स्टॉक स्प्लिट : जब कोई कंपनी अपने मौजूदा शेयरों को आमतौर पर खुदरा निवेशकों के लिए स्टॉक को अधिक किफायती बनाने के लिए कई शेयरों में विभाजित करती है।
- स्टॉप-लिमिट ऑर्डर : एक विशिष्ट मूल्य पर ट्रेड को ट्रिगर करने के लिए 'स्टॉप ऑर्डर' और 'लिमिट ऑर्डर' का संयोजन।
- स्टॉप-लॉस ऑर्डर : संभावित नुकसान को सीमित करने के लिए किसी स्टॉक के एक विशिष्ट मूल्य पर पहुँचने पर उसे बेचने का ऑर्डर।
- स्लिपेज : किसी ट्रेड की अपेक्षित कीमत और वास्तविक कीमत, जिस पर इसे निष्पादित किया जाता है, के बीच का अंतर।
- हाई-फ्रीक्वेंसी ट्रेडिंग (एच.एफ.टी.) : छोटी कीमत की विसंगतियों का लाभ उठाने के लिए उच्च गति पर निष्पादित एल्गोरिदमिक ट्रेडिंग रणनीतियाँ।
- हैंगिंग मैन : एक मंदी वाला कैंडलस्टिक पैटर्न तब बनता है, जब एक छोटी बॉडी अपट्रेंड के शीर्ष पर होती है।

□□□